國運

你信不信？

郭一鳴著

本書內容不代表出版機構立場，作者文責自負。

書　　名　**國運你信不信？**

作　　者　郭一鳴
責任編輯　鏡報編輯部
設　　計　白宜建

出　　版　**鏡報文化企業有限公司**
　　　　　香港灣仔告士打道227-228號生和大廈 2 樓全層
發　　行　**聯合新零售（香港）有限公司**
　　　　　香港新界荃灣德士古道 220-248 號荃灣工業中心16樓
印　　刷　**美雅印刷製本有限公司**
　　　　　香港九龍官塘榮業街 6 號海濱工業大廈 4 樓 A 室
版　　次　2021 年 7 月第 1 版
規　　格　152mmX230mm
定　　價　港幣八十八元

國際書號　ISBN 978-962-7315-59-9

目錄

維港風雲

兩岸變局

中美纏鬥

（書內插圖均為網上資料或筆者提供）

序一

李焯芬

有幸認識郭一鳴兄多年；先是在鳳凰衛視觀賞他從容儒雅、言之有物的時事評論，繼而不時在饒宗頤教授的學術藝術活動中有機會見面敍話。坦白說，時事節目的中外評論員見過不少；有些評論你聽罷會「左耳入右耳出」，不會留下什麼印象。唯獨是一鳴兄的時事評論，我會留下深刻的印象，主要原因是因為他能從時事亂局中抽絲剝繭、然後言簡意賅地點出問題的根由，令人豁然開朗。他的專欄文字亦如是，充分反映了一位資深媒體工作者洞察事物本質的智慧和能力，讓人閱後啟發良多。

執筆撰寫這篇拙序時，剛好是辛丑年佛誕的前夕。佛教界一般認為釋迦牟尼當年在菩提樹下證悟得兩條道理。一條是「緣起法」，或「因緣觀」，意思是世間萬事萬物的發生或出現，背後都是有其原因（或因緣）的。我們如能洞悉這些背後的原因，就有可能可以較坦然地面對這些問題，乃至較易接受現實，不至心生煩惱。舉個例子，世間現時因新冠狀病毒肆虐，導致逾億人受感染、三百餘萬人罹難、大家無法出外旅行⋯⋯。這當然是天大的問題或災難，但經過醫學界的鑽研，我們現在較了解災難的源頭，與及對治的方法（包括接種疫苗、嚴格執行隔離措施等）。釋迦牟尼在菩提樹下悟到的另條道理是「四諦觀」。「四諦」即苦、集、滅、道。苦就是問題的出現、或災難的來臨。集是通過因緣觀冷靜思考，洞悉問題的根源。滅是找出解決問題的方法。道是設法落實這些方法，澈底解決問題。以瘟疫或天災為例，儘管為人類帶來了苦難，但我們可以冷靜地找出原因，進而找到解決問題（或舒解困局）。天災如此，人生路上碰到的種種困難亦可通過苦、集、滅、道四部曲來

舒解。關鍵還是需要洞悉問題根源的智慧和能力。大乘佛教稱之為「般若」。

我覺得一鳴兄很有這種洞察時事問題根源的智慧和能力。也可以說他很有慧根，令他的時事分析和評論特別有智慧、有內涵，因而令人有所啟發。喜見一鳴兄如今把這些精辟的評論和散文結集出版。更衷心希望他日後能把這種分析時事的智慧和能力傳授給年青一代的傳媒人。這會對他們日後的事業大有裨益。

2021 年 5 月

（李焯芬為香港大學饒宗頤學術館館長、香港珠海學院校長）

序二

姜在忠

為愛國愛港發聲　給繁榮穩定助力

著名報人普利策曾經說過，媒體人是社會這艘航船上的瞭望者，審視海上的不測風雲和淺灘暗礁，並及時發出警報。履行這一神聖職責的群體，既是時代風雲的記錄者，又是社會進步的推動者，更是公平正義的守望者。而郭一鳴先生，正是其中令人尊敬的一員。

作為一位成就頗豐的資深媒體人，多年來一鳴先生筆耕不輟。他的評論文章建基於其數十年豐富的新聞實踐，涉及香港問題、兩岸關係、國際焦點等多個領域，因其視角獨特、見解獨到、說理透徹、富有張力，而廣受讀者青睞。

細品一鳴先生之佳作，可以感知其深厚的知識底蘊、開闊的研究視野，以及敏銳的洞察分析力。他的時事評論，不限於就事論事，而是察人所未察，見人所未見，言人所未言，將事件與背景、觀點與學理，融會貫通，見微知著，於尋常中見奇崛，觀一葉落而知天下秋。讀罷醍醐灌頂，茅塞頓開。

香港回歸祖國 24 年來，「一國兩制」事業取得了舉世矚目的成功，但近幾年也出現了一些令人痛心的社會亂象。尤其是 2019 年「修例風波」爆發，一些人公然鼓吹「港獨」，挑戰國家主權和「一國兩制」原則底線。持續不斷的暴力活動導致社會動盪、法治受損、民生受創，令「東方之珠」蒙塵。

事件的發生及發展，存在各種深層次的原因，但一些反中亂港媒體和無良文人枉顧事實真相，發布惡意中傷的報道和評論，無疑造成了推

波助瀾、為虎作倀的後果，將香港社會一步步推向沉淪的深淵。

此次一鳴先生集結成冊的一百篇評論和隨筆中，不少力作恰好撰寫於這段時間。正是一鳴先生等一批有良知有操守的傳媒人和評論員，在眾聲喧嘩中堅定立場，敢於亮劍，激濁揚清，去偽存真，積極傳播社會正能量，為營造全民抵制暴力、維護法治的良好氛圍，做出了重要貢獻。

值得慶幸的是，中央及時果斷出手扭轉乾坤，香港國安法確立了法治秩序，挽救了香港的法治體系；完善香港特區選舉制度確立了政治秩序，重塑了香港的民主制度。從此，香港實現由亂及治，並開啟了由治及興的新征程。

發展是永恆的主題，是香港的立身之本，也是解決香港各種問題的金鑰匙。當前，香港工作的重心已經發生變化，應該在做好疫情防控的基礎上，著力研究涉及香港整體利益和香港同胞根本福祉的重要課題，突破民生困局，重建發展格局。

值此關鍵節點，尤其需要像一鳴先生這樣才華橫溢、睿智過人的媒體人和評論家，勇於擔當，積極發聲，引導港人全面準確理解「一國兩制」的深刻內涵。通過分享共識，釐清思路，增進認同，發現「最大公約數」，進一步形成「心往一處想、勁往一處使」的發展合力，把粵港澳大灣區建設成全球矚目的創新創業熱土，讓香港同胞尤其是香港青年從中得到更多獲得感和幸福感。

文中有真理，筆下有千鈞。期待一鳴先生繼續以如椽巨筆書寫錦繡文章，鼓舞士氣，成風化人，為營造良好發展氛圍、實現香港繁榮穩定貢獻更大力量。期待香港七百萬同胞凝心聚力、攜手並肩，堅守「一國」之本，善用「兩制」之利，發揮自身之長，融入發展大局，共擔民族大義，共享祖國繁榮富強的偉大榮光。

2021 年 6 月

（姜在忠為全國政協委員、香港大公文匯傳媒集團董事長、香港新聞工作者聯會主席、世界中文報業協會主席）

序三

文灼非

三十年河東，三十年河西
——我對中美國運的一點體會

資深媒體人郭一鳴兄出版評論集《國運你信不信？》，邀請筆者寫個序言，感謝他的美意，這個書名讓我浮想聯翩。

一鳴兄在新聞界出道比我早，久聞大名。2002年秋天，我參加了一個新聞界國情班，到北京大學進修，有機會與他認識，剛好是中共舉行十六大前夕。當時他是一份報章的主編，我則剛好接掌《信報財經月刊》不到一年。那次的國情班規格很高，更有機會參觀軍營交流，每節課的講師都來自不同領域的名家。一群新聞界行家難得有幾天可以無憂無慮的盡情交流，加深了友誼。一鳴兄與我之後一起參加了新聞工作者聯會，好幾次一起出差考察，無所不談。他學養深厚，識見非凡，除了報章政治評論寫得好，更是電視台時事節目名嘴，影響力無遠弗屆。

談起中國的國運，半個多世紀以來我有很深刻的體會。小時候在愛國學校唸書，正值中美鬥爭最激烈的歲月，校內看得最多的宣傳標語是「打倒紙老虎」。當時內地正經歷文革，國家上下都政治掛帥，運動不絕，不事生產，經濟凋敝。我在學校學的，在左派報紙讀的，與我每年回廣東寶安家鄉看到的不一樣，令我對社會主義產生懷疑，因為內地刻板教條的氣氛與香港資本主義的生機活力天差地別。前三十年國人的聰明才智都耗在政治內鬥，文化、教育受到史無前例的破壞，在那個時代，中國國運處於谷底。1979年的開放改革政策是一個轉捩點，把國人的積極性都釋放出來，從此國運開始轉好。80年代我四次訪問北京，感受到

國家的不斷進步，國人精神面貌的急速變化。

小時候的教育讓我對「紙老虎」一直感到興趣，由於美國的文化軟實力無處不在，我對這個高等教育強國一直存有好感，很希望可以親身體驗。1989 年是一個關鍵時刻，我從六四天安門令人窒息的國度平安返港，幾天後飛到美國南加州呼吸自由的空氣，對比十分強烈。我以香港大學研究生的身份在美國東西岸十多個城市跑了三個多月，充分感受到美國國力為什麼那麼強，就是因為民主、自由、開放、進取的精神，大熔爐很重視對全球精英的吸納。從九十年代到千禧年，我兩度往美國進修、遊學一年多，更深刻體會花旗國運興隆，人才鼎盛。

同一個時期，六四後的中國韜光養晦，但沒有閉關自守，反而更加開放，善用香港的地理優勢，加快與國際接軌。自從中國在 21 世紀初入世後，經濟增長迅速，製造業突飛猛進，也透過香港金融中心為原本老大難的國有企業上市集資，提升管治水平。另一方面，大量留學生出國深造，美國是首選之地，每年為中國培養大批人才，我到訪的每一家名牌大學，到處都可以看到大陸留學生的蹤影。這是中國領導人的高明手段，善用美國的高等教育優勢，取長補短，讓文革荒廢十年的教育領域急起直追，改寫了之後三十多年的歷史。

中國在改革開放十年遇上一場巨大政治風波，幸好避過蘇聯解體及東歐共產國家陸續倒台的骨牌效應；十年後 1999 年正當美國準備下手對付這個心腹大患，甚至發生了所謂誤炸中國駐南斯拉夫大使館的嚴重外交事件，但 2001 年的九一一事件改變了美國的國際戰略，中國不再是主要敵人，反恐成為主要戰場，讓中國無後顧之憂大力發展經濟，晉身製造業及科技強國。最近 20 年，美國陷於無休止的作戰狀態，窮兵黷武，債務纏身，2008 年一場金融海嘯更充分暴露了華爾街大行的貪婪無道，禍及全球，量化寬鬆的貨幣政策後患無窮。2010 年我再訪美國，三藩市的大街失去了昔日的光輝，美國人的自信已大不如前。

從小布殊、奧巴馬到特朗普，美國的國運陸續走下坡，總統特朗普四年荒腔走板的治國方式，對中國窮兇極惡的攻擊，到了無以復加的地步，竟然還得到一半美國人民的支持，充分顯示這個國家已經病了，而

且病得很重。一場世紀疫症，正好是中美實力的比拼，沒有人會預料到中國控制疫症會那麼成功，把死亡人數降到最低，經濟損害減到最少；美國則傷亡慘重，元氣大傷，高下立現。一鳴兄認為不是美國國力不行，而是國運不濟，深有同感。中國古老的智慧：三十年河東，三十年河西，在中美兩大陣營這三十年的表現充分反映出來。美國立國二百多年蒸蒸日上，未逢敵手，到近三十年才開始走下坡；中國近二百年由盛轉衰，喪權辱國，歷盡災劫，近三十年才急起直追，創造奇蹟，對美國構成威脅。兩個國家一個古老，一個年輕，沒有世仇，優勢互補，鬥則兩敗，和則互利，但願兩國領導人的智慧可以化危為機，不必跌進修昔底德陷阱，為世界帶來災難。

　　祝願一鳴兄新書洛陽紙貴，再領風騷。

（文灼非為灼見名家傳媒社長）

維港風雲

《絕密使命》：
一段與香港有關的歷史

　　筆者曾經在本欄推薦內地熱播的電視劇《覺醒年代》，一些朋友看完之後，對內地劇集的水準刮目相看，對劇中扮演主角陳獨秀、李大釗的兩位實力派演員于和偉、張桐的演技讚不絕口，問我有沒有其他好戲推薦。好，今天給大家介紹一部新劇集，剛剛在央視播完的三十二集電視劇《絕密使命》。我喜歡該劇理由有三：一是男主角船夫潘雨青的演員，就是在《覺醒年代》中扮演李大釗的好戲之人張桐。二是劇情講述上世紀三十年代初中共在粵東、閩西建立地下交通線，其中一個交通站在我的家鄉汕頭，另一個在香港。第三，這是一部紀實性的電視劇，我喜歡歷史。

　　今年是中共建黨一百周年，從央視到各省市電視台，陸續推出一系列與百年黨慶有關的影視作品，《絕密使命》也屬於獻禮作品，但純粹從文化娛樂的角度看，該劇也算得上好戲，劇情緊湊驚險、主要角色的演員演技不俗、全部真實外景拍攝等。我是把《絕》當成歷史劇來看，劇中很多人物和故事都是真實存在，這是一段國共恩仇的歷史，雙方鬥智鬥勇，驚心動魄，雖然實力懸殊，但正如劇中的國民黨馬團長所說「共產黨有高人」。

■ 在央視播放的電視劇《絕密使命》宣傳

故事背景是上世紀三十年代初期，中共紅軍在閩、贛邊區展開武裝割據，建立瑞金蘇維埃政權，而中共主要領導人和中央機關則在上海秘密活動。周恩來親自建立了上海—香港—汕頭—潮安—大埔—青溪—永定—瑞金這條粵東、閩西交通線，一度成為中共在長征之前唯一的地下聯絡通道和物資、人員運送通道。《絕》劇第二十三至二十四集講化名「上海爺叔」的中共領導人周恩來撤離上海，經這條交通線成功到達紅都瑞金，這段故事，包括周恩來一行到汕頭之後臨時換旅館、在汕頭至潮安的火車上險遭北伐舊部認出等等情節，都不是虛構，而是有史料可查。資料顯示，從上海經這條地下交通線進入江西蘇區的還有葉劍英、項英、任弼時、劉伯承、李克農、董必武、鄧穎超等逾二百名中共重要人物。從一九三〇年到一九三四年，蔣介石國民黨先後出動幾十萬至一百多萬軍隊對中共蘇區展開五次「圍剿」，在這期間，這條長達數千里的地下交通線一直神奇般保持暢通，成為中共的生命線。

　　《絕》劇主要情節發生在粵東大埔客家山區，部分內容在汕頭拍攝，對香港著墨不多，其中有一集化名「大表哥」的中共軍事領導人經香港，並以香港總公司董事的身份到汕頭巡視華富電料行分公司業務，華富電料行經理彭庚年是中共地下汕頭交通站站長，「大表哥」的身份差點被國民黨偵緝隊汕頭站站長呂文超識破。實際上，當年還有另外兩條中共地下交通線都與香港有關，一條是香港—廣州—南雄—江西，另一條是香港—汕頭—饒平—饒和埔詔蘇區—閩西。如果將來有人拍一部以香港在國共內戰期間的角色為題材的連續劇，相信故事會很精彩。

　　張桐在《絕》劇中扮演在汀江上跑船的船夫潘雨青，也是中共大埔地下交通站站長，他外表粗豪內心細膩，稱得上足智多謀，而且運氣好，救起一個投江的苦命女人，卻抱得美人歸，美麗溫柔的謝秋蓮成了他的妻子和戰友。在第二十八集，為掩護共產國際顧問「洋大叔」脫險，潘雨青讓老婆假扮別人的老婆，看到這兒，我內心為之一顫。張桐在《覺醒年代》中扮演北京大學圖書館主任李大釗，長衫一度，眼鏡一戴，學者形象風度翩翩。在《絕》劇中，張桐一舉手一投足，還有一副大嗓門，演活了一個跑慣碼頭的客家船老大，不愧是好戲之人。

國運
你信
不信？

　　我也很欣賞劇中演反派男一號曹瑞瑛的賈宏偉，作為國民黨偵緝隊汕頭站副站長，負責偵破中共地下交通站行動的前線指揮，賈宏偉對這個角色的內心世界把握得比較好，演得很有分寸：集冷酷、陰險、狠毒、多疑及盡忠職守於一身，可謂有勇有謀，卻屢屢功虧一簣，他是輸給對手，也輸給自己的手下和上司，真是時也命也。

　　內地一些影視作品的水準相當不俗，與本港那些低成本急就章的製作不可同日而語，看慣本地劇集的朋友，不妨試試新口味。無可否認，這類紅色劇集，有很強的政治性，港人也許未必個個能接受其中的政治意識，但如果想要增加對國情的了解和認識，想要多一點了解創建百年的中國共產黨，看這類劇集肯定會有收穫。

2021/05/28

公務員北上掛職有助融入大灣區

行政長官林鄭月娥日前接受央視新聞採訪時稱，將與包括深圳市等廣東省市政府簽訂協議，讓香港公務員到內地「掛職」交流。公務員事務局局長聶德權上月在立法會指出，港府正與內地部門商討加強香港公務員培訓，包括讓公務員到內地單位「掛職」一段時間，以便觀察學習。未來希望引入規定，要求公務員必須在三年試用期間完成內地的培訓課程，才獲長期聘用。筆者認為，這是推動香港融入大灣區一項突破性的重要舉措。

自從中央提出建設粵港澳大灣區，到兩年前推出《粵港澳大灣區發展規劃綱要》，以及今年三月全國人大通過《十四五規劃綱要》，香港社會各界逐漸形成共識，融入大灣區、融入國家發展大局，是香港未來發展的大方向，現在最關鍵是要解決如何融入的問題，過去幾年，坊間討論的焦點，主要是如何發揮「一國兩制」、兩種關稅區、三種貨幣的優勢，如何突破各種體制和人為障礙，實現大灣區經濟和市場一體化問題等等。誠然，如果這些問題不解決，建設大灣區就可能徒有虛名，但這些都屬於技術問題，更加重要是人的問題。筆者認為，當務之急是要克服各種認識上、心態上的障礙，進一步提升大灣區「9+2」地方政府之間的溝通效率，特區政府安排公務員到大灣區政府部門掛職的做法，就是從人的問題入手，這是一個好的開始。

以筆者所知，特區政府公務員有不少途徑可以學習和了解國情，例如與內地不同機構合辦各類國情班的做法，已經持續多年，有一年筆者參加新聞界國情班到北京國家行政學院學習，剛好遇上一個特區政府公務員國情班結業要離開。不過，國情班通常只有短短一周左右，多講宏觀國情。筆者接觸到的一些公務員，真正了解內地政府架構和運作的其實不多，簡單如省市縣政府官員與中央各部門官員的行政級別、從屬關係，都搞不清楚，連一些政府部門的正確名稱也常常弄錯，而這些只不

過是國情的基本常識。畢竟，香港特區政府和內地省市政府是「一國兩制」，無論體制上、架構上、運作上，還是文化傳統上，都有很大不同。到內地掛職，參與政府部門的日常運作，成為內地公務員隊伍一分子，不僅上述提及的那些國情常識會自然而然變得熟悉，而且也會更容易理解內地政府決策的理念，對內地政治文化有更深入的了解。北上掛職公務員回到香港特區政府之後，如果需要與內地相關部門溝通，肯定會事半功倍，對推進大灣區建設的積極性也多半會更高。

至於心態上的障礙，指的是一些人對內地體制的成見或偏見。回歸前和回歸初期，香港公務員被譽為全世界最優秀的公務員隊伍之一，廉潔、高效等各種讚譽滿天飛，內地從中央各部門到各省市政府紛紛派員到香港學習，多家專門接待內地公務員來香港學習和考察的培訓機構也應運而生。據筆者所知，多年前深圳市中層以上官員要輪流到香港和新加坡考察學習政府部門運作，我認識的一位深圳處級幹部曾經至少三次到香港考察、培訓，他說每次來港學習都有新的收穫。改革開放四十年來，內地取得偉大成就，與秉持「他山之石，可以攻玉」的理念，敢於打破舊思維習慣、不斷學習、與時俱進有很大關係。反觀香港特區政府公務員隊伍，卻顯得保守和故步自封，日前在一個論壇上，有本港商界人士以親身經歷，批評特區政府做事一太慢二壟斷，讚揚內地政府不僅決策和執行非常高效，而且市場開放鼓勵競爭。一個不爭的事實是，香港一些官員公務員對內地取得舉世矚目的進步和成就視而不見，對內地的體制優勢視而不見，歸根究柢，這是一種港英時代遺留的制度和文化優越感在作祟。我認為，到內地掛職，是改變香港公務員文化中根深柢固的殖民地政府官員心態最好的辦法之一。

當然，香港公務員北上掛職，也可能會發現內地政府部門存在一些問題和不足，發現兩地溝通合作方面的一些體制瓶頸。透過相互交流，促進共同進步，共建大灣區文化，這也應該是兩地政府達成這項「掛職」制度安排的應有之義吧。

2021/05/14

建沙嶺超級殯葬城真的冇彎轉？

　　沙嶺興建超級殯葬城的爭議，涉及粵港澳大灣區合作層面，這是對特區政府規劃部門一次考驗，也可以說是一次挑戰，到目前為止，特區政府的回應一如既往地打官腔，林鄭特首日前出席立法會答問大會時表示「官員冇水晶球」，相關規劃已經展開十年以上，當年未有預計到會出現這麼大的轉變，她強調不會推翻這個項目，但會改善設計，減低視覺上的影響。這種技術層面的回應，如果她仍是發展局長，或者政務司長，尚屬可以理解，但作為特首，顯然是不合格，因為沒有政治高度和政治敏感，如果這事處理不好，很可能令其本人在目前這個關鍵時刻失分。超級殯葬城項目真的冇彎轉？怎麼轉？

　　清明節期間，筆者隨黃書銳會長等多名潮州商會首長到位於和合石和沙嶺的潮州義山拜山，兩處義山都是由香港潮州商會於七十年前的1951年設立，有碑為證。幾十年來，歷屆潮州商會首長都在清明節前來拜祭先人，慎終追遠。據介紹，沙嶺一帶除潮州義山之外，還有本港其他族群的義山。眾所周知，當年沙嶺就是香港的西伯利亞，因此，從歷史的角度，在沙嶺興建超級殯葬城的規劃有其合理因素。但是，該項目規劃啟動之日，香港回歸祖國已十多年，這恰恰反映特區政府在城市發展規劃上依然停留在沙嶺是香港的西伯利亞這種前朝思維，沒有意識到「一國兩制」的沙嶺和深圳河只是邊境而不是國境，沒有將一河之隔近在咫尺的深圳放入視野，納入考慮因素。事實上，當年港府提出這個項目時，深圳市民已大力反對，有媒體報道可查，但特區政府不當一回事。其實，就算沒有粵港澳大灣區這個國家發展規劃，難道香港就可以對深圳這個逾千萬人口的鄰居視而不見、對鄰居的反對聲音可以充耳不聞嗎？所以說，林鄭月娥日前的回應缺乏應有的政治高度，令人失望。在這件事情上，特區政府必須認真反思。而當日同意這個項目規劃撥款的立法會議員，現在都不能說「唔關我事」。

　　事到如今，我認為沙嶺超級殯葬城項目爭議有兩個解決方法。一是因應粵港澳大灣區的國家發展戰略新格局，擱置項目，盡快另覓其他地點重新規劃建設，這樣做既是順應民意，更是與時俱進。好在這個項目剛剛開展尚未落成，未至生米已煮成熟飯，而沙嶺不做超級殯葬城之後，這一大片土地可以重新規劃。據報道，一項民意調查指七成人贊成將該項目改為創科商貿用途。以特區政府的能力，擱置項目基本上沒有難度，以目前及未來立法會的政治生態，支持特區政府提出新方案也應該沒有難度，關鍵在特區政府能否下決心。這個方法最大的問題是，如何解決因為重新選址興建殯葬城造成時間上的延誤，導致市民的相關需求難以得到滿足。

　　方法二是改善現有整個項目的設計，有消息指特區政府考慮將原有超級殯葬城規劃的面積縮小，即是不再是「超級」，而是「普通」殯葬城，這個思路其實是自欺欺人，完全錯誤。為什麼不能跳出大和小的狹窄思路，給這個項目加上一點想像力呢？我想起十多年前一次俄羅斯之行，筆者和本港幾名媒體同行到莫斯科採訪，接待我們的是當地一家著名電台的一位女記者，她的普通話可能比我們個別團友還要流利，有一天她帶我們去參觀著名的新聖女公墓，據她介紹，這裡長眠 26000 多位俄國和蘇聯時代的名人：作家果戈理、契訶夫、奧斯特洛夫斯基、詩人馬雅可夫斯基、舞蹈家烏蘭諾娃、人類第一個太空人加加林、前領導人赫魯曉夫、勃烈日涅夫等，令我驚訝的是，每一座墓碑的設計都別出心裁，都是一件雕塑藝術品。參觀新聖女公墓，不僅可以了解俄羅斯近代以來各個領域的偉大成就，更是一種藝術享受。把一處公墓，變成一座城市的著名旅遊景點，俄羅斯民族不僅是一個戰鬥民族，更是一個充滿藝術氣息和富有想像力的民族，這就是我在參觀時的強烈感受。為甚麼我們不能借鑑莫斯科新聖女公墓的做法呢？如果林鄭特首所說的改善沙嶺超級殯葬城設計是朝這個方向，如果我們能借這個機會，張開想像的翅膀，不是消極地為了「減低視覺上的影響」，反而是變成追求視覺上的享受，我相信深圳市民未必會反對，香港主流民意也未必反對，但是，特區政府能做到嗎？

2021/04/16

國家安全教育日活動大有看頭

　　特區政府維護國家安全委員會將於下周四（四月十五日）首次舉辦「全民國家安全教育日」，五大紀律部隊包括警隊、海關、入境處、懲教署和消防處的訓練學校同一日舉辦開放日活動，藉以增進市民的維護國家安全意識，以及對各紀律部隊執行維護國家安全工作的了解。紀律部隊開放日一向精心準備，吸引不同市民擁躉，今次筆者最感興趣的是黃竹坑警察學院的開放日活動，主題為「國家安全‧護我家園」，主要有三項活動，包括警隊表演「中式步操」、飛虎隊和反恐特勤隊、衝鋒隊舉行反恐演練示範，以及參觀警隊各部門裝備、虛擬實境體驗、參觀「忠誠護國安‧勇毅保家安」教育展覽等，上、下午各有一場，警隊的中式步操表演首次亮相，預料會成為關注焦點，希望當日天公作美，入場的市民可大飽眼福，據悉有電視台準備做現場直播。

　　香港回歸二十四年，「一國兩制」五十年不變已過近半，但「國家安全」在香港仍是一個新概念，前年的「修例風波」最終演變成一場威脅國家安全的「攬炒」動亂，廣大市民真切體會到沒有國安便沒有家安，去年香港國安法實施，終結了黑暴肆虐，香港人重獲安全感，經此一役，不少市民真正認識到國家安全的重要性，筆者有朋友過去對《基本法》二十三條立法持否定態度，認為沒有必要，現在舉腳支持香港國安法實施，聽我介紹下周有警察訓練學院開放日活動，立即表示要帶六歲的孫子一起去接受國家安全教育。

　　今天香港面對的種種政治困境，原因或有很多，但無可否認，港人沒有隨著香港回歸祖國而完成從市民到國民的身份轉變，是重要原因之一。很多過來人都記得，當年普遍對於「馬照跑、舞照跳」的理解，差不多就是回歸後除了港英旗幟換成五星紅旗、港督變成特首，其他什麼都不變什麼都不改。直到二〇〇三年《基本法》二十三條立法受挫，才意識到國民身份缺失的嚴重性，但又因為反對派利用選舉制度的漏洞，極

國運
你信
不信？

力阻撓特區政府推行國民教育和其他各項施政，甚至無視中央對港全面管治權，終於釀成前年「修例風波」的「港獨」暴力動亂。好在有中央堅強後盾，全國人大常委會去年推出香港國安法，成功平定香港亂局，一些暴徒和幕後黑手受到法律制裁，多個亂港團體和頭面人物作鳥獸散，今年兩會中央又推出完善香港選舉制度的決議和《基本法》附件一和附件二的修訂，落實「愛國者治港」原則，至此，中央對香港局勢採取撥亂反正取得決定性成效，為「一國兩制」行穩致遠和香港長治久安掃清障礙。

　　未來一項非常重要而且需要長期堅持的工作，就是在全社會展開國家安全教育。特區政府近期趁勢而為，積極採取各種措施加強教育和宣傳，包括透過舉辦紀律部隊開放日活動，提升全社會的國家安全意識，這些做法值得肯定。特別是警隊在前年國家安全遭受前所未有威脅、香港社會安定受到空前嚴重破壞的嚴峻情況下，團結一心，以堅韌意志、堅強鬥志和專業精神，浴血守護我城，捍衛「一國兩制」，實在是忠勇可嘉，正如「一哥」鄧炳強在日前一次演講中引述的一句詩「滄海橫流，方顯出英雄本色」。相信有不少市民希望透過這次警察學院開放日活動，了解當日在如此複雜惡劣的環境下，三萬警察是如何做到上下一心，做到了很多人擔心難以做到的事情。除此之外，市民可能還關心，未來假如再發生動亂，甚至爆發更嚴峻的威脅國家安全事件，香港警方是否有能力應對。

　　其實，下周的各項開放日活動，那些曾經支持反對派，甚至同情暴力、不認同警方和其他紀律部隊在「修例風波」期間做法的市民，應該把握這個難得機會，去看一看、問一問，冷靜想一想，到底真相是什麼，到底誰是正誰是邪，到底在香港，國家安全與一個普通市民，有什麼關係。

2021/04/09

解說要對焦 文宣要貼地

特首林鄭月娥本周三（三月三十一日）在本港十五份報章頭版刊登署名全版廣告，內容是一封致全港市民公開信，題為《完善選舉制度，落實愛國者治港》，據悉廣告費總共約二百八十萬元。特首在報紙刊登署名廣告，做法非常罕見，網上議論紛紛，筆者朋友圈也有人不表認同：「花錢賣廣告做宣傳，誰不會？」我就認為這一做法並無不妥，理由非常簡單，因為此舉罕見，所以才吸引關注。完善選舉制度，落實愛國者治港，是回歸二十多年來一場歷史性大變革，事關「一國兩制」行穩致遠和香港長治久安，宣傳造勢不可太小氣，所謂以非常之事，建非常之功。而另一邊廂，前日多名司局長分別與相關團體會面，解說人大常委會通過修訂《基本法》附件一和附件二的內容，立法會完善選舉制度小組委員會亦召開會議，聽取政制及內地事務局局長曾國衞的匯報。據報道，有關新的選委會組成及資格審查委員的任命，成為關注焦點。特首廣告造勢，配合官員展開解說工作，開局不俗。

其實，今次落實中央完善香港選舉制度的立法工作，大局已定。特首強調要從解說工作做起，然後展開諮詢，再進行立法，這種尊重公眾知情權、依足程序辦事的做法，正是香港一個賴以成功和可貴之處。今次特區政府的解說和諮詢工作，除了面向不同團體，更重要是爭取廣大市民對相關內容、背景、意義的了解、理解和支持。全國人大常委會對《基本法》附件一和附件二的修訂內容比較複雜，如何引領公眾進行理性討論，在這方面，政府文宣工作十分重要。

特區政府擁有龐大的文宣資源，單是新聞處（GIS）的編制多達四百多人，新年度預算高達六點八億元，還有眾多隨時候命接柯打的外判公關媒體顧問公司（姑且不論隸屬政府體制、每年花費十億公帑但其使命和信念不包括為特區政府服務的香港電台），但在以往多次社會發生重大爭議時，無論在傳播政府聲音、解釋政府立場方面，還是澄清虛

假信息、反駁謠言方面，官方文宣都明顯未符公眾期望，雖然「修例風波」後期以來有起色，但仍有很大改善空間。這些年來特區政府在輿論方面吃了不少虧，是不爭的事實，箇中原因或許很複雜，但有一條可以肯定，就是官員解釋政策打官腔太離地，文宣手法欠缺新意，來來去去三幅被，所以往往是事倍功半。這回除了特首賣報紙廣告，官方文宣有何表現，不妨拭目以待。

其實警隊的文宣就值得借鏡。從「佔中」期間的「四點鐘許Sir」，到「修例風波」期間每天下午主持警方記招的PPRB主管謝振中以及繼任的郭嘉銓，都有不俗表現，面對火藥味十足的記者會現場，沉著應對，不卑不亢，見招拆招，例如每次記者會先播放暴力衝突現場錄影，配合新聞發布，這種做法既專業又實用。在香港國安法實施、「黑暴」開始退潮之後，警隊立即啟動多項文宣行動，例如與鳳凰衛視合作推出紀錄片《暗夜星辰——一群香港警察的故事》，以及創作歌曲《香港警察》、製作專題片《守城》等等，形象威嚴的「一哥」鄧炳強不僅扮鬼扮馬拍視頻宣傳歌曲《香港警察》，更親自登場在儼然荷里活大片的《守城》中扮演一名前線警員，出鏡近半分鐘，一時傳為城中佳話。這些警隊文宣既有傳統風格，亦不乏創意，因此大獲好評，不知道特首辦和特區政府相關部門，會不會派人向警隊取經學習？

政府面向公眾的解說工作，除了注重文宣手法和傳播技巧，還要內容對焦，否則就變成自說自話。對於完善選舉制度的有關決定和具體安排，普通市民最關心關注的，可能與有關團體或政黨、政治人物有所不同。日前筆者出席一個講座，有與會者問愛國者治港、國家安全和民主是什麼關係？完善選舉制度與普通市民有何關係？我覺得這兩個問題其實就是特區政府做公眾解說工作要回答的核心問題。至於此間一些學者和反對派人士，以及一些西方國家輿論，指摘全國人大的決定及人大常委會對《基本法》附件一、二的修訂內容是扼殺香港的民主、是民主政制大倒退云云，其實不過是老調重彈不值一駁。香港的根本問題不是民主太少，而是管治效能太低，此番改制，「一國兩制」添活力，香港再出發。

2021/04/02

為葉劉淑儀離席抗議點讚

　　據媒體報道，新民黨主席、立法會議員葉劉淑儀以視像方式出席在阿聯酋迪拜舉辦的「WION TV 全球高峰會」時，聽到來自台灣的前「國防部長」蔡明憲在視頻直播中直稱「武漢肺炎」，立即打斷蔡的發言，表示「我不認為你應該這樣稱呼這個病毒」，葉太要求蔡明憲和其他與會者不要再使用「武漢肺炎」一詞，否則她將離開論壇。當蔡明憲在發言中聲稱台灣是一個「國家」，葉劉淑儀再次打斷蔡的發言，直指台灣不是國家，而是「中國的一個省」，並立即起身憤然離場。看到朋友轉發來的這個報道，我立即回了三個 Like 表示大讚。

　　眾所周知葉太從政經驗豐富，快人快語，不介意別人的言論，除此以外，我覺得她是本港少數有國際視野的政治人物。葉太七年前發起成立「海上絲綢之路協會」，配合中央「一帶一路」倡議，鼓勵香港年輕一代了解國家文化歷史，拓闊國際視野，將個人事業與大時代結合，海絲會的定位在眾多的民間機構和社會團體中，別具一格，我曾經參加該會與其他社團機構合辦的活動，對其活動宗旨印象深刻。葉太本人坐言起行經常參加各種國際會議，今次 WION TV 全球高峰會，其中一個討論議題是「後疫情時代的世界秩序」，這是一個各國都高度關注的話題，但透過線上與會的蔡明憲卻趁機插播販賣私貨，葉太即時作出回應，直斥其非，顯示出高度的政治敏感、堅持原則的態度，以及維護國家尊嚴的政治自覺。

　　雖然這次論壇屬民間性質，但與會者不乏官方人士，蔡明憲本人的身份也惹人關注，主辦方為何作出如此安排，筆者不得而知。但任何論壇的發言既要暢所欲言，又必須有起碼的底線，這條底線就是「尊重」二字，尊重是文明的基本要求，舉一個例子，出席今次峰會的人，都知道必須尊重論壇所在國的宗教信仰，假如有人出言不遜，我不相信會被視作言論自由。同樣道理，世衛組織早已明確規定了新冠病毒的正式名

稱，在這種國際性場合仍然以帶有歧視性的「武漢肺炎」來稱呼，就明顯不懷好意，過了言論自由的邊界，至於在這樣的場合聲稱台灣是一個「國家」，就更是擺明對聯合國一個中國原則的挑釁。面對此情此景，葉劉淑儀拍案而起表達不滿，離場抗議，不僅是作為香港特別行政區立法會議員、更是作為一個中國人應有的反應。

近年國際政治格局正在發生深刻而重大的變化，正如習近平主席所說，世界正經歷「百年未有之大變局」，中國國力強大以及在國際舞台的影響力大大提升，引起美國為首的西方國家深深憂慮，從特朗普政府在貿易、科技等領域瘋狂打壓和打「台灣牌」「香港牌」等等，到拜登上台後改變對華策略，一手談合作一手拉攏盟友圍堵中國，近日歐美聯手在所謂新疆問題大作文章，咄咄逼人，擺出一副打群架的陣勢。而台灣當局和「台獨」勢力，也不會錯過任何污名化大陸和「販獨」的機會。在可見的未來，中國面對的國際政治環境更加錯綜複雜，香港亦無法獨善其身，不排除類似葉劉淑儀出席國際論壇面對的情況日後可能重演，本港的政治人物對此應該有清醒的認識，更要保持高度的政治敏感，在大是大非問題上，不應採取迴避或含糊態度。

香港是國際金融中心，要在國家經濟發展的「雙循環」戰略發揮重要作用，既是內循環的參與者，又是外循環的促進者，要做好這樣一個獨特的角色，香港既要保持自由開放、多元包容的營商環境、社會環境和輿論環境，又要自覺維護國家安全和民族尊嚴，這是新的歷史背景下每一個香港市民義不容辭的責任，更是愛國者治港團隊的一項重要使命。

2021/03/26

何時「開始解決」房屋問題

　　主管港澳事務的韓正副總理在兩會期間接見港區全國人大代表時，要求特區政府解決住房問題，雖然解決這個問題難度很大，但總要有「開始解決的時候」。多份報章在頭條位置大標題報道這條新聞，日前與幾個老友聊起這事，大家一致認為，中央高層領導人如此鄭重其事直指住屋問題，特區政府這回再不交功課肯定是過不了關，而「明日大嶼」不能算數。香港「深層次矛盾」講了很多年，終於要動真格，關鍵是特區政府何時「開始解決」及如何解決。

　　房屋問題是香港社會深層次矛盾的核心問題之一，由來已久。筆者一位好友上世紀六十年代初從潮汕到香港，與父母和兄弟姊妹一家七口擠在西環一間七十呎板間房，他說當年有瓦遮頭已屬難得。同一時期廣州以及珠三角城鎮，或者筆者的家鄉汕頭，普通市民的居住環境雖然比較簡陋，但未聞如此擠迫。七十年代香港經濟起飛，政府興建多個大型公共屋邨，很多基層市民的居住環境得到改善，不過買樓置業對不少基層家庭依然是一個難以實現的夢想，好不容易節衣縮食儲足首期上車做業主，又要再節衣縮食捱多十年八年甚至更長時間，才能供完一個四五百呎單位，一旦遇上樓價大跌慘變負資產，隨時災難臨頭。回歸前港英政府推行高地價政策，回歸後不僅沒有改變甚至地價更高，公屋輪候時間不縮反增，平均超過五年半，在房屋問題上，香港仿若生存在另一個時空，「不知有漢，無論魏晉」，迄今人均居住面積僅及一河之隔的深圳，以及上海、新加坡三分之二，由於政治生態劣化，房屋問題更演變成為政治問題。

　　回歸初期董建華「八萬五」計劃夭折之後，歷任特首對解決土地房屋問題都顯得束手無策，明明香港有大量未開發的土地，土地運用率僅及新加坡一半，但歷屆特區政府都陷入「無地建屋」的困境。香港的土地究竟去了哪兒？這個問題其實不難回答：一是郊野公園。全港四成土

地被納入郊野公園及特別地區範圍，總面積達四萬四千三百公頃，香港人均佔有郊野公園面積世界第一。二是農地，總面積約四千四百公頃，八成以上荒廢，當中不少早已成為各大地產商的囊中之物。其三是棕地，全港棕地佔地一千四百一十四公頃（未包括一百六十五公頃沒有營運的棕地。數字來自規劃署），大部分業權在私人手中。其四建丁屋，按現有規定，每間佔地七百呎的丁屋只能建三層，土地資源極大浪費。

表面上看似乎很簡單，以上四個方面的土地即使只有一兩個可以鬆動，香港何愁沒有土地可建房屋？但迄今為止，卻沒有一屆特區政府能夠在以上四個方面取得任何突破。林鄭月娥上任後搞了一場轟轟烈烈的「土地大辯論」，發動全民找地，結果卻是繞過以上四個現成的途徑，另闢蹊徑推出一個投入六千多億、最快六年後才開始填海、十三年後才有屋可住的「明日大嶼」計劃，在經歷前年「修例風波」和去年至今新冠肺炎疫情雙重打擊，一年赤字達三千億的情況下，特區政府依然要求立法會撥款研究推行「明日大嶼」計劃。

改變的時候終於到來了。在香港國安法實施大半年、「愛國者治港」原則正在全面部署落實之際，韓正副總理明確提出解決土地住房問題的要求，以筆者的理解，這是中央確保「一國兩制」行穩致遠、保持香港長期繁榮穩定的組合拳之一，這場由中央主導的「愛國者治港」大變革，最終目的是要讓廣大市民特別是基層市民得益受惠。現在無論是要修改郊野公園條例，劃出部分邊陲地區建屋，還是在農地、棕地以及丁屋方面採取措施達至增加土地供應的目的，特區政府採取行動的時機比以往任何時候更有利、更成熟。

其實官府有的是辦法，況且手握收地權力，以往也曾經動用過，只因牽涉各方巨大利益，各種關係盤根錯節，故此覓地阻力山大，實際上特區政府本身就是畸形樓市的最大得益者之一，不僅每年賣地是庫房收入的重要來源，而且透過房協、房委會和港鐵成為大發展商，而多年來反對派阻撓施政無所不用其極，有目共睹，官府於是有大條道理一年拖過一年，一屆拖過一屆。但這回不同了，中央親自出手幫特區政府清場，

反對派布不成陣，再也無法在立法會阻住地球轉，特區政府名副其實行政主導，再無理由說覓地難吧。林鄭月娥本屆任期還有一年多，明年三月舉行下屆特首選舉，在此之前，特區政府必須在土地供應方面取得突破，交出功課，否則很難向中央交代。

2021/03/19

■ 房屋問題是香港社會深層次矛盾的核心問題之一

看《覺醒年代》，學中共黨史

　　全國政協主席汪洋在一年一度全國政協大會閉幕式上講話，要求政協委員「深入學習中共黨史，結合學習新中國史、改革開放史、社會主義發展史」，港區全國政協委員在香港社會肩負的政治使命愈來愈重要，學一點中華人民共和國執政黨的歷史知識，對提升政治判斷能力大有裨益。學習中共黨史，能到北京中央黨校進修聽課固然最好，買幾本相關書籍來自學也可以，網上此類圖書資料甚多，如果要想輕輕鬆鬆學中共黨史，我有一個好介紹，香港電台電視三十三台正在轉播的中央電視台電視劇《覺醒年代》，就是一部講述中共創黨歷史的好教材，不僅史料豐富、內容真實，更重要是劇本精彩，演出水準極佳，扮演陳獨秀的于和偉和扮演李大釗的張桐，絕對有機會問鼎內地電視界最高榮譽飛天獎和金鷹獎。

　　辛亥革命之後，接連發生袁世凱稱帝、張勳復辟等鬧劇，北洋政府的首都北京「城頭變幻大王旗」，有識之士紛紛探索中國的出路何在？這就是《覺醒年代》故事的時代背景。全劇四十三集，從一九一五年陳獨秀等人從日本回國創辦《新青年》雜誌、蔡元培出任北大校長，邀請陳獨秀、李大釗、胡適、錢玄同、劉半農等人到北大任教開始，剛剛播到第三十集，主要講述以北大為大本營的新文化運動和抗議巴黎和約的五四運動，還未講到一九二一年共產黨在上海成立，但中共創黨和早期的重要人物，除了陳獨秀、李大釗，還有湖南新民學會毛澤東、天津南開學校周恩來和鄧穎超，以及陳延年、鄧中夏、趙世炎等先後出場，中國近現代史上赫赫有名的魯迅、辜鴻銘、林琴南、汪大燮、陸征祥、顧維鈞、傅斯年、許德珩等都有相當的戲份，北洋政府大總統徐世昌和多名內閣要員也有亮相，可以說是一幅二十世紀初中國社會轉型期的重要人物全景圖，而且每個人物都是有血有肉，絕無臉譜化，我從第三集開始追看，每一集都非常精彩。

我喜歡《覺醒年代》，主要是因為這部劇集把歷史的真實性和戲劇性結合非常成功，堪稱一部寓教於樂、精心製作的佳作。各集精彩鏡頭和情節比比皆是，例如，蔡元培接受黎元洪大總統任命為北京大學校長之後，想要改革北大，推動新文化，適逢陳獨秀為籌辦《新青年》雜誌一事，從

■ 電視劇《覺醒年代》是一部講述中共創黨歷史的好教材。

上海來到北京，蔡元培開出月薪三百大洋的條件，一而再、再而三邀請陳到北大擔任文科學長（相當於文科副校長），其中一次因陳獨秀前一天晚上與錢玄同、劉半農在陶然亭「煮酒論英雄」，醉臥未醒，蔡元培就搬個櫈子坐在門外默默等候，此情此景，令人油然聯想起劉玄德三顧頻煩天下計的故事，當然，陳獨秀醒來沒有吟哦「大夢誰先覺」，而是睡眼惺忪連聲向蔡公致歉，請他入屋。

另一個例子是出席巴黎和會的中國代表團團長陸徵祥、顧維鈞、王正廷等人，雖然有內鬥但相忍為國，面對美英法等西方列強的自私偽善和日本的欺壓豪奪，絞盡腦汁千方百計據理力爭，到列強代表團駐處逐一拍門求見竟吃閉門羹，終無力挽狂瀾於既倒，唯有拒絕接受喪權辱國的巴黎和約，不做第二個李鴻章，一幕幕令人悲憤痛心的場面，勾起國人對中國近代史弱國無外交的傷痛回憶。

剛剛播出的第三十集，五四運動爆發，火燒趙家樓之後，北洋政府下令強硬對付北大愛國師生和所有示威者，身陷困境險境的蔡元培不辭而別，局勢一觸即發，這時候陳獨秀發現胡適倡議將北大搬到上海，二人深夜在北大紅樓通道上爆發一場激烈爭論，脾氣火爆的陳獨秀怒氣衝

衝指責胡適要當逃兵，冷靜的胡適則稱自己是出於保護北大、強敵當前避免犧牲，中國新文化運動兩大猛將的這場爭論，其實是關於中國出路何在的路線之爭。

在已經播出的前三十集，毛澤東戲份不算太多。新文化運動時，湖南師範畢業的毛澤東來到北京籌辦湖南青年赴法勤工儉學事宜，憑老師楊昌濟的推薦，蔡元培給了他一份北大圖書館助理員的差事，月薪八塊大洋，而他的頂頭上司李大釗當時月薪一百八十大洋，而哲學系教授胡適的薪金是二百八十塊大洋。正是這份為期半年的北大圖書館助理員工作，毛澤東首次接觸到俄國十月革命和馬克思主義，中國的歷史也從此改寫。

中共黨史與中國近現代史、中國改革開放的歷史是分不開的，香港的年輕人要認識國情，我推薦看這部《覺醒年代》。

2021/03/12

給你一個愛香港的理由

　　大年初七，周四，家園便利店港九新界十二家分店全線啟市，二十一歲的阿 Joe 上午九點準時到位於九龍的一家分店上班，今年是他第三年收到家園便利店的春節開工利是。有輕度弱智的阿 Joe，是在這家慈善機構工作的三十多名傷殘人士之一，店長 Alex 說，阿 Joe「好幫得手」，早已不需要師傅帶，搬貨擺貨都沒有問題，對人彬彬有禮，雖然「有少少怕醜」。今天，我來給大家講講家園便利店（簡稱「家園」）的故事。

　　家園便利店創立於二〇一二年，創辦人李家傑先生最初的想法，是以津貼購物的形式，為基層家庭每日購買生活必需品節省開支，日積月累，達至幫助基層家庭減輕生活壓力的目的，而會員「買平嘢」是透過購物而受惠，可避免一般接受饋贈的尷尬。家園便利店的所有貨品都以貼近來貨價出售，比普通超市平大約兩成至四成不等，家園的口號是「不牟利、為基層，每日幫你慳少少」，而李兆基基金則撥款補貼家園便利店的員工薪金和舖租等開支。經過九年的努力，家園至今有十二間分店分布港九新界，擁有逾二十三萬會員，他們是長者、綜援家庭、傷殘人士、新移民和南亞裔人士。香港社會貧富懸殊非常嚴重，人均 GDP 高達四萬多美元，卻有近一百萬貧困人口，家園便利店可為弱勢社群每月節省幾百元生活開支，所以廣受街坊基層家庭歡迎。去年新冠肺炎疫情肆虐，失業率百分之七創十七年新高，李家傑希望家園開設更多分店，讓更多基層市民受惠。家園董事兼總幹事鄭惠珍透露，第十三間分店將於今年上半年開業。

　　家園便利店獨特、實惠的慈善公益模式和良好的社會企業品牌，連續多年榮獲「社企至尊大獎」等多項殊榮，更吸引本港和中央媒體關注，去年一月，新華社記者一篇《暖心「家園」：扶貧助弱有尊嚴》的報道上網，迄今有逾九十萬個點擊。去年十一月，深圳衛視「直播港澳

台」節目和 TVB 分別報道家園便利店，TVB 記者在現場比較貨品價錢和隨機採訪正在購物的街坊，這條新聞在翡翠台晚間新聞和新聞台播出之後，引起極大迴響，家園經理 Joanne 說，便利店辦公室同事連日來接聽查詢申請入會電話接到手軟，多個分店每天遞交入會申請表大排人龍，傳媒影響力立竿見影，事實證明，所謂「好事不出門，壞事傳千里」，其實也不盡然。

說回阿 Joe，他是經勞工處「就業展才能計劃」推薦給家園便利店，該計劃的目的是鼓勵企業為殘疾人士提供工作機會，而政府為僱主提供三個月試用期薪金的一半，並為負責培訓指導傷殘人士工作的「師傅」提供現金津貼。家園聘請十多名精神病康復者和輕度智障人士，同時，合作夥伴創業軒（另一間 NGO 機構）也聘請約二十名傷殘人士到家園便利店做全職或兼職工作，當中部分由勞工處推薦，可得到就業展才能計劃資助。家園便利店是以企業形式運作，在落實做扶貧慈善的初心之餘，又為特殊的弱勢群體提供就業機會，幫助他們在精神上建立自信、在經濟上達至自立，在生活上能夠自強。阿 Joe 在家園工作快三年了，和其他同事相處融洽，現在不僅自立，而且能夠幫補家庭，減輕父母的經濟壓力。阿 Joe 既是家園的得益者，又在家園幫助其他人，家園的慈善效應因此放大。

最近幾年，社會上有很多怨言很多不滿，有人甚至把香港說得一無是處，但其實有不少人在默默做實事，有錢出錢、有力出力，甚至是出錢又出力，不為博取掌聲，只因為愛香港，愛我們生長生活於斯的這個共同的家園，任何人只要細心留意，關愛弱勢的故事「梗有一個在左近」，這既是社會文明的標誌，也是我們愛香港這片土地的一個理由。「為什麼我的眼裏常含淚水？因為我對這土地愛得深沉」。一名採訪家園便利店的記者告訴我，平時報道了太多負面新聞，做家園這類新聞，心情完全不同。　　　　（基於尊重隱私理由，Joe 和 Alex 皆為化名）

2021/02/26

小心 BNO 這張舊船票

上周末從尖沙咀天星碼頭搭渡輪過海，在中環碼頭眺望維港兩岸，風和日麗，萬里無雲，海天一色，一艘新渡輪駛過灣仔會展中心對開的海面，留下一條白色的浪花。當年全球矚目的回歸典禮，就在剛落成的會展中心新翼舉行，那一天，中國在這裏終結了英國人數百年來在世界各地實行的殖民統治歷史。二十四年彈指一揮間，想不到英國人竟然掀起 BNO 風波，要在維港興風作浪，意圖重溫舊夢，也想不到英國人的承諾還有人願意相信。

有人說 BNO 事件證明英國人老謀深算，雖然當年無奈降旗走人，但不動聲色留下一手，現在才出手。的而且確，英國人以會玩政治著稱，他們在撤離各個殖民地時常常被指「留有一手」。特首林鄭月娥在社交網站發文指，這場 BNO 風波是英國以政治包裝滿口歪理的經濟算計，一語點破英國政治最重視利益的特性，林鄭月娥還做了功課，指過去兩個星期的主要報章，有多達二十個關於英國樓盤的廣告，證明英國地產商明顯視香港人為主要銷售對象。英國人玩政治常以道德高地掩飾利益，其另一面就是虛偽。我想起鍾士元爵士的回憶錄《香港回歸歷程》關於居英權的內容。

有「政壇教父」之稱的「大 Sir」鍾士元，曾經是港英政府的股肱之臣，回歸前位至兩局首席議員，回歸後擔任首屆特區政府行政會議召集人。在這本中文大學二〇〇一年出版的回憶錄中，鍾士元寫道，一九八四年五月他和兩局議員代表團到英國游說國會議員，要求英國政府給予所有香港人擁有居英權，其間前首相希斯（Edward Heath）向他們透露，「在他七十年代初擔任英國首相時，適逢中華人民共和國加入聯合國，並隨即要求聯合國將香港和澳門的名字，從殖民地名單中刪除，希斯說，當時英國內閣決定不反對中國的提議，並據此評估香港不可能獨立，日後將會回歸中國。為避免香港英籍居民大量移居英國，因

此開始考慮更改國籍法。」鍾士元寫道,「一九七六年英國發表了一份綠皮書,建議更改國籍法,將殖民地的英國籍居民改為英國海外公民(British Overseas Citizen),並失去在英國本土的居留權。」後來又有所謂「英國屬土公民」(British Dependent Territory Citizen 簡稱 BDTC),名稱改了但還是沒有居英權。中英就香港前途簽署聯合聲明後,九十年代中期,英國政府改為 BN(O)(British National(Overseas))(見回憶錄中文版第六十九至七十頁)。

鍾士元講得很清楚,BNO 從一開始就是英國政府專門為堵住香港人移居英國而設,雖然名為「護照」,實質上主要功能就是一本旅遊證件。鍾士元曾經在香港回歸過渡期扮演重要角色,他和不少港英時代的精英一樣,因為不了解中國,對英國抱有很大期望,甚至曾經被中方點名嘲為英國的「孤臣孽子」,但當他了解真相,另一方面與北京相關官員加強溝通,令他對香港回歸祖國的態度逐漸發生改變。這本回憶錄還有一段故事值得一提,經常因回歸問題奔走於北京和倫敦的鍾士元,某日在倫敦游說英國政府返回酒店時,發現房間有三名不速之客,其中兩名男子自稱英國情報機關人員,指收到港英政治部情報,有人要對鍾士元不利,這件事後來不了了之。至於後來在回歸談判過程,中英雙方就保留 BNO 作為港人的「旅遊證件」達成共識,這是眾所周知的事情,在此不贅。今日英國政府突然為 BNO 持有人開放居英權通道,高談所謂責任,不僅盡顯虛偽,更是公然違背中英之間的外交承諾,毫無信譽。中方宣布不再承認 BNO 作為旅遊證件和身份證明,並保留進一步採取反制措施的權利,實屬意料中事。

英國哲人說:讀史使人明智。香港無論回歸前還是回歸後,都有不少人移民海外,境遇各異,但那些一覺醒來發現那一本塵封已久的 BNO 竟然變成一張登上英倫的高價船票,而產生移民衝動的香港人,特別是沒有經歷過回歸、不了解這段歷史的年輕人,也許應該讀一讀這本鍾士元回憶錄。

2021/02/05

放下分歧 共同書寫二〇二一「年度詞」

　　內地朋友轉發《人民日報》網絡版客戶端「一個詞回顧二〇二〇，你會選 _____」，提供九個詞供選擇，依次是逆行、攀登、無畏、拚搏、衝鋒、堅守、探索、向上、攻堅，每一個詞都配一幅圖片和說明，例如「逆行」的圖片說明是「醫護人員將患者轉運至武漢火神山醫院病房」，「攀登」的說明是「二〇二〇珠峰高程測量登山隊成功登頂」，「探索」的說明是「中國探月工程嫦娥五號任務取得圓滿成功」，等等，大部分是令人振奮的國家大事，也有普通民眾生活的內容，如「向上」的圖片是一個紅衣女孩在學校門口凌空躍起，說明寫道「考生用健美操『一字馬』動作慶祝高考結束」。朋友問我選擇哪一個詞，我的答案是「逆行」，年初數以萬計的白衣天使不顧病毒死神威脅，從全國各地馳援疫情爆發的武漢，他們逆行的背影照亮了整個二〇二〇年。

　　也有本港媒體在網上收集網民的年度詞，結果前三名分別是：慘、悲、怒，香港市民在過去一年是如何度過，這三個詞已經說得很清楚。兩地媒體搜集民意的對象不同、方法不同、角度不同，但不難得出結論，和內地相比，香港民意缺少信心的元素。內地去年遭受的挑戰和壓力可謂前所未有，新冠肺炎疫情爆發、中美貿易戰演變成中美冷戰，但在中央政府領導下，十四億人民從沒有失去信心，更逆境自強創造出奇跡，迎接百年未有之大變局。而香港呢，真是一言難盡。藉此送舊迎新之際，筆者作為一介小市民斗膽建言，希望特首和特區政府能總結經驗汲取教訓，採取實際行動令廣大市民重拾對社會對未來的信心。

　　首先，要全面提升抗疫力度，雷厲風行，進一步加強外堵輸入內防擴散的各項措施，同時要加強執法。政府專家顧問透露有人用水喉水代替唾液提交用作檢測，對這種害群之馬極其卑劣的行為，特區政府不僅要在道德上譴責，還應追究其法律責任，以儆效尤。對接連發生失誤事件引起公眾不滿，應立即採取相應行動，該追究的要追究，該問責的要

國運
你信不信？

問責，不能不了了之。抗疫一年，公眾疲態畢現，好在疫苗即將到來，這是關鍵一役，接種疫苗相關安排的統籌和準備工作，不容有失，特區政府必須全面進入戰時狀態，如能在此役有令人滿意的表現，將大大提升市民的信心。

其次是拯救經濟。特區政府在過去一年因應疫情影響推出多項措施開倉濟危紓困，暫時未見失業率大幅提升的情況發生，一來全球疫情不斷變化，例如英國變種病毒已擴散全球，未知會否影響疫苗的效果，各行各業已苦撐一年，還能夠撐多久？庫房還能承受多少次三千多億的赤字？二來全球貿易在疫情下幾乎停擺，香港由國際金融中心和航運中心變成孤島經濟，而中美貿易戰前景未明，商界看不到疫後出路何在。因此，特區政府要做到精準救助，不應再搞大水漫灌式的紓困措施，更重要的是，政府必須有一套大力推動疫後經濟復甦的方案和願景。特首近期在多個場合提出，香港要做國家經濟發展內循環的參與者和外循環的推動者，要做國際和內地兩個市場的中介人，這種表述固然正確，但要提升商界對於未來經濟發展的信心，仍有很多工作要做。

第三是團結，包括團結不同立場和觀點的各界人士，或許這是比前面兩項更加艱難的工作，但卻不容迴避。經歷去年一場「港獨」動亂和「黑暴」風潮，香港社會政治撕裂前所未有。環顧當今世界，不少國家和地區都深受撕裂之苦，美國社會因政治和族群撕裂對立所造成的破壞，更是觸目驚心。目前少數違反香港國安法和其他法律的頭面人物或倉皇逃亡或受到審判，而對於那些曾經反對修例、政治光譜偏向「泛民」的市民包括青少年，政府應該展示包容態度，透過推動建設和扶貧紓困等措施，凝聚社會共識，修補撕裂加強團結。在新的一年，落實教育改革和建立全社會的國家安全意識是應有之義，加強團結則是令香港走出困境、重新出發的必要條件。讓我們放下分歧，共同書寫二○二一的年度詞。

2021/01/01

決策趨務實，疫苗有得揀

　　特區政府周三（二十三日）刊憲，賦權食物及衞生局局長緊急使用由專家認同的疫苗，為全民接種疫苗工作做好準備。這是戰勝疫情的關鍵一役，無論對特區政府還是對廣大市民，都是許勝不許敗。特首林鄭月娥在記者會上宣布，由於政府採購的三種中外疫苗供貨時間不同，政府安排市民接種的地點不同，所以，市民可以透過選擇時間和地點，來選擇接種哪一款疫苗。此外，特區政府還將設立基金，支援接種疫苗之後出現不良反應的市民。就在前幾天，林鄭月娥卻表示，市民不能選擇接種內地生產或外國生產的疫苗。雖然特首否認改口，但大家都明白事出有因，而對於可以選擇疫苗的決定，我想給予一個點讚。

　　剛聽到特首說市民可以選擇接種哪一種疫苗，我懷疑特區政府是不是想把副作用風險的責任推給市民，畢竟目前無論接種哪一種疫苗，都存在一定風險，這點連專家也公開承認，如果市民自己挑選疫苗牌子，一旦出現副作用，政府大可說這是你自己的選擇。但特區政府宣布成立專門基金支援出現副作用的市民，可見根本無意推卸責任。

　　那麼林鄭月娥改變決定的目的就只有一個：減少市民顧慮，鼓勵更多市民接種疫苗，這既是出於無奈，也是一種務實的態度。眾所周知，目前全世界只有中美德英俄等少數國家研發生產出新冠疫苗，面對全球各國對疫苗的天量需求，採購疫苗之難可謂一劑難求，中國生產的疫苗優先供應包括港澳地區在內的國民使用，實屬無可厚非，除了供應國內，中國疫苗也出口到巴西、印尼等國，而港府同時也採購到部分外國疫苗，這種做法符合港府相關規定，但是問題來了。

　　綜觀一年來的抗疫過程，去年「修例風波」的陰影一直揮之不去，政治干擾甚至凌駕抗疫屢見不鮮，最典型的例子是今年八、九月國家派專家團隊來港，出錢出力協助港府做普及社區檢測，結果只有一百七十

多萬人參加,白白浪費一次全面清除隱性傳播病毒的難得機會。當時特區政府對普及社區檢測的預期,從一開始就顯得「堅離地」,實在難辭其咎。另一方面,有些人不斷透過不同平台對內地抗疫污名化,港府似乎對此束手無策,加上部分人帶有先入為主的偏見,總以為外國的月亮比中國的圓、洋人的疫苗一定比國產疫苗更安全。有人建議特首和主要官員公開接種國產疫苗,以消除公眾的疑慮,我不認為特首和官員會反對這個建議,但今時今日這樣做的成效有多大,實在要打一個問號。在這種情況下,如果特區政府仍然堅持要市民相信科學評估不能選擇疫苗品種,就不排除會出現接種人數未達目標的情況。汲取上一次普及社區檢測做法的教訓,面對現實採取靈活做法,雖有改口之嫌,但總比為了面子不肯改變來得務實。

香港的政治生態非常複雜,外國勢力插手,社會撕裂嚴重,香港國安法實施之後,對「黑暴」和「港獨」勢力產生強大震懾作用,各路人馬紛紛作鳥獸散,社會秩序恢復正常,但表面平靜,暗湧澎湃,毋庸否認,反對派的影響力仍不容低估,實現人心回歸任重道遠。在這種情況下,特首既要敢於堅持原則,無懼無畏,也要放下身段,重視聆聽民意,切忌閉門造車、患得患失。遺憾的是,過去一年,香港在兩岸四地抗疫成績包尾,不僅實現確診個案清零的目標遙遙無期,甚至一而再出現疏忽失誤,市民怨氣沖天,對特區政府領導抗疫能力的信心跌至谷底。另一方面,部分市民不配合政府抗疫措施,也是抗疫事倍功半的原因之一。接種疫苗是抗疫關鍵一役,林鄭月娥能否重整管治班子隊形,確保相關安排暢順妥當,廣大市民是否願意配合共同抗疫,這是決定此役成敗的關鍵所在。聖誕節已經到來,新年的鐘聲即將敲響,祝願香港有一個新的開始。

2020/12/25

治病靠疫苗，治理靠人心

　　轉眼間二〇二〇年即將成為歷史。絕大多數人在居家工作和正常上班之間來回轉換，食肆在停止堂食和允許兩位至八位入座之間轉換，酒吧、美容院等行業在開業和停業之間轉換，撐不下去的，只好關門。老友 Q 哥回內地公幹在深圳指定酒店隔離十四天，電話裏大呻「度日如年」，我說了一句「平安最重要」，他的怨氣立即消了一大半。這年頭過日子實在不容易，但有什麼比健康活著更重要呢。新冠病毒爆發迄今，全球六千九百多萬人確診，一百五十多萬人死亡，光是美國死亡人數已近二十九萬人，遇上這場世紀天災，就像某部電影一句台詞「千好萬好，活著就好」，希望在明天嘛。

　　新冠病毒疫苗終於問世，人類抗疫到了距離勝利只差最後一公里的關鍵時刻。英國首相約翰遜一改抗疫初期嘆慢板的做法，搶先一步購入美德合作研製的疫苗，一名九旬英國婆婆成了該款疫苗公開接種的全球第一人。疫苗效果如何仍有待觀察，據報英國有人接種疫苗後產生副作用。較早前有報道指巴西大批購買及使用中國疫苗，但詳情未知。畢竟以往疫苗從研發到投入使用需要十年，這一次超常規縮短至十個月，總會有一點風險。

　　現在最重要而緊迫的問題是，全球如何分配疫苗？像輝瑞等跨國大藥企都有一套訂購標準程序，但要滿足全球幾十億人口的需求，肯定是供不應求。除此之外，疫苗運輸必須在零下七十度條件下才能確保安全，這對全世界物流企業是一項空前的挑戰。至於貧窮國家及地區數以億計的人口，他們接種疫苗的費用由誰來付？這些問題都亟需各國通力合作尋求解決辦法，可是像聯合國、世衛組織、G20 等這些國際組織或國際平台，近年慘遭特朗普的美國粗暴踐踏，幾近癱瘓，戰後國際秩序陷入空前失序，各國眼睜睜看著特朗普一意孤行為所欲為卻束手無策。因此，人類何時能夠戰勝這場世紀疫情，重拾正常的生活，不僅有賴於疫苗研

30

發成功，更取決於各國特別是大國領袖能否充分認識到在疫情面前人類是命運共同體，能否放下政治分歧合作抗疫。雖然特朗普仍未肯公開認輸，但媒體披露他也不得不盤算下月二十日如何離開白宮，拜登的美國是否會重返國際社會？是否願意與包括中國在內的其他大國合作抗疫？大家不妨拭目以待。

　　說回香港，專家估計市民普遍接種疫苗要到明年的中期甚至年底，就是大約在冬季，換言之我們除了要過安靜聖誕節，要安坐家中迎接新年，很可能春節不能去給老人家和親友拜年，甚至要繼續保持今年這種抗疫生活狀況直至明年底，市民當然要問特區政府，為何我們不能早一點買到疫苗？過去一年艱難抗疫的經歷，暴露兩個大問題，一是特首和整個管治團隊在決策上不夠果斷，顧忌太多，說白了就是政治顧忌太多政治包袱太重。事實上疫情爆發初期，特區政府的反應尚算及時，如果敢於決策，可能就不會出現第三波第四波。存在決定意識，經過幾個來回折騰，廣大市民對特區政府的抗疫決策能力信心嚴重不足，特首和官員對市民心聲聆聽不足，這是不爭的事實。二是有些人政治凌駕抗疫，拒絕參與內地支援香港的社區自願檢測計劃，更有人無視限聚令搞非法集會，連曾經連續工作七十多天的張竹君醫生這樣盡心盡責、善良溫和的專業人士，也遭到毫無人性的冷血辱罵，只因張醫生是特區政府的官員。防治新冠病毒的疫苗已經出現，但要醫治這個中了政治病毒的社會，根本沒有疫苗，只能靠人心。

2020/12/11

改革需要不拘一格降人才

　　這一陣子很多人在談改革，談論比較多的教育改革和司法改革，這讓我想起最近無綫剛剛播完一部內地製作的劇集《錦繡南歌》，這部劇集的主線是當紅女明星李沁扮演的沈驪歌與秦昊扮演的彭城王劉義康離奇曲折、跌宕起伏的愛情故事，演、打、唱都相當不俗，另一條線其實是一個改革與反改革、你死我活的政治鬥爭故事。劇情背景是南北朝的劉宋朝廷，奸佞當權、民不聊生，監政劉義康一心想推行新政、興利除弊，但遇到重重阻力，先後與中軍陸遠和謝、王兩大士族家族、太妃以及江湖朱雀盟發生衝突，幾度陷入絕境，終憑堅忍不拔的意志和過人的膽識謀略，一次次化險為夷，最終與集美貌智慧武藝和善良於一身的沈驪歌永結同心，徜徉花海。

　　劇集當然不是歷史，但可以啟迪思考。彭城王劉義康最終成功推行新政兼且抱得美人歸，有幾個關鍵因素，一是他推行新政改革的初心，是利民利國，正是這個初心令他百折不撓一往無前，二是他胸懷韜略知所進退，而不是胸口掛住一個勇字，三是有一個忠心耿耿兼且有執行力的團隊，像沈將軍父子和沈驪歌。古今中外的著名改革，如商鞅變法、王安石變法、張居正改革、彼得大帝改革、明治維新、戊戌變法等等，結局或成或敗，很大程度上是取決於是否具備以上三個條件。

　　說回香港的改革，回歸以來，一方面是中央堅持「一國兩制」五十年不變，另一方面特區政府與時俱進積極推動改革，例如二〇〇〇年九月公布《廿一世紀教育藍圖——香港教育制度改革建議》，展示當年特區政府推動教育改革的決心。實際上，回歸後的教育改革內容林林總總，包括母語教學、中小學一條龍、校本管理，以及劃分中中和英中、推行直資辦學、普教中、初中取消中史必修、推行通識教育等，但教育界現狀如何呢？根據已經披露的個案，有小學教師赤裸裸向小學生灌輸「港獨」思想，有考試局歷史科題目叫考生分析日本侵略中國的利與弊。全

國政協副主席梁振英透露，由他發起創立的「803基金」接獲家長投訴學校，其內容「聳人聽聞」。連教協葉建源也不敢公開替被註銷教師資格的「黃師」狡辯，只能避重就輕指其受到的懲處「不合比例」。有理由相信，這些不是個別現象，更不是所謂無心之失。去年一場持續半年的黑色暴力狂潮，數以千計的大中學生捲入其中，當中不乏老師帶領學生上街參加暴力違法行為的個案，情況到了令人觸目驚心的地步，有人說，香港失去了一代人，這話雖然有點誇張，但說明教育出了大問題。前特首董建華不久前公開承認，當年他在任時推行教育改革有不對的地方，推行通識教育是失敗的，並且點名時任教統會主席梁錦松和教統局常任秘書長羅范椒芬，這是痛定思痛之言。

毫無疑問，香港需要改革，香港教育需要再改革。經過去年一場「黑暴」肆虐，香港社會深層次矛盾暴露無遺，廣大市民對「一國兩制」的「一國」和「兩制」的關係有了進一步的認識，對反對派的手法和目的有了更清楚的了解，在這樣的民意基礎上趁勢推行各項改革，加上有中央大力支持，當可收事半功倍之效。悟已往之不諫，知來者之可追。檢討過往教育改革失敗的教訓，根源在哪兒？有哪些值得總結和改善？我覺得，現在改革的宗旨和目的已經非常清晰，最需要的是一個劉義康式的人物擔任旗手角色。教育改革複雜性艱巨性毋庸多言，司法改革恐怕有過之而無不及，我勸天公重抖擻，不拘一格降人才，香港各方面人才濟濟，旗手定，改革行，「一國兩制」實踐進入下半場，期待新一輪改革拉開序幕。

2020/11/20

日本想取代香港金融中心地位

　　國泰大裁員，三十五年的國泰港龍一夜之間成為歷史，全港為之震驚，事件對香港經濟和社會的影響，或可與雷曼兄弟倒閉事件對華爾街和美國的影響相比。毫無疑問，香港經濟寒冬已經來臨。一九九八年亞洲金融風暴時，一名金融界資深人士提醒筆者「這個冬天會很長」，當時筆者半信半疑，後來又發生沙士肆虐，香港樓股雙雙斷崖式急瀉，一直到二〇〇四年才開始喘定，之後慢慢復甦。這一次，冬天究竟會有多長，恐怕誰也說不準，關鍵問題是，香港會不會從此一蹶不振？

　　國泰曾經是全球最佳航空公司，是香港一塊金漆招牌，走到今天這一步，有天災，也有人禍。新冠肺炎疫情是天災，受影響的不僅是國泰一家，全球航空業都遭受重創，至於去年「黑暴」橫行，多名機師及空中服務員捲入違法暴力事件，參與攬炒，國泰當局處理手法不智，導致公司陷入嚴重管治危機，以及近年國泰管理層的經營手法被指過於急功近利，這些都是人禍。天災防不勝防，人禍則是可能避免，經此斷腕式裁員的慘烈教訓，國泰能否走出困境重新起飛，一方面固然要看人類何時戰勝這場疫情，另方面則視乎管理層能否痛定思痛，「實迷途其未遠，覺今是而昨非」，讓國泰航空重新回到正確航道。

　　香港今日面臨前所未有之困局，何嘗不是天災與人禍交織的結果？去年大半年的「黑暴」攬炒，今年十個月的抗疫，加上中美關係惡化，華府將香港推向中美冷戰的前線，香港經濟面臨的困境，比起二十幾年前亞洲金融風暴和十多年前沙士肆虐的境況更加險惡，不同的是，疫情肆虐下包括發達國家在內的全球經濟陷入半停頓狀態，幾乎全人類都在叫救命，到目前為止，主要經濟體只有中國經濟率先恢復增長。

　　其實，即使疫情過去，世界已不再是過去的世界，香港也不再是過去的香港。新冠肺炎疫情加上全球地緣政治風雲突變，新一輪經濟大洗

牌已經開始,各國各地都在重新思考未來的發展方向和路徑。日本就想打香港的主意,副首相兼財務大臣麻生太郎日前出席內閣會議後表示,日本希望取代香港國際金融中心的地位,正研究為全球銀行業建立特別經濟區。麻生表示,日本要取代香港作為國際金融中心的地位,必須具備開放而透明的特質,要鼓勵使用英文、改變使用實物蓋章的傳統,以及改善稅制和居留資格等。而早在今年六月,還在首相位上的安倍晉三就說,隨著香港國安法的實施,日本將尋求接收從事金融業和其他專業領域的香港居民,他說東京需要更多人才才能成為金融中心。

日本領導人看到香港的軟實力和制度優勢:開放而透明的政府和社會、使用英文、稅務制度和居留資格等等,這些也正是香港必須繼續保持和加強的地方,但他們沒有看到,或者看到卻沒有說出來的是,在日本經濟最輝煌的八十年代,東京也未能成為國際金融中心,反而香港正是在那個時候奠定成為國際金融中心的基礎,最重要的一條就是香港把握中國內地改革開放的機遇,香港商界既是參與者又是得益者,過去三四十年,香港搭乘中國內地經濟高速增長的快車,成就「紐倫港」的國際金融中心的江湖地位,而這一點恰恰是東京想學也學不了的。

古人說「好風憑借力,送我上青雲」。今次香港要走出重重困境,唯一出路只能是特區政府重整旗鼓、社會各界放下政爭,大家齊心協力把握機會,借內地抗疫成功經濟恢復增長的東風,揚帆再出發。當然,「放下政爭」四字,說就容易做就萬難,香港社會撕裂如斯,冰凍三尺非一日之寒,目睹國泰淪落港龍消失,攬炒派是否願意反思?看到有些人竟然寧願選擇做難民,也不願意放下,只能無語。此時此刻多說無謂,最重要是行動。期待特首此番上京帶回好消息,在即將公布的施政報告中展示政治勇氣和承擔,拿出務實兼具前瞻性的方案,帶領廣大市民為克服艱難困苦和迎接疫後經濟復甦做好準備,讓社會大眾對未來抱有信心。

(原標題:攬炒派不反思 香港也要再出發)

2020/10/30

新聞是專業，抑或任何人都是記者？

這個標題如果作為學術討論，學者引經據典，可以出一本書，但在本港當下，這是一個需要面對的現實問題。警方公共關係科總警司郭嘉銓日前去信四個傳媒界團體，指警方將修訂《警察通例》下「傳媒代表」的定義，涵蓋已登記政府新聞處新聞發布系統（GNMIS）的傳媒機構，或者國際認可和知名的非本地新聞通訊社、報章、雜誌、電台和電視廣播機構的記者、攝影師和電視台工作人員。當日筆者接受報章訪問，表示支持警方的修訂。

連日來坊間對警方修訂「傳媒代表」定義的做法有不少爭議，有的業界團體表示激烈反對，認為警方的做法打壓新聞自由，筆者對此並不感到奇怪，他們對警方的任何做法，反對是唯一選項。筆者支持警方的修訂，是建基於一個業界常識：新聞記者需要擁有專業知識和訓練，才能做好公眾「看門狗」（WATCHDOG）的角色，保障公眾知情權。

撇開政治立場，讓我們先看看事實，根據政府新聞處資料，目前符合警方修訂後的「傳媒代表」定義的新聞機構共有二百零六家，即是香港平均三萬多人擁有一家媒體，筆者孤陋寡聞，不知道全世界有多少個七百多萬人口的城市擁有逾兩百家媒體，但相信這應該不是一個小數目。警方今次修訂的標準，其實非常寬鬆，看看這二百零六家符合新定義的媒體機構，規模有大有小，涵蓋所有政治光譜，當中包括眾所周知其創辦人打正旗號「聯美反中」的傳媒機構，以及部分持激進政治立場的網媒，因此，所謂警方此舉意在政治打壓的指摘，似乎缺乏依據。

再看另外一些事實。去年「修例風波」，在示威衝突現場採訪的「新聞記者」常常多到令人難以置信，有時候甚至出現黃背心人數比示威者還多的怪現象。不僅記者多，而且記者屢屢成為新聞的主角，而成為新聞主角的「新聞記者」，往往來自一些未註冊或剛剛成立的網媒，也有

的來自校園媒體，甚至有的是沒有受聘於任何媒體的所謂「公民記者」等，例如三個廣受矚目的個案：一名古稀退休牧師突然穿上黃背心跑到示威衝突現場充當記者，還因此成為新聞人物接受某報專訪大談新聞自由。一名自稱網媒記者在臉書直播時，將鏡頭對準一名正在執勤女警的身體某個部位，滿口粗言穢語。還有一次是警方在商場執行任務，一名十二三歲的「記者」在示威現場用一部手機「採訪」，被警方盤查時竟然出示「記者證」。

這些前所未有的傳媒怪現象有一個共同點，就是一些所謂記者根本沒有接受過任何正式新聞專業學習和訓練，真實、客觀、公正這些新聞報道基本原則對他們並不存在，他們或是侍應、助理、經紀、教師、無業者等等，以為能拿起手機拍照錄音錄影然後放上網，就能當記者，他們當中也的確有人輕而易舉向個別團體申請到一張「記者證」。一個不爭的事實是，自去年中以來，記者的形象，由受人尊敬的「無冕之王」，變成人人都是記者，「一哥」鄧炳強形容這種現象叫做「任何人記者」，傳統意義上的新聞記者專業形象專業精神蕩然無存，傳媒公信力大受衝擊，這種情況，無論對傳媒業界本身，還是對廣大市民受眾，究竟好處在哪？有人硬要將這種傳媒亂象說成是新聞自由，其實大家都明白是怎麼回事。

警方修訂「傳媒代表」定義，相信出發點並非為了幫助傳媒提升專業形象，更不是要打壓傳媒，而主要是基於警隊執法上的實際考量。警方亦不可能不知道社會對任何關於傳媒事情都非常敏感，但沒有因為怕事而迴避這個問題，迎難而上，這點在今時今日尤為難得。將部分連向新聞處登記 GNMIS 都不做的所謂網媒、自媒體和假記者排除在現場採訪安排之外，既有助減少對執法行動的影響，亦有助減少對大部分真正的記者正常採訪的干擾，客觀上亦有助提升記者的專業形象，這樣的修訂，沒有理由不支持。

2020/10/02

期待施政報告突破紛擾

一年一度施政報告諮詢工作正在展開，特首是時候告訴公眾，香港疫後經濟和社會發展要如何走下去。經歷去年下半年社會動盪和今年九個月抗疫，全香港所有人都在苦撐，都很苦悶，大家都盼望疫情早日結束、生活恢復正常、經濟盡快復甦，這也是全社會的主流民意。當然，一些人已經沒有願望，天要下雨娘要改嫁，也只能由他去吧。

關於抗疫，特區政府在前兩波疫情防控工作做得不錯，但七月上旬第三波疫情爆發，暴露特區政府在防範輸入個案方面存在明顯漏洞，市民抗疫疲勞也表露無遺，到目前為止，本港確診人數突破五千宗，死亡過百，這是一個沉痛的教訓，庫房也因此付出巨額代價。在中央政府大力支援下，香港進行了一次普及社區核酸檢測，又在亞博館興建方艙醫院，為應對可能出現但不知何時爆發的第四波疫情做好準備，與周邊國家和地區的抗疫情況相比，香港市民應該可以比較放心。最令人擔心的是，有人將抗疫政治化，而且追隨者不在少數，可見雖然香港國安法實施之後，因去年「修例風波」觸發的大規模暴力潮已經平息，但社會嚴重撕裂情況未有明顯改善，短期內也看不到有明顯改善趨勢。修補社會撕裂，特區政府責無旁貸，當前最可行的辦法，是特首透過新一份施政報告，展示大刀闊斧、有所作為的施政新風，讓廣大市民對戰勝疫情之後的生活充滿期待。

當務之急要繼續保持疫情緩和的趨勢。近日英國歐洲疫情出現反覆，美國疫情持續失控，印度、菲律賓、印尼等亞洲國家疫情依然嚴峻，香港要汲取第三波疫情爆發的教訓，做好嚴防死守，防止輸入個案大幅增加。與此同時，特區政府應盡快公布健康碼具體安排，在本土不明來源個案歸零之後，恢復本地經濟活動之餘，盡快重開口岸，為香港經濟重拾活力創造條件。在中美關係持續緊張，美國取消香港特殊地位、無理打壓香港的國際政治環境下，早日實現粵港澳大灣區人流物流正常

化，對香港意義特別重大，可以說，港深口岸一日未重開，香港經濟就一日無法重振。重開口岸，除了需要與內地及澳門政府做好協調，亦可預料會有各種反對雜聲，關口重開之後如果疫情有任何風吹草動，也肯定會有人大做文章，當日封關紛擾歷歷在目，特區政府對此能否保持淡定？筆者想說的是，今時今日的政治環境，特區政府作出任何決策，都必定有反對聲音，與其擔心有多少人反對，不如認真傾聽民意。雖然筆者很不喜歡特朗普信口雌黃，反感他污衊中國抗疫，但佩服他對民意的敏感，一旦特朗普認定要做的事情，便義無反顧全力推行，民主黨掌控的國會根本阻止不了，像美墨邊境建圍牆這種很多人認為不可思議甚至是瘋狂的事情，現在已經成為事實。

眾所周知，即使口岸重開、疫苗問世，香港已經回不到過去，實際上全世界都不可能回到過去，因為這場席捲全球的新冠肺炎疫情，更因為特朗普一手挑起中美對立，迫小國歸邊，令二戰之後確立的國際秩序面臨瓦解、經濟全球化格局瀕臨崩盤，而一場「修例風波」、香港國安法實施，美國不僅取消香港特殊待遇，更蠻橫制裁多名特區政府官員等，香港已成為中美博弈的戰場。新形勢下，傳統的四大經濟支柱還能繼續成為支柱嗎？疫後香港經濟出路在哪兒？財爺預告今年財赤可能破天荒高達三千億，政府庫房還有多少個三千億？至於老生常談的民生問題，像住房、退休保障、貧富懸殊等，還能否得到解決或改善？面對政治和民生難題困擾重重，因循守舊抱殘守缺固然要得，小修小補亦無濟於事，特首林鄭月娥和特區管治團隊必須以新視野、新思維，提出新方案，才能讓廣大市民看到希望。只要有希望，民意會轉變，撕裂會彌合，坦白說，留給特區政府的時間不多。

走筆至此，想起日前收到立法會議員、新民黨主席葉劉淑儀惠贈新著《突破紛擾》，這個書名令筆者眼前一亮，葉太不愧是集高官和民選議員於一身的政治高人，一針見血點出當前香港困局的癥結和出路。香港的出路不在埋首應付各種紛擾，息事寧人得過且過，香港必須突破紛擾，才能勇往直前。

2020/09/25

潮人團結的驕傲

「會館之建，所以盡旅人盍簪之歡，敦敬恭桑梓之誼，相與通功易事，交利俱贍，裁成萬物，輔助其宜者也。……經始於一九六九年五月，越歲九月告竣。觀夫巨棟巍峨，飛甍輪奐，遙朝近拱，吐納滄溟。自是潮人得以時聚於斯而燕於斯，雍濟和睦，用收琢磨之益……宗頤旅港有年，早聞碩畫，睇此壯觀，能不忻忻，倍興梓材之思，益懷同舟之訓。」

一九七〇年九月，位於西環德輔道西八十一號的潮州會館落成時，國學大師饒宗頤教授撰寫《香港潮州商會創建潮州會館碑記》（下稱「碑記」），記述會館籌建過程及會館功用，兼表達自己思鄉之情，全文共六百二十八字，連同當年捐款建館各位潮商善長的芳名，用大理石鐫刻，嵌於潮州會館十樓廖寶珊堂牆上。屈指算來，這座樓高十層的潮州會館，落成迄今已整整半個世紀。日前出席新任潮州商會會長黃書銳先生主持商會成立一百周年慶典籌備會議，會後站在饒公這篇碑記之前，默默誦讀，再看捐款芳名表：廖烈文、呂高文、張卓如、林百欣、李嘉誠、蔡章閣、陳弼臣等等，皆大名鼎鼎潮人之光，頓生感慨。

常聽聞潮汕有「三個一千多萬」，一是潮汕地區人口有一千多萬，二是內地其他省市的潮汕人有一千多萬，三是移居海外各國各地有一千多萬潮汕人。除了東南亞，香港是潮人最集中的地方。饒公在「碑記」中寫道：「其時海運方興，潮人航海梯山，戀遷外地者，尤以香港為要衝。……潮人旅居港九，至今數近百萬。」一百多年來，一代又一代潮人來到香港展開新生，白手興家，建功立業，可以說，香港是潮人的第二故鄉。大略而言，潮人移居香港主要分為三個時期，一是香港開埠早期至上世紀二三十年代，二是一九四九年前後，三是改革開放之後。雖然三個時期潮人來港的原因、背景甚至途徑不同，但是香港對潮人的吸引力一以貫之。香港獨特的自由、開放、多元、包容和中西交融、充滿機會的社會環境，成為勤勞、刻苦、靈活、敢拚敢贏的潮人樂土，一百

年來港九新界誕生了一大批潮籍富商，當中不乏富可敵國的國際級巨賈，更可貴的是，香港的潮商又成為積極支持祖國改革開放、推動潮汕家鄉經濟發展的重要力量，當中不少人以榮譽市民身份，重返故里。所以我向商會各位首長及前輩建議，慶祝潮州商會成立一百周年，首先應該感恩香港這片熱土。

　　國父孫中山曾經慨嘆中國人是一盤散沙，但潮人在海外素以團結齊心聞名，無論何時何地，一句「家己人」，萬事好商量。饒公在「碑記」中對潮州會館籌建過程記述甚詳：「第二十六屆會長廖君烈文奮袂首倡，奔走呼籲」、「海外同僑聞風響應」，副會長及各位永遠名譽會長等共襄盛舉，連「暹叻越柬台各地潮屬人士踴躍捐輸，樂成厥美」。這座五十年前落成的潮州會館，就是海外潮人團結齊心的寫照。二十多年前在陳偉南先生倡議下成立香港潮屬社團總會時，饒公手書「團結」二字，以資勉勵。我記得前年清明節，潮屬各社團首長和鄉親在廖寶珊堂舉行饒公追思會，這幅饒公墨寶，就懸掛在大堂主席台一側。藉此香港潮州商會百年大慶之際，緬懷潮籍前賢創會建館之功，重溫饒公生前的殷切勉勵，愚以為，最值得我們後來者驕傲和傳承的潮商潮人集體財富，盡在「團結」二字。

　　無論在哪一個時期來港的潮人，如今都以香港為家，有道是日久他鄉是故鄉，而香港的多元文化，也包含潮汕文化的元素，二〇一一年六月香港特區政府公布四項國家級非物質文化遺產，當中就包括香港潮人盂蘭勝會。多元和包容，是香港吸引包括潮人在內各個族群乃至世界各國各地人士，能夠融入香港、以香港為家的重要因素，是香港成為亞洲四小龍和國際金融中心的重要因素。如果說前輩潮人與其他族群共同建立多元和包容的香港價值觀，那麼，作為新一代潮人潮商，就有責任加強團結，與全體港人一起共同鞏固和維護這些令香港保持吸引力、賴以成功的傳統價值觀。

2020/09/11

阿德恩欠香港一個道歉

　　新西蘭總理阿德恩在本周一(17日)突然宣布原定九月十九日舉行的國會大選，推遲一個月。我聽到這個消息有點意外，因為香港上月疫情惡化，連日出現逾百宗本地感染個案，特區政府宣布押後立法會選舉時，新西蘭連同美英加澳五眼聯盟外長發表聯合聲明，指摘港府推遲選舉的決定不合理。事實上，雖然新西蘭的疫情升溫，但阿德恩宣布押後選舉當日僅新增九宗確診個案，除了奧克蘭，其他地方並無出現社區感染群組，全國累計1280宗確診，22人死亡，無論確診個案、死亡數字，還是社區感染範圍，都遠不及香港嚴重，聽到阿德恩作出推國會大選決定，我覺得她應該打自己兩個嘴巴。其實在香港之前，已有多國國家宣布因疫情影響押後選舉，TVB報道新西蘭的決定時，製作一個表，列出五眼聯盟多個成員國因應疫情宣布押後地方選舉的資料，觀眾一目了然。

　　阿德恩是五眼聯盟唯一女總理，也是當今世界上除了德國總理默克爾之外，最受矚目的女政治家，她年輕有個性，任內為男友誕下女嬰，阿德恩湊B治國兩不誤，在去年基督城清真寺槍殺案和懷特島火山爆發事件中從容應對表現出色。這次新冠疫情席捲全球，美英等西方大國領袖先則傲慢無知貽誤防疫時機，繼而方寸大亂釀成疫情失控，一介女流阿德恩當機立斷下令封城七周，並積極追蹤接觸者及進行大規模疫毒測試，成功控制疫情，新西蘭成為西方國家抗疫模範生。在經歷102天零本地感染個案之後，上週該國最大城市奧克蘭再出現本土個案，感染群組增至58人，阿德恩再度實施封城令，疫情影響各黨拉票，阿德恩遂宣布押後大選。就事論事，阿德恩的決定無可厚非，但她就欠香港特區政府和市民一個道歉。

　　有理由相信，新西蘭較早前指摘香港押後立法會選舉，未必完全出於本國意志，而是受制於美國為首五眼聯盟的政治綑綁。今年五月28

日，美、英、澳、加四國發表聯合聲明，指摘中國政府在香港強推國安法的做法破壞香港自治、違反《中英聯合聲明》的義務，五眼聯盟中獨欠新西蘭，而新西蘭外長就同一問題發表一份立場相似的聲明，似有「補鑊」之嫌。近期在華為和香港問題上，特朗普不斷向西方盟友施壓，阿德恩既要看大佬臉色，「跟大隊」針對華為，又不能不顧國家利益，例如她強調新西蘭失業率高而拒絕跟隨其他五眼國家放寬港人移民政策，當中如何取得平衡，非常考功夫。

阿德恩上任當年，中國由新西蘭第二大貿易伙伴變成第一大貿易伙伴，三年來一直保持這一位置，去年兩國貿易額折合約 1700 億港元，新西蘭商品和服務 23% 出口到中國，16% 進口來自中國，新西蘭順差折合 345 億港元。這些數字說明，新西蘭沒有與中國翻臉的動機。去年九月新西蘭之行令我印象深刻。當日來自世界各國兩千多名潮汕籍社團領袖和代表在奧克蘭舉辦國際潮團聯誼年會，新西蘭政府多名內閣成員、國會副議長、議員以及中國駐新西蘭大使出席大會，奧克蘭市長在開幕式致辭，對華人融入新西蘭多元社會表示歡迎，對華人為推動中國與新西蘭經貿發展，以及為新西蘭社會作出的貢獻表示感謝。我接觸到多名當地潮屬商界人士都表示，無論阿德恩政府還是前幾屆新西蘭政府，都很熱心發展對華關係。

今天新西蘭在對華關係，包括在香港問題上的一些舉措，看起來似乎不合邏輯，例如香港押後立法會選舉，關新西蘭何事？但想深一層也不難理解。前美國國家安全顧問布熱津斯基 (Zbigniew Brzezinski) 在《大國政治》(The Grand Chessboard) 一書中指出，美國的「首要目標在防止新敵手的出現」。特朗普視中國為「新敵手」，誓欲將之推落修昔底德陷阱而後快，華府將五眼聯盟這個情報分享組織變成共同對付中國的政治同盟，作為五眼最小一眼，新西蘭的邏輯只能是服從美國的邏輯，阿德恩在參與聯署指摘香港押後立法會選舉之後，自己又宣布推遲新西蘭國會大選，這種雙重標準，也符合美國的邏輯。

2020/08/21

天網恢恢

這幾天手機朋友圈的消息多是有關肥佬黎被捕和壹仔股價，有金魚缸朋友說，壹仔股價在兩日內狂飆二、三十倍，市值一度超過 TVB，到週四下午，壹仔股價跌穿四毫，從上一日最高 $1.96，跌幅逾八成，哪些想短炒政治股賺幾個快錢的小散戶，有多少人被割禾青？壹仔股價大起大落，坊間有不少傳聞，證監部門已展開調查，且看下文如何。

大家談論話題更多是關於黎氏三父子等十人被捕和保釋，這是港區國安法實施一個多月以來，警方第一次展開執法行動，據報十人當中有六人涉違反港區國安法，可謂非同小可。很多人拍手叫好，唏噓聲亦有之。而另一邊廂，美國力挺黎智英，這點大家都明白，去年修例風波期間，黎智英接受美國媒體訪問，公開聲稱為美國而戰，甚至揚言準備為美國戰死，單憑這一句，美國人也要出來挺他。但黎智英是否捍衛新聞自由？一位曾經幫肥佬黎打工的資深行家在報紙專欄爆料，以親身經歷提出質疑：「他在捍衛，還是扼殺新聞？」其實很多新聞界行家都知道答案。文章最有意思的，不是黎智英與編輯部高層討論雜誌封面故事，要求將涉及首富的公司業績內容，包裝成「李嘉誠王國崩潰」的封面古仔，而是證實老闆黎智英才是真正總編輯，所謂編輯自主的神話，不攻自破。

一個舊同事一向對肥佬黎及旗下媒體的做法十分反感，但坦言對於搜查傳媒機構一事有保留，我請他多看事實少從概念觀念出發，不要急於下結論。新聞自由如此重要，所有香港人不分政治立場都認同這點。警方這次行動的重要性和敏感性不言而喻，我猜想警方採取行動之前，不可能沒有預先做好輿論風險的評估，換言之，如果沒有做足功夫，如果在法理上沒有充分把握，相信警方最高層一定不會輕率行事。

有行家提及當年港英政府查封報館的舊事，記得資深傳媒人仁哥去

年九月在一份免費報介紹過事件來龍去脈。在這篇《六七暴動被查封的報紙》專欄中，仁哥「從舊書堆裏翻出三份 1967 年被港英政府查封的左派報紙，向大家簡單介紹當年政府怎樣動用同樣的緊急法，去對付左派報紙」。三份左派報紙《田豐日報》、《香港夜報》和《新午報》，其評論、報道和社論分別被控「刊登煽動性文字」、「刊登虛假消息」和「刊登文字圖引起警隊不滿」等罪名，同一日被查封，三報負責人及兩名承印人等被拘捕檢控，分別判囚三年。

事隔半個世紀，時代已然不同，但讓年輕一代知道香港報界新聞界這段歷史，也是好事。今日特區政府或警方無論多麼討厭生果報，都要依法行事，照足規矩。當日搜查某報大廈的行動有多家媒體現場直播，整個過程基本上都公開。不過，當局的安排是否合理、是否給予新聞傳媒應有的尊重是一回事，警方是否在任何情況下都不應該進入新聞機構，是另一回事。正如李家超局長所言，香港沒有法外之地。關鍵之處在於，事關重大公眾利益，執法要讓公眾看到公正。

國安法第一擊，全港關注，天網恢恢，正義遲早會到來。

2020/08/14

押後選舉是果斷正確的決策

近日收到不少內地和海外朋友的短訊關心：「香港疫情嚴重，多保重」，每一聲問候都是一分濃濃的情意，很感動。連續近半個月每日確診個案達一百多例，多數是本地感染個案兼且部分無法追蹤源頭，確診個案總數由一千六百多宗急增近三千八百多宗，死亡人數由七月十六日的十人，激增至四十五人（八月六日），最近三天確診個案回落至兩位數，每天下午主持記者會的張竹君醫生一再叮囑市民，防疫千萬不能鬆懈！

新冠肺炎疫情突然變得嚴峻，特區政府推出前所未有的防疫措施，特首林鄭月娥一方面請求中央支援香港抗疫，另方面宣布將九月六日的立法會選舉押後一年，理由很簡單，生命第一，防疫大過天，加上有大批身在海外和內地的港人無法返港投票，押後選舉是別無選擇。

但馬上有兩方面人馬出來反對，首先是反對派「泛民」陣營，他們要求立法會選舉如期舉行。是他們不怕被新冠病毒感染？似乎不像。是他們不在乎選民因為參加競選活動和投票而受感染？正如有批評者怒斥反對押後選舉的政客是壞心腸冷酷，但也許不能一概而論吧。唯有一點可以肯定，在反對派心眼中，政情凌駕疫情，他們認定選情對其有利，「35+」攬炒大計有望成真，而且，凡是政府決定的就要反對，這是他們的邏輯。

講到政情凌駕疫情，特朗普更加堂而皇之毫不掩飾。美國確診個案達四百八十多萬宗，佔全球染疫人數逾四分一，十五萬多人死亡，近日美國的疫情已由主要城市，蔓延至廣大農村地區，但特朗普更關心自己能否連任，不斷施壓要求各州重啟經濟、學校如期開學，反對疫情嚴重的各州採取封城措施。雖然美國投票安排與香港不同，可以透過郵寄投票，但選情落後於對手民主黨拜登的特朗普，一度有意推遲十一月的美

國大選，而另一邊廂，白宮卻公開反對香港延遲舉行立法會選舉的決定。擺明我可以你不可以，這是美國的邏輯。

相比美國政治干預的霸道，英國人表示反對香港推遲立法會選舉，就顯得非常虛偽。近日英國的疫情有所緩和，但就在幾個月前，約翰遜當局因應疫情決定推遲包括倫敦市長在內的多個地方選舉。林鄭月娥日前在記者會上回應記者提問時表示，全世界有幾十個國家和地區受疫情影響推遲選舉，英國政府在投票前近兩個月作出推遲選舉的決定，香港特區政府卻是在選舉前一個月多幾天的時候才拍板推遲，可見我們作出決定更加慎重。筆者認為這是林鄭月娥近一年多來在記者會上狀態最佳的一次，有人讚林鄭狀態回勇，我也希望如此。

美國和英國等西方國家突然如此「關心」香港一次立法會選舉日期，不問香港疫情如何、不管三七二十一，就是要特區政府如期舉行選舉，這種做法明顯有違常理，亦顯得十分矯情，為何以前港英年代什麼選舉都沒有，美國卻從未表示異議？至於英國人是不是真的在乎香港人的民主權利，老一輩「泛民」應該非常清楚。其實問題並不複雜，美英等西方國家此際出聲，只不過是以此作為藉口，再一次擺出聯手向中國施壓的陣勢，希望獲取更多國家利益而已。

任何人不抱成見都會明白，押後選舉是最大程度防控疫情進一步在社區擴散的必要舉措，筆者認為，這是林鄭特首近一年多以來所作的最果斷和正確的決策。特區政府當務之急，不是要爭取更多民意支持押後選舉的決定，而是要盡快改善各項防疫措施，堵塞漏洞，避免再犯朝令夕改的低級錯誤，減少醫護疏忽錯失，在內地專家團隊的指導和支援下，盡快全面提升香港的防疫抗疫能力。

至於那些內外夾攻的反對聲音，特區政府最好的回應是不理睬，像魯迅所說，連眼珠也不轉過去。

2020/08/07

願噩夢醒來

前幾天鳳凰衛視美女主播 Coco 邀我談談紀錄片《暗夜星辰——一群香港警察的故事》的觀後感，我剛好在網上看到一些對這部紀錄片的評論，於是找來看看，不知不覺一個半小時過去，實話說，當中有一些鏡頭，我不忍再看，像途人被暴徒圍毆、店舖和商場被黑衣人砸爛放火、示威者攻佔立法會、環球時報記者在機場被當眾私刑、天橋上阿叔被當眾淋易燃液體點火、警員被暴徒弓箭射穿小腿，等等。重溫這些鏡頭，仿佛再次經歷一場不堪回首的噩夢。看完全片，心情一時難以平靜。

Coco 問我的問題是：你對這部片子的評價如何？我談了兩點感受，一是受訪的警方人員，無論是前線普通警員、沙展，還是負責前線指揮的高級督察、高級警司，以及 PPRB 總警司，都表現得非常平靜，語調平和侃侃而談，很少用手勢，和網絡上那些充斥仇恨、歧視、惡毒咒罵形成強烈對比。經歷如此大規模、持續大半年、空前暴烈的社會動亂，一次次面對暴徒瘋狂暴力甚至生命受到威脅，所有受訪警察沒有半句嚴詞控訴暴行，究竟是怎樣的專業訓練和 EQ，才能讓他們如此冷靜？

第二點感受，是警隊上下強烈的使命感。多名受訪警員警官都強調，警隊不管政治，保持中立，但任何人犯法，我們就要執法，「維護法紀，保護生命財產，就是我們的使命」。當警察，某種意義上也是打份工，但不是一份普通的工，在某些人心目中，這支三萬人的警隊是他們「攬炒」的障礙和「時代革命」的目標。面對暴動現場的明刀暗箭「彈」雨，以及背後「起底」攻擊，面對家人子女受到歧視、欺凌甚至死亡威脅，他們沒有退縮，每天二十四小時待命。只是，當講到因為自己警察身份而「禍及妻兒」時，這些無懼無畏的　漢，內疚之情溢於言表。

影片中有一組鏡頭令我印象深刻。前線警員多是年輕人，與他們要

面對的一班黑衣「勇武」是同齡人,面對前所未見的暴力場面,加上網絡起底欺凌,部分媒體輿論對警察抹黑妖魔化,這支一年前還備受市民信賴、名列全世界最優秀之一的警隊,一夜之間竟然成了「黑警」,他們當中有的人感到非常委屈,心理上精神上承受巨大壓力。紀錄片中有一段關於警隊內部分享會,一名前線年輕警員對一班同僚說,面對種種危險和壓力「我自己就無所謂」,卻不想讓家人親人知道自己在制暴現場而擔驚受怕,說到這裡,男子漢忍不住哽咽,有同僚上前拍肩安慰他。

講到對這部片子的評價,因為當日電視節目時間所限未及表達,在此作一點補充。我覺得這記者跟拍數月製作的紀錄片最重要的價值,就是真實。《暗夜星辰》記綠一支警方隊伍在修例風波期間的「踏浪者」執法行動中,從待命、出動,到趕赴現場、止暴制亂的整個過程:重視程序、保持克制,臨危不亂。此外,也有多名警員警官的家人在這部片中出鏡,例如光頭警長劉澤基的太太、被暴徒打脫門牙的高級督察黃家倫的太太和孩子,他們的柔性身影,就像一場夏雨過後,維港上空閃現的一道彩虹,給這部冷酷的片子帶來一抹暖色,我覺得家人是這個「一群香港警察的故事」中不可缺少的重要角色。

反修例風波對整個社會影響深遠,除了空前的暴力,還有大量謊言和別有用心的網絡虛假文宣,最典型的例子莫如所謂「8.31太子站死人」和對所謂「黑警」的種種離奇指控。這部紀錄片沒有也不可能揭穿反修例風波過程中的所有謠言和謊言,也不可能代替對這場風波真相的全面調查,但至少提供了部分真相:一群警察參與止暴制亂的真相。

紀錄片是歷史的再現,修例風波已成歷史,但香港是否已從這場風波噩夢中醒來?我想引述黃家倫在片中所說的一句話來結束這篇短文,他說當其制服一個「勇武」押上警車,查看身份證發現他只有十六歲,「當下我個心好痛,香港點解會變成咁?」

2020/07/31

一句話如醍醐灌頂

本港疫情急轉直下,連續多天出現數十宗社區感染個案,涉及港九新界數十間食肆,以及醫院、老人院、屋邨和的士都出現確診者,當中有雙位數個案感染源頭不明,無法進行有效堵截,無論是每日主持疫情通報記者會的張竹君醫生,還是多名政府專家顧問,都對這一波疫情感到非常憂慮,擔心這是疫情社區大爆發的開始。特區政府宣布多項前所未有的措施,包括強制市民乘搭公共交通工具必須戴口罩、所有食肆每日下午六點後不准堂食、所有娛樂場所及酒吧關閉,以及限聚令收緊至四人等等。心急盼望早日重開口岸要回內地探親的好友 L 兄聽到消息之後,「唉!」一聲深表失望。我上周還在電視節目批評粵港澳三地對健康碼一事遲遲沒有做好協調,沒有急民眾所急。現在明白了,有些事真的急不來。

話是話,香港的疫情雖然反復,但到 7 月 16 日(週四)為止,確診人數 1588 宗,死亡 10 人,這兩組數字與全球其他地區和城市比較,都足以說明香港的防疫工作,至少到目前為止還算比較有成效,而取得這成效的其中一個非常重要因素,就是絕大多數市民能夠顧全大局,當中包括一些對特首特區政府不滿的市民,基本上大家都自覺配合防疫措施,例如在七月十三日之前,政府一直只是鼓勵而沒有強制市民戴口罩,以我每天上下班搭地鐵所見,極少有人不戴口罩。有一次我匆匆下班有點失魂,上了地鐵車廂才發現忘記戴口罩,感到非常尷尬亦有點害怕,只好全程用紙巾搗住口鼻。從那次之後,我身上總是備多一個口罩,以防萬一出門忘戴口罩,口袋裡總會有一個可應急。再看看港深多個口岸關閉近半年,對數以十萬計需要經常往返香港和內地的市民造成極大不便,但大家默默忍受,像父母家住在深圳的 L 兄一樣,每日翹首期待港深兩地政府有關部門盡快推出健康碼,早日重開口岸。

所以當我們在電視上見到歐美國家有一些民眾,不理會政府呼籲勸

阻,甚至無視禁令,堅持自己有享受自由生活的權利,或到海灘消暑,或舉行集會聚會,對此是頗難認同。特別是見到特朗普妄顧國內每日逾六萬人染疫、累計逾 340 萬例、逾 13 萬人死亡的疫情危機,脅迫全國學校如期開學,又向各州施壓要求重啟經濟活動,目的就是要爭取在十一月大選成功連任。比較之下,我們會更珍惜香港來之不易的抗疫成績,明白要更加努力才能繼續取得好成績。

突如其來的第三波疫情如此嚴峻,可能與市民防疫意識有所鬆懈有關,但主要原因應是特區政府防疫工作出現漏洞,特別是豁免強制檢疫措施太寬鬆。據統計,過去兩個月有逾七萬人,包括機師、海員等入境時只留下唾液作檢測,無需佩戴追蹤手帶就直接回家,曾有一名機師入境時留下的唾液經檢測確認陽性,但當聯絡到該機師時他已人在外國,他在港逗留期間接觸過哪些人、去過哪些地方,已很難搞清楚。也有海員入境後失去聯絡,當局束手無策。此時此刻最重要的是,特區政府要以實際行動令市民對當局領導抗疫的能力保持信心,除立即採取措施堵塞防疫漏洞,也要對那些妄顧防疫措施的不負責行為追究責任。

在剛過去的周六和周日,反對派一些人不顧疫情嚴峻搞所謂「初選」,有人拼命「吹雞」,視限聚令如無物,還拿聚集和投票人數來炫耀,擺明拿支持者的健康來冒險達到其政治目的。連同之前的「七一」集會,究竟一班政治搞手為香港的抗疫增加多少風險?有時候真的想不明白,病毒無情,為何政治亦無情?香港商業社會,為何近年來有些人對政治如此狂熱以至不顧一切?記得在一次朋友聚會聽到在座高人說:「當有人把某種政治追求政治訴求視如宗教般神聖,這些人就不是搞政治」,這句話如醍醐灌頂,令我茅塞頓開。

2020/07/17

港區國安法宣傳教育要注重效果

　　對於七百多萬香港人來說，今年「七一」與過去 22 個「七一」最大的不同，不是回歸增加了一年，也不是「五十年不變」減少了一年，而是全國人大常委會制訂通過的港區國安法公布生效，這是香港回歸 23 年的重要里程碑，也是「第二次回歸」的新起點。站在這個新起點，回望過去 23 年的風風雨雨，大可一笑而過，但對「一國兩制」的未來能否行穩致遠，卻千萬不能掉以輕心。港區國安法如泰山壓頂鎮妖除魔，反對派陣腳大亂，建制派士氣大振。而要實現大亂達至大治，關鍵做好兩方面工作，一是執法保障國安港安民安，二是加強宣傳教育，讓國家安全觀念深入人心。筆者是法律門外漢，故著重談對港區國安法宣傳和教育方面的問題。

■ 全國人大常委會制訂通過的港區國安法公布生效

　　我日前在另一篇文章提到過，一個沒有國家安全意識的社會，是國家安全最大的隱患。在港英年代，普通香港人只有居民身份，沒有國民身份，回歸後特區護照上印有「中華人民共和國」字樣，市民有了國民身份，但卻不等於一夜之間自動產生國民意識。令人遺憾的是，回歸後特區政府當局對於推動國民教育莫名其妙地顯得非常保守，八年前推出整個計劃時更引起軒然大波，最後不了了之。沒有國民意識，何來國家安全意識？因此，在全社會特別是對青少年培養國家安全觀念和意識，首先是要增強國民意識和國民身份的認同，國家安全和國民意識兩者密不可分。汲取前車之鑑，有以下幾點意見：

　　首先，要接地氣，不要官腔。老實說，我看到特首林鄭月娥在電視上板起面孔讀稿宣傳港區國安法的鏡頭，立即想轉台。林鄭為官四十年，從政經驗非常豐富，但宣傳肯定不是她的強項。特區政府擁有大量資源，特首辦、新聞處，總有人可以想出更好的辦法來宣傳港區國安法。曾經聽到路邊社消息，指去年反修例風波期間唯一民間對話會舉辦之前，特首身邊的人臨陣抱佛腳想盡辦法，希望可讓林鄭在會上多講一點「人話」，可是她一上台依然滿口官腔。既然如此，為何非要特首親自粉墨登場扮演港區國安法推銷員角色？港澳辦副主任張曉明在記者會上回應有關外國揚言制裁香港時說：「有冇搞錯，關你咩事」？這兩句廣東話說得好用得恰當，香港人稱之為「貼地」。拜託特區政府官員，請你們在宣傳港區國安法時，少一點官腔，多一點人話，努力令到廣大市民明白，港區國安法不僅是國家和官府的事情，也是保護社會安寧和民眾平安。

　　其次，要講實效，不要官樣文章。日前有關方面整理出一份「港區國安法 20 問」，在全港主要報章刊登跨版廣告，又透過街站廣為派發，這種做法有助廣大市民釋疑，又可反駁反對派對港區國安法的妖魔化，比起去年港府推動修訂逃犯條例的做法，明顯有進步。但在網絡時代，在信息碎片化及社交媒體主導信息傳播的時代，如何將港區國安法的內容和精神，透過網絡廣作宣傳，如何突破同溫層傳播局限，令不同立場特別是青少年接收到、願意看、能夠懂，網上流傳港區國安法懶人包是一個好的嘗試。這方面還有很多功夫要做，創意創新固然重要，更重要是必須拋棄官樣文章和交差心態。

　　第三，學校要負起培養下一代國家安全意識的主要責任。今日青少年群體充斥對社會不滿對政府不滿，甚至有人參與暴力支持「港獨」，實在令人痛心。造成這種局面，主要是教育出現問題，特別是學校教育。去年反修例風波騷亂中有數千名學生和逾百名大中小學教師職員被捕，情況令人震驚。在學校推行國家安全教育是一項長期的工作，需要有一整套措施和機制，但關鍵是教師，即使有好的教科書，好的教學指

引，如果校長教師不理解不接受，甚至反對港區國安法，如何培養學生的國家安全意識？所以，對校長和教師進行港區國安法研修培訓是當務之急，特區政府教育當局責無旁貸。

特首林鄭月娥在慶祝回歸 23 周年的酒會上致辭說，在她任期的餘下兩年，要重振經濟，重新恢復香港的國際聲譽，重建政府與青年人的關係，重整社會秩序，不是容易的事。的而且確，香港要再出發，任重道遠，雖然特首任期只餘兩年，但港區國安法成功推出實施，「第二次回歸」剛剛開始，確保「一國兩制」行穩致遠是一項歷史使命。「沉舟側畔千帆過，病樹前頭萬木春」，東方之珠定能永放光彩。

2020/07/06

國安和民安

踏入六月，各大媒體頭條新聞多與港區國安法有關，基於不同定位，報道角度也各有側重，個別媒體對國安法極盡妖魔化，也見怪不怪。和一些新聞界同行聊天，普遍認同或理解中央推出港區國安法，的確是不推不行，香港苦暴久矣，這是最重要的民意基礎。目前草案仍在全國人大常委會審議中，預料不久將通過並予公布實施，相信任何力量包括美英施壓都無法阻止。但以香港的局面，要確保國家安全和香港長治久安，實在任重道遠。

此話怎講？可從兩方面來談。首先是港區國安法的內容和執行機制，這是目前社會上最關注的重點，社會上有爭議，有新聞界同行擔心「踩地雷」，這些不足為奇，畢竟內地和香港是兩套不同法律體系，而香港第一次名正言順實施和執行國家安全法律，是「一國兩制」的最新創舉。說白了，港區國安法本來就不在規劃之中，但形勢所迫，俗話說殺到埋身，焗住出手。坊間指反對派求仁得仁，確是事實。港區國安法勢在必行，更加不容有失，中央自然是成竹在胸，而香港如何配合卻是一項新挑戰，絕不是照搬港英年代政治部的做法那麼簡單。

更重要、更艱巨的工作是要培養年輕一代、提高全社會的國家安全意識。一個缺乏國家安全意識的社會，才是國家安全的最大隱憂。近日不少人在談論「二次回歸」，對經歷過九七回歸的成年人來說，「二次回歸」的概念容易理解，但對九七後出生的年輕一代，「二次回歸」的說法就未必準確，而恰恰是年輕一代最需要培養國家安全意識。一些回歸後出生十幾二十歲的青少年喜歡在遊行示威時舉起港英殖民地旗幟，純粹是被洗腦所致，根源在教育，包括學校、家庭和社會三方面的教育。在這方面，我倒是覺得當年港英成立廉政公署的一些做法值得借鏡。當年麥理浩銜命來港，提前部署應對九七問題，其中一個重要舉措是成立廉署打擊貪污。他知道要建立一個廉潔政府，不僅需要有一套反貪法律

和執法機構，更需要推動全社會建立反貪防貪意識，所以在廉署設有防止貪污處和社區關係處，與執行處並列三大部門，當中社區關係處的主要角色，就是深入社區、學校和機構，教育市民認識貪污的禍害，爭取市民支持政府反貪工作。社區關係處透過舉辦講座、展覽和廣告等形式加強宣傳，還與影視界合作製作反貪電影電視劇，一些反貪廣告語和反貪影視人物形象，幾乎婦孺皆知，至今令人記憶猶新。今天香港成為全球最廉潔城市之一，反貪倡廉成為植根社會的核心價值，是最重要的基礎。不知道日後中央在香港設立的國家安全機構，會不會考慮設立專門部門負責宣傳國家安全，深入社區學校，推動全社會的國家安全意識？

講到宣傳，比起去年特區政府推修訂逃犯條例，今次官方和建制派在港區國安法文宣方面有明顯改進，比較主動及有章法，例如日前在全港主要報章刊登跨版廣告，解答「港區國安法二十問」，又打出「國家安全、社會安寧、民眾安全」的口號，都令普通市民較易理解接受。有機構在 TVB 推出「各有國安法」專題，介紹其他國家的國安法內容和相關個案，例如西班牙中央政府如何阻止國家分裂、如何以法律手段對違法推動加泰羅尼亞獨立的相關人員予以懲處，這個專題很有說服力，足以令一些喜歡拿西方國家做比較的人無話可說。連反駁反對派的歪論，也生猛有力得多，全國人大常委譚耀宗回敬反對派指港區國安法草案「勾結」二字意義不清，卻經常指摘特區政府「官商勾結」，可謂連消帶打，揭穿其自相矛盾的虛偽嘴臉。

但總覺得還不夠，還不是很到位。究竟這部港區國安法對廣大市民有何關係有何意義？官方在電視做廣告說「沒有國，哪有家」，這當然正確，卻未免太官腔。好朋友庚大哥在評論節目提出港區國安法實質上既是保護「一國」也是保護「兩制」，這也有道理。我認為，用最直接通俗的語言來介紹宣傳港區國安法，不妨用「國安法就是民安法」來定位，國安港安、人人平安。

2020/06/26

買樓

　　某日吃飯，年輕朋友 J 問我：「不是說很多人想移民嗎？不是『黑暴』和新冠疫情雙重打擊下，經濟斷崖式下跌嗎？不是說港區國安法嚇得很多外資想跑嗎？為什麼現在樓價沒有大跌，甚至有的反而升了」？我知道 J 一直在等機會上車，我問他手上是否已經儲夠了首期，他說只夠付樓價在 600 萬以下的首期，工作七年，從傳媒跳槽到大公司做公關，能儲到 180 萬元也不容易。但現在港島已經沒有 600 萬以下的住宅單位，雖然 600 萬在新界有不少選擇，但因為 J 在港島上班，所以暫不考慮在九龍新界置業。我建議他看施老闆的專欄，他說想聽我的非專業看法。

　　反正是吹水，我就談幾點理解。的確近期聽到不少人談論移民。舊同事阿 K 曾加入九七前移民潮，在加拿大呆了幾年又回到香港，「悶到抽筋」，他說。去年他又提移民，阿 K 是和理非，難忍「黑暴」攪炒無法無天，「遲早迫到阿爺出手，冇眼睇」，他說快將退休，打算去台灣養老，「台灣移民門檻唔高，醫療條件唔錯，又近近哋，隨時可返嚟香港見老友」。阿 K 手上有兩層樓，一個與太太自住一個出租，他說兩層樓都不會賣，萬一台灣住不習慣就回來。當年他一家移民加拿大時賣樓賣車連根拔起，這次汲取教訓把根留住。

　　台灣近年成為香港人移民的熱點，原因很多，除了 K 這類中年中產，也包括一些去年參加示威暴力、擔心被追究法律責任的黑衣人，不止一名涉案被告棄保潛逃到台灣 (當地媒體指多達數百人)。嚴格來說，黑衣人跑去台灣不是移民，而是「著草」，蔡英文當局還煞有介事成立專組安置這班人。似乎想證明台灣真的是「著草天堂」。總之，上述兩類人離開香港，都不會對樓價有影響。

　　至於香港經濟，受到去年大半年黑暴蹂躪和新冠疫情雙重打擊，作

為香港經濟四大支柱之一，佔 GDP 近 5% 的旅遊業幾乎跌至零，其他支柱行業也遭受前所未有的重挫，今年第一季度香港 GDP 大跌 8.9%，創歷來單季最大跌幅。最新公布的失業率達 5.2% 創十年新高。但在這一連串負面數據的背後，並未出現如 2003 年般樓價大跌、銀主盤大增的情況，其中原因多方面。經歷九七年金融風暴和零三年沙士兩次慘痛教訓之後，借錢炒樓渴望一夜暴富的投機者大為減少，加上政府推出「辣招」和金融機構加強監管，所以業主承受風險能力大為提升，市場偶有一兩個急於套現的筍盤，多為價錢幾千萬的豪宅，不是普通買家那杯茶。沒有拋售，便難大跌。相反，市場有不少像 J 這樣的上車族買家，以及一部分換樓客，加上超低利息料將維持較長時期，所以雖然經濟非常差，短期內中小型住宅樓價卻跌不下來。不過，本港經濟難言已度過最黑暗時刻，樓市能否守住不跌，並不樂觀。

　　第三個問題是港區國安法對外資的影響。特朗普揚言要制裁香港，美國領事館第一時間放盤估價百億的洋房宿舍，美國商會也聲稱三成美資企業擬撤資云云。香港有 1300 多家美資公司，當中包括 300 家地區總部，過去十年美國對香港貿易順差接近三千億美元，特朗普要制裁香港，究竟對誰的傷害更大？市場對港區國安法的反應，港股只跌一日便反彈，匯市和樓市未見大波動，傳聞有投機者想借大跌市撈一筆，結果輪到「攤攤腰」。港區國安法內容和實施方法很快會公布，會不會真的嚇走外資，不妨拭目以待。回歸前美國某雜誌封面大標題「香港已死」(The Death of HongKong)，結果十年後公開認錯。這次對港區國安法的反應，會不會再有人誤判？

2020/06/12

DSE試題為何非常不道德?

　　考評局歷史委員會主席劉智鵬教授批評 DSE 試題用「利多於弊」去形容一九〇〇至一九四五年的中日關係,是「非常不道德」及「令人震驚」,他贊成取消該題目,並建議讓每個考生在該題目都獲得八分滿分,以消除所謂「公平性」的擔憂。作為一名歷史學者,劉教授態度鮮明,沒有半點含糊,沒有和稀泥,而且提供解決問題的辦法,這種負責任的態度,在今天實屬難得。

　　日本發動侵華戰爭,無數同胞慘死日軍屠刀之下。日本佔領香港三年八個月,五萬多港人喪生,一百萬人被趕出家園,日本軍國主義罪行罄竹難書,這些是事實,就像納粹德國屠殺猶太人,入侵波蘭、法國、蘇聯等國,犯下滔天罪行,是鐵一般的事實。究竟世界上有什麼「利」能大於這些「弊」呢?劉智鵬教授指出,如果這道題目將年代設定為一九〇〇至一九三〇年,便沒有問題,此話一針見血。日本軍國主義於一九三一年發動「九‧一八事變」入侵東北三省、一九三七年發動「七七盧溝橋事變」,全面入侵中國,還有一九四一年十二月日軍佔領香港,直到一九四五年日本戰敗投降,中國抗戰取得全面勝利。DSE 出題和審題的人士,當然不會不知道以上歷史事實,其所以要求中學生回答「一九〇〇至一九四五年日本對中國利多於弊」,更舉出兩件分別發生於一九〇五年和一九一二年、表面上都是日本有利於中國的資料,真可謂「畫公仔畫出腸」。

　　有人說,如果這道題目用作學術研究探討,應該是可以的,但不適合作為中學文憑試考題,畢竟中學生能力有限,何況只有十多分鐘答題。但我認為,核心問題在於根本不應該讓學生從利與弊的角度,去分析和評價發生法西斯侵略戰爭的複雜歷史時期和歷史事件。生命無價,利弊何在?這樣的分析無可避免會導致模糊大是大非,淡化侵略和大屠殺這類反人類罪行,難怪劉智鵬教授斥之為「非常不道德」。說得直白一點,

這條試題是用不恰當的價值觀誤導學生學習和認識這一段中國歷史。因此，不僅應該取消這道試題，而且當局應檢視考評局出題和審題的機制，堵塞漏洞，如發現有人失職，理應追究責任。這對維護學生權益和維護考評局形象，都很有必要。

DSE 事件還發生一個小插曲，特首林鄭月娥當日引述據稱是前南非總統曼德拉的名言，結果被指這段來自網上的「曼德拉名言」是假冒的，這事難免令特首尷尬。特首辦當晚回應「樂意接受指正，並對若因此引起的誤會表示歉意」，並強調特區政府會繼續肩負確保教育質素的責任。據聞這段假名言此前有其他名人也曾經中招。不過，雖然「教育的崩潰足以摧毀一個國家」這句話並非出自曼德拉之口，但這句話並沒有錯，事實的確如此。法國作家都德《最後一課》，講的是普魯士強迫戰敗的法國在學校禁止法語，改以德語教學。「九·一八事變」之後，日本人在我國東北三省強推日語教育。有一年九月十八日當天我剛好在瀋陽出差，一大早和大批市民一起站在「九·一八」歷史博物館對面馬路旁觀看撞鐘鳴警儀式，結束後很多人在路邊圍住一名老者，聽他講述當年日本人如何軟硬兼施、父母被迫送他去學日語和日本禮儀的經歷。普魯士人和日本人早就知道，要摧毀一個國家，不僅要靠武力征服，更要摧毀這個國家和民族的教育。

去年以來，數以千計大中學生涉參與暴力等違法行為被捕，當中部分人已被判刑入獄，不少市民認為香港的教育出了問題，DSE 試題只是一個例子。到目前為止，特首和教育局局長楊潤雄對 DSE 事件的態度都夠硬淨，考評局無可避免必須作出交代。這件事說明，如果特區政府官員都能秉持「為官避事平生恥」的宗旨，香港的局面定會大為不同。閒話休說，且看事件的結果如何。

2020/05/22

國運
你信不信？

零門檻的「第四權」

模擬通識題一：哪一種職業被稱為「無冕之王」？答案有三個選擇：議員、律師、記者，唯一正確答案當然是「記者」。模擬通識題二：成為一名記者需要哪些條件？答案有三個選擇：大學新聞系畢業、牧師、十三歲，正確答案是什麼？是三個選擇都正確。不過，這答案僅限於香港，確切地說，只限當下香港。

世界上不乏無冕之王戰勝有冕之王的例子。上世紀七十年代《華盛頓郵報》兩名年輕記者鮑勃·伍德沃德和卡爾·伯恩斯坦揭露「水門事件」，導致尼克遜總統黯然下台。更早一點的一九六八年，二十九歲女記者貝亞特·克拉斯菲爾德在眾目睽睽之下，打了時任西德總理基辛格一個耳光，並且大喊「納粹、納粹，下台！」庫爾特·基辛格曾經是納粹頭目戈培爾手下高官，克拉菲爾德這一耳光震驚世界，第二年基辛格下台，曾經是反法西斯戰士的勃蘭特接任聯邦總理。一年後，勃蘭特總理在華沙猶太區起義紀念碑前突然下跪，代表德國為二戰罪行懺悔。「水門事件」的例子，最能說明新聞自由的重要性，新聞系學生肯定耳熟能詳，有的年輕人就是受上述例子影響而選擇投身新聞界。

我想說的是題二。記者被譽為無冕之王，新聞界被賦予監督公權力的第四權，責任重大，何其神聖。在香港想進入行政、立法、司法三權的人都需要經過學歷、能力、專業乃至政治門檻，沒有大學學歷無資格報考 AO（政務主任），不效忠中華人民共和國香港特別行政區，就不能參選立法會議員，沒有法律背景，無可能擔任檢控官。這些是常識，更是事實。可是，令人難以相信的事實是，進入新聞界行使第四權，竟是零門檻。近年網媒遍地開花，開網站、做記者，基本上沒有門檻，任何人都可聲稱自己所做是為了新聞自由。

去年「修例風波」演變成一連串嚴重暴力衝突，一名七旬教會神職

人員突然想一嘗當記者滋味，於是弄來一件黃背心，挎上照相機就到示威衝突現場去拍照採訪，有報章記者邀他做訪問，這名自稱網媒實習記者的退休牧師成了新聞人物。最新的例子，前幾天本港有人不顧「限聚令」聚集示威，在尖沙咀一個商場，一名個子矮小身穿黃背心的男童，夾在人群中間用手機自拍器進行「採訪」，警員到場截查時，男童出示「記者證」，自稱是某網媒記者，年齡十三歲，警方將男童與另一名自稱記者的十六歲少女帶署，通知其家人領回。有朋友在電視上看到這個新聞，打電話給我：「新聞界太離譜！十三歲也可以做記者，什麼新聞媒體會請未成年孩子當記者？」

■ 社會上有不少聲音要求當局作出規管，防止假記者搞事和有人濫用新聞自由。

　　七旬退休牧師忽然變身記者，到示威現場拍照採訪，精神可嘉，如何透過網站發布圖片，是他的自由，但當他為自己身份轉變的做法貼金，表示「愈多記者愈有利香港新聞自由」，便露出馬腳，新聞自由與記者人數多少沒有必然關係。近年的確多了像他這類一夜變身的記者，社工、教師、教會人士、議員助理紛紛變成「無冕之王」，甚至連十三歲小童都「入行」，為何大學調查香港新聞自由排名卻愈來愈低？伯恩斯坦在一次演講說，每一個記者在追求獲取真相的最佳版本時，都面臨一個潛在問題：「何為新聞報道？」退休牧師這類「忽然記者」未必在乎這個問題。

　　說到該名十三歲兒童，根本不應該出現在這種隨時可能發生暴力的危險場合。根據《侵害人身罪條例》第二十七條，任何超過十六歲的人，如有責任管養、看管或照顧一名不足十六歲的兒童或少年人，而此人如故意襲擊、虐待、忽略、拋棄或遺棄該兒童或少年人，或導致及促致該

兒童或少年人受襲擊、虐待、忽略、拋棄或遺棄，令該兒童或少年人可能受到不必要的苦楚或健康損害，即屬犯罪。所以，請不要跟我說什麼兒童記者也有新聞採訪自由。

基本法保障香港的新聞自由，新聞界是捍衛公眾知情權、監督公權力的「看門狗」（watchdog）。但近年社會上冒出大批網媒記者，素質良莠不齊，有些人不講新聞操守肆無忌憚毫無底線，日前有人在視頻直播中將鏡頭對準執勤中的女警身體，用粗言穢語侮辱女性，引起社會嘩然。一些人以捍衛新聞自由之名，行濫用新聞自由之實，嚴重損害新聞自由，新聞界公信力下降，不少業界中人感到痛心，廣大市民非常不滿，社會上有不少聲音要求當局作出規管，防止假記者搞事和有人濫用新聞自由。

新聞自由不容侵犯，警方執法捍衛法治關乎香港核心價值和公眾利益，兩者如何平衡？消息透露，對於近日警方在執法行動過程與前線記者發生不愉快事件，「一哥」鄧炳強非常重視，透過 PPRB（警察公共關係科）主動邀約多個新聞界團體下周會面，據悉張建宗司長也會出席。類似的溝通對話，上次「佔中」運動期間也曾經舉辦，取得一定成果。希望今次會面，雙方能夠以社會整體利益為依歸，努力尋求共識，人在做天在看，大家好自為之。

2020/05/15

特區問責班子大換班的時機和人選

　　林鄭月娥突然一口氣換了五名問責局長，十三局受影響逾三分一，其中聶德權平調，羅智光、劉江華、楊偉雄、劉怡翔被免職，四名新晉局長包括曾國衞、徐英偉、許正宇和薛永恒，當中三人由政府內部晉升，外將只有來自金融發展局的許正宇，他擁有牛津大學學歷和已故前民政局副局長許曉輝弟弟的身份，理所當然成為傳媒關注焦點。這是林鄭月娥上任以來首次管治班人事布局大動作，稍感意外的，特區政府運作幾乎處於透明狀態，如此大動作，消息靈通的傳媒竟然事先未收到半點風聲，保密到家，這是政府管治水平回復合格線的重要標誌。大換班消息一出，立即成為各大主流媒體頭版頭條。

　　今次管治班子大換血，讓我聯想起中國女排。八十年代初，中國女排在袁偉民帶領下橫掃世界球壇，歷史性取得五連冠，永不言敗、敢於拼搏的「女排精神」成為一個時代的標誌，我最喜歡看鐵榔頭郎平扣球得分，還有安坐場邊的袁偉民關鍵時刻按紐叫換人的戰術，幾乎每一次換人，都能影響賽果。後來到了郎平掌女排帥印，果然深得袁師真傳，郎平三扒兩撥，便令這支淪為二流的球隊重拾信心和鬥志，在很短時間內再次登上世界女子排壇顛峰，更創下七連冠的奇蹟。郎平在比賽中運用換人戰術，簡直出神入化，屢屢扭轉局勢反敗為勝，大有青出於藍而勝於藍的感覺。

　　當然，今次特區問責班子大換血，不能與郎平調兵遣將相提並論，但至少顯示林鄭以變求勝的策略，至於是否背後有高人指點，筆者不得而知。從客觀效果分析，此次班子換血，無論時機還是人選，都相當不錯。至於團隊換人能否如郎平出手般扭轉大勢奠定勝局，則有待觀察，但對於感到抑鬱多時的建制陣營來說，起碼覺得有瞄頭、有期待。

　　先說時機。經過近四個月防疫抗疫，香港經歷第一階段內地疫情爆

發，以及第二階段海外疫區的港人返港，輸入個案爆發，近日本港疫情已趨緩和，連續多日錄得個位數確診個案，大部分屬海外輸入，更有一日零個案，連續數月主持下午四點半記者會的衛生署張竹君醫生終於可以放一天假。特區政府積極領導抗疫，不僅疫情受控，而且以前所未有的力度，推出多項救經濟紓民困措施，基本上做到人人有份，只是受惠程度不同。曾經嘲笑香港抗疫表現的那名新加坡部長，現在肯定笑不出來，當地近日疫情大爆發，確診人數逾萬，而香港的抗疫成績則得到國際社會高度評價，特首本人和特區政府的民望也止跌回升。就在這時候，管治班子進行大調整，顯示特區政府已然走出去年下半年疲於應對黑暴、被動防守的困境，特區政府正重整旗鼓，重新出發。

再說人選，有評論指今次問責團隊成員大換血，是舊瓶新酒，並不看好。事實上，四名新入局班子成員，從簡歷、背景和經驗等方面，與舊人相比有辣有唔辣，但至少在年齡結構上，兩名五十後加兩名四十後，明顯較為年輕，更有朝氣。更加難得的是，時局艱難，廚房太熱，此刻仍有年富力強的精英人士願意加入只有兩年多任期的政府問責團隊，這無疑有助鼓舞團隊士氣。

對管治團隊重新組建後的考驗馬上就到：一是能否確保香港抗疫成績不會出現新加坡式的反高潮，二是特首先後推出的兩輪抗疫救困措施能否順利落實，三是香港經濟能否避免發生斷崖式暴跌。而這三者，又直接影響九月立法會選情，影響廣大市民對「一國兩制」的信心。有前年財爺派錢派到一塌糊塗前車之鑑，我對第二點尤感信心不足。如果六七月份市民還未能收到早前特區政府宣布派發的一萬元，飲食、旅遊、酒店、零售等業界未能收到相關的資助金額，即使特區政府有一百個理由，也會民心大失，特首和重組後的問責團隊，不可不慎之又慎。

2020/04/27

百年風雲過，滔滔兩岸潮

　　潮州商會會員每三個月會收到一份《香港潮州商會會訊》，封面題字出自潮州鄉賢國學大師饒宗頤教授手筆，會訊印刷精美，內容不僅圖文並茂報道商會各位首長和會董、會員的活動，還有人物介紹、文章轉載等，我最喜歡的兩個欄目是「潮汕歷史文化」和「歷史回顧」，本期會訊最吸引的一篇叫做《香港潮州商會的成立》，香港潮州商會成立於一九二一年，明年就是一百周年啦！

　　我上網查一下，比較潮州商會與本港各大商會的資歷：

香港總商會，成立於一八六一年，是本港最老牌的商會
香港中華總商會，成立於一九○○年，在本港商界江湖地位舉足輕重
香港廠商會，成立於一九三四年
香港中華出入口商會，成立於一九五四年
香港工業總會，成立於一九六○年

　　以上五大商會，只有總商會和中華總商會成立早於潮州商會。

　　在以地域命名的商會中，歷史比潮州商會更悠久的，三年前慶祝成立一百周年的福建商會（前稱「旅港福建商會」）算一家。毫無疑問，潮州商會是香港最老牌的商會之一，德輔道西那座「潮州會館」大樓，看上去歷盡滄桑，推門而入，卻能感受到一份淡定和厚重。

　　這篇《香港潮州商會的成立》，配有一幀一九二一年七月二十五日潮州商會首屆會員大會的大合照，首任會長蔡傑士、副會長王少平、正副司庫李澄秋、鄭仲評，以及名譽會長陳殿臣、方養秋等人出席大會，最初商會名稱為「旅港潮州八邑商會」，八邑包括潮安、潮陽、揭陽、饒平、澄海、普寧、惠來、豐順八縣。我的家鄉汕頭市，並未包括在內，

後來另成立汕頭商會（一九四七年）。實際上汕頭人多來自潮州八邑，記得小時候我填寫籍貫是揭陽。五十年代之後，汕頭地區專員公署設在汕頭市，以上八邑同屬汕頭管轄，俗稱潮汕地區，故潮州人又稱作潮汕人。據我所知，現任潮州商會副會長高佩璇女士就是汕頭人。

汕頭開埠僅一百六十年，與揭陽、潮州這些千年古鎮不能相比。根據第二次鴉片戰爭之後簽署的《天津條約》，一八六〇年汕頭設立「潮海關」，標誌著汕頭成為廣東省繼廣州之後第二個開放港口，一度名列全國港口吞吐量前茅。改革開放初期，汕頭成為全國四大經濟特區之一，與其歷史背景有很大關係。一九九一年汕頭地區一分為三，潮州和揭陽分別設立地級市，行政級別與汕頭看齊，但潮汕三市依然是一家人——「膠己人」。過去十幾年每年春節過後，潮汕三市父母官都聯袂來港與鄉親舉辦春茗活動，大家講潮州話、飲功夫茶，倍感親切，可惜今年因肺炎疫情影響，春茗被迫停辦。

潮商百年，潮人來香港經商創業當然不止百年。力倡研究「潮州學」的饒宗頤教授指出：「潮人若干年來在海外拓殖的成果和豐厚的經濟高度發展的各種表現，在中國以外各個地區孕育出無數繁榮美景的奇葩，為中外經濟史寫下新頁」。特別是在東南亞一帶，潮商的成就和影響力舉足輕重。香港也是潮州人海外拓殖的重要地區，《香港潮州商會的成立》一文提及，一九二一年八月一日在石塘咀某酒家舉行商會成立典禮時，出席者多達五百多人，可見一百年前香港商界的潮州人不少。一百年來，香港潮州商幫巨賈輩出猛人如雲：華人首富李嘉誠、麗新集團林百欣、盤谷銀行陳有慶、創立鷹君羅鷹石、英皇的楊受成，還有昔年的廖寶珊家族、顏

■ 香港潮州商會成立一百周年

成坤家族等等，一個個創富智慧的傳奇故事，已成公認的潮商經典。我接觸過好幾任老會長陳偉南、莊學山、許學之、蔡衍濤、馬介璋、陳幼南、張成雄等，還有已逝唐學元會長，都是德高望重、愛國愛鄉的典範，不少傳媒同行提起這幾位叱吒商界的老前輩，對他們謙謙君子的風範印象深刻、深表敬重。

滄海一聲笑，滔滔兩岸潮。前些天潮州商會林宣亮會長、黃書銳副會長透露，商會百周年想搞系列活動，正在草擬方案，邀我提供意見。香港正面臨百年未有的危機，黑衣人暴力破壞的燃燒彈火光未熄，新冠肺炎疫潮又突然殺到，各行各業都遭受重創。我想，潮州商會如果能透過舉辦百年慶典活動，將一個世紀以來潮商潮人的樂觀堅毅、迎難而上、懂得感恩的精神傳遞給全社會，與全體潮商及七百萬港人一起共克時艱，將是一件非常有意義的事情。

2020/04/11

香港會被改變什麼？

商界好友 T 生前天發短訊給我，說滙豐突然通知他取消原定即將過戶的派息，他對此感到震驚，「這是百年來前從未發生過的事情！」他說，很多香港人退休後靠滙豐股票收息過日子，不知道這些人以後怎麼辦？是啊，香港人誰手上沒有一點大笨象股票？當年國際大鱷狙擊港股，香港散戶築起人肉長城捍衛滙豐股價，時移勢易，想不到今時今日因為疫情影響，獅子銀行竟棄港人不顧，怎不令人唏噓。

新冠肺炎疫情對經濟衝擊百年未有，港府公布最新數據，二月零售業銷貨價值按年跌四成四，創下歷來最大單月跌幅，零售業總銷貨價值的臨時估計僅得二百二十七億元，跌回○六至○七年的水平。珠寶首飾成為「第一重災區」，銷貨價值大跌近八成，其次為衣物及鞋類，跌七成一。業界人士形容，零售業現時「非常蕭條」，預計未來兩個月的跌幅相若，更預計今年首半年，銷貨價值都會跌三至五成。眾所周知，這只是香港經濟寒冬的冰山一角，各行各業都在急切期待特首盡快推出抗疫基金 2.0。

除了經濟陷入非常蕭條，疫情下的香港政情也正在發生變化，值得關心政治人士關注和思考。其中一個變化是，去年六月至今年初反對派陣營喊得最響的一個口號叫做「攬炒」，近日似乎很少聽見，公開場合不見，網上也少見，是撤回「攬炒」嗎？好像也沒聽說。公民黨楊岳橋日前揚言，如果非建制派陣營在九月立法會贏得過半數議席，將否決所有政府議案，包括財政預算案，以迫使政府回應五大訴求，擺明攬炒，但楊岳橋也沒有用「攬炒」字眼。

另一個變化是黑衣人的「攬炒」行動大幅減少，規模大幅縮小。這兩三個月期間出來搞過幾次，但人數不多，布不成陣，沒有造成比較大的破壞，警方一出手就解決了。是不是黑衣人擔心肺疫感染、幕後黑

手暫時休兵？去年修例風波以來，暴力抗爭不斷升級，當時建制派呼籲「停一停、諗一諗」，希望社會冷靜下來，現在大家都被疫情困在家中，防疫之餘，實際上也是一個冷靜思考的時機。

還有一個新情況，建制派立法會議員何君堯去信特首，要求延遲原定今年九月舉行的立法會選舉。民建聯主席李慧琼也表示，如果疫情爆發至社會不能正常運作，要求政府研究選舉是否需要延遲是合情合理。這是一個非常敏感的問題，肯定會引起爭議。評估目前疫情，特區政府不能不做好兩手準備。但是，自去年十一月區議會選舉大獲全勝，非建制派陣營便更加心雄，認為九月立法會選舉已是囊中之物，他們會同意選舉延期嗎？

新冠肺疫重創人類，形勢極為嚴峻，歐美多國疫情失控，美國確診個案突破 20 萬人，佔全球染疫人數近四分之一，昨日死亡人數過千，據悉美軍已備妥十萬屍袋，曾經稱新冠肺炎為「流感」的特朗普，改口稱之為「邪惡病毒」。而一直視特朗普為惡魔，正在全力備戰十一月大選的民主黨，日前罕有在國會對特朗普提出的兩萬億抗疫方案開綠燈，向國民展示民主黨抗疫凌駕政治的價值觀。在國際，前幾天結束的 G20 特別峰會上，各國領袖就合作抗疫達成共識，特朗普更致電習近平主席，表達兩國合作抗疫的正面信息。大國政治家願意暫時放下政治分歧，共同應對病毒對人類威脅，這肯定是全球之福。

這場疫戰未有窮期，人類需要付出多大代價才能戰勝病毒，很大程度上取決於全球合作抗疫的決心，結果雖然難料，但抗疫正在衝擊世界改變世界，卻是不爭的事實，香港也正在被改變，包括經濟、民生和政治，關鍵問題是，香港的政治人物，建制派和非建制派願意為抗疫大局展示合作嗎？未來的立法會選舉，會被改變什麼，是選舉日期，還是選舉結果，抑或其他？大家不妨拭目以待。

2020.04.04

給香港抗疫工作一點掌聲鼓勵

　　港大微生物系講座教授袁國勇日前接受媒體訪問，指香港防疫工作「取得階段性勝利」，他點名食物及衛生局局長陳肇始「做得不錯，已經交咗功課」。印象中袁國勇教授不輕易讚揚一個人，特別是對政府官員。作為本港最權威病毒專家，袁國勇教授對目前防疫工作的正面評價，無論對廣大市民，還是對特區政府，都非常難得，今時今日之香港，太需要給自己一點鼓勵，給別人一點鼓勵。

　　似乎未聽到有人對袁教授上述言論表示異議。事實上，即使不是專家，只要不抱偏見，亦不難看到香港的防疫工作，比起其他國家和地區更有成效。霍普金斯大學的分析數據顯示，中國內地以外的部分地區和國家，在新冠病毒疫情爆發最初 20 天內的蔓延趨勢，病例數量攀升最快的是伊朗、意大利和韓國，其次是美國和西班牙、法德等歐洲國家，攀升最緩慢是日本、新加坡和香港。香港累計確診病例數量遠低於德法英，甚至北歐挪威。在疫情全面攻陷歐洲，美國本土確診感染達兩千多個案時，特朗普才宣布進入緊急狀態。英國首相約翰遜叫懷疑感染的人在家中自我隔離，放任 60% 民眾感染新冠肺炎，以達致群體免疫。我們也許應該慶幸，林鄭月娥沒有採取美英的做法，否則香港會變成怎樣？

　　在修例一役民望遭受重創的林鄭月娥和特區政府，面對前所未有的新冠肺疫洶洶來襲，開始有點慌失失，連口罩也不知道去哪買，但很快各就各位，進入作戰狀態。初時特區政府宣布的每一項防疫措施，幾乎都遭到強烈質疑，部分醫護人員發起罷工，意圖迫特首對所有內地口岸全面封關，局勢變得複雜。有朋友非常擔心，我發短信勸他稍安勿噪，「只要不涉及重大政治問題，應對疫情這類民生問題，特區政府應該能夠應付」，我的理由是，經過沙士一役，特區政府有既定機制，有足夠資源，更重要的是，特首和管治班子成員有能力也敢於拍板決定。

舉一個例子，早在一月五日，有本地懷疑感染當時稱為「武漢不明肺炎」患者要求離開醫院，拒絕隔離，醫護人員擔憂會引發社區傳播，但在現行法例下，當局無權力要求病人留院隔離。食物及衛生局於翌日晚上發稿指會全速修訂《預防及控制疾病條例》（第 599 章），把「嚴重新型傳染性病原體呼吸系統病」納入為法定須呈報的傳染病，預計在周內刊登憲報。刊憲後，根據有關條例，當局有權要求懷疑患者留院隔離。現在我們再回頭看看，食物及衛生局局長陳肇始當機立斷，實在值得袁國勇教授點名表揚。有人說，這場全球抗疫，也是一次各國各地區治理水平的「體檢」，到目前為止，香港特區政府的表現，應該不算失禮。

　　當然，最應該點讚的是醫護人員，白衣天使是七百萬香港市民防疫的守護神，他們的犧牲精神最值得廣大市民感恩。儘管發生罷工事件，但政府當局和醫管局，以及大部分醫護人員都採取克制做法，少數人的政治操作對整個防疫工作沒有造成太大影響。至於罷工行動對特首作出大部分口岸實施封關的決定是否有影響，恐怕誰也難以說清楚。也有人說，香港的專業精神已死，如果真是這樣，香港防疫工作取得階段性勝利是難以想像的。

　　此時此刻，香港市民也應該給自己點一個讚。兩個多月來，全港市民自動自覺出門戴口罩，搓手液隨身帶，每天漂白水清潔家居，盡量減少外出，在家工作，展示良好的公民質素，這些全民共識對防疫工作發揮重要作用。事實證明，雖然香港經歷前所未有的政治風暴，但在危難面前，生命受到威脅，所有香港人都同坐一艘船，除了同舟共濟，別無選擇。社會上已經有太多批評和責備，是時候給別人、也給自己一點掌聲鼓勵。防疫進入第二階段，形勢未許樂觀，大家繼續努力。

2020/03/19

文宣戰場上建制派一支健筆

　　上月底收到大公出版社寄來《一場集體催眠》一書，編輯命我寫一篇書評。聽說這本書今年二月出版以來，已經再版四次，這是很不簡單的事情。行內人都知道，時事評論類書籍在本港沒有什麼市場，一般出版社怕蝕本不接這類題材的出版生意，當然，像屈穎妍女士這樣有知名度的作者另當別論，但一本時事政論文集短短一個月推出第四版，的確不多見，屈女士受讀者歡迎程度，可見一斑。

　　屈穎妍在某週刊任職時我已聽聞大名，拜讀過她寫的一些「故仔」，後來在國教風波時，屈女士在某報的專欄被消失事件成為茶杯風波，感覺從那個時候起，她的文章依舊快人快語，但詞鋒更犀利，鬥志更昂揚。特別是去年修例風波以來，黑衣人恣意施暴，起底、恐嚇、襲擊不同政見人士，甚至放火殺人，黑色恐怖籠罩全港，屈穎妍以一介弱質女流，無懼無畏，每天以筆作武器，旗幟鮮明，橫眉冷對，控訴暴力，揭穿歪理，成為愛國愛港陣營最受矚目、非常難得的一支健筆。

　　在我的社交媒體朋友圈，幾乎每天都有人轉發屈女士的文章，所以這本《一場集體催眠》當中不少文章，發表時我已讀過，有的印象很深，例如《「革命」的代價》、《沒有名字的聯署》、《沒有大台，卻有後台》、《領呔為誰而繫？》、《聖戰新娘的啟示》、《馬賽克下的白色恐怖》等。人們常說政治一日也嫌太長，將近一年來香港的政局真是千變萬化，但再讀這些幾個月前的時事短評，覺得火力不減、精彩依然。

　　屈穎妍文章最大的特色，我認為全在「時事觸覺」四字。一條新聞、一幅圖片、一個鏡頭，一段視頻、甚至是某個人的一句話，往往成為她評論的題材，新鮮熱辣，有很強的時效性和針對性。例如去年六月以來，「不少人拍到照片，一整箱八達通放在港鐵站任取；也有人拍到視頻，滿地擺滿各式現金券作暴動酬勞」，有人聲稱那是有心人主動捐獻支持

年輕人，強調「我們沒有大台」，但當警方搗破一個涉嫌洗黑錢集團，凍結一個眾籌平台「星火同盟」七千萬元，起出購買 16 萬元超市現金券的收據，屈穎妍指出，「罪惡的線頭終於露出來了，後台的狐狸尾巴也被發現了」。(《沒有大台，卻有後台》) 報紙刊登逾 400 名行政主任 (EO) 寫聯署信給特首，批評特首漠視民意云云，屈穎妍指出，所謂聯署，全部是遮掩名字的職員證，這樣的聯署是「又要威又要戴頭盔的最高境界」。(《沒有名字的聯署》)

屈穎妍對特區政府的批評也毫不客氣，對於有人指反對派文宣很厲害，而政府宣傳則一敗塗地，屈女士指「我不同意。因為在我看來，政府根本沒文宣，400多人的政府新聞處，形同虛設，沒出手，何來

■ 香港政府新聞處的網頁

敗？」(《頭盔花盆，也是一種文宣》) 當林鄭月娥在記者會上回應記提問，表示「若方便時會探望」那名懷疑被鋼珠傷眼的女示威者，屈穎妍直斥林鄭月娥「一個特首，去看望一個暴徒」，她反問，「為什麼沒有記者問：特首你會去看望被圍毆的《環球時報》記者付國豪嗎？你會去醫院探望被汽油彈燒傷的警察嗎？人家的命就不是命？你的一隻眼就是全世界？」(《「革命」的代價》)

屈穎妍文章受歡迎，我以為還有一個重要因素，就是她很會講故事。有一次暨南大學新聞同學會舉辦論壇，屈穎妍分享她的寫作經驗，其中一條就是少講大道理，多講故事，因為讀者會記住故事。屈女士在《聖戰新娘的啟示》一文講述三個 15 歲英國女孩出走倫敦到敘利亞加入恐怖組織 ISIS，其中一個叫居姆的女孩四年誕下三名孩子，丈夫被捕，走投無路，要求英國政府充許她帶同僅存的一個孩子回國，但英國政府拒絕，並且立即撤銷她的國籍和公民身份。另一個在美國出生的

19 歲女孩背著家人到敘利亞，先後嫁給三名 IS 戰士，當她醒悟感到懊悔，希望回美國回家，結果是特朗普在推特上親自宣布這名叫穆薩納的女孩不再是美國公民。「兩個聖戰新娘被洗腦後斷送，實在值得香港孩子借鏡」，屈穎妍寫道。

我的朋友中也有人覺得屈穎妍的文章太咄咄逼人，得勢不饒人，正所謂各花入各眼。當撕裂和對立成為社會常態，暴力隨時發生，建制派的文宣固然需要講大義講正統，也需要屈穎妍式的戰鬥格文宣，當你置身戰場，姿勢不是最重要的考慮。

2020/03/14

九月立法會選舉是「攬炒」之戰？

俄羅斯女皇卡捷琳娜曾經說過：「假如給我二百年，整個歐洲將匍匐在我的腳下」，她的「假如」當然並不存在，但似乎沒有任何其他言語，比這一句「假如」更能顯示這位俄羅斯女皇一生的雄才大略。歷史沒有假如，未來卻需要假如。有朋友問，如果今年九月立法會選舉反對派奪得半數議席，對香港有何影響？我反問他，假如沒有「一國兩制」，香港會怎樣？

今年九月立法會選舉，以目前社會氣氛和政治形勢，由泛民、本土派和「港獨」勢力聯手組成的非建制派陣營，很有可能贏得過半議席，不少建制派人士都承認這個現實，換言之，特區政府管治權的行政、立法、司法三權之一的立法權，有可能被反對派掌控。不僅如此，有反對派人士公開提出在控制立法會之後，進一步爭取特首選委會選舉勝出，目標是推選出一個「黃絲特首」。假如這種局面成為現實，沒有人會懷疑，中央將視之失去對香港的管治權。

眾所周知，九七香港回歸，透過一紙《中英聯合聲明》，中國政府從英國人手上收回香港管治權，與所有外交談判一樣，當年中英關於香港命運的談判結果，最終由國家實力決定。實際上，當年戴卓爾夫人曾經考慮拒絕交還香港，但是她遇上鄧小平，差點在北京人民大會堂跌倒。一九九七年末代港督彭定康手捧從港督府降下的英國旗，在雨中黯然離開殖民統治一百五十多年的香港。我們有幸見證這一段回歸大歷史，我不認為回歸之後中央有打算接受香港反對派及其後台透過選舉實現奪權。

事實上，香港特別行政區在中國的政治架構中只是一個地方政府，《基本法》關於香港特區政府行政長官產生和立法會選舉的規定，目的是為了保障落實「一國兩制」、港人治港、高度自治的方針。但當前的

政治現實是，非建制派陣營，當中包括支持「港獨」、主張聯美抗華的政治團體，一方面高叫「時代革命、光復香港」，在街頭搞黑衣人暴力，另一方面透過選舉制度爭奪管治權，繼去年全面控制區議會之後，今年立法會選舉可能再次得手，下一站劍指特首選舉。出現這種局面，顯然背離《基本法》和「一國兩制」方針的初心。

因此，中央會不會像接受區議會選舉結果一樣，已經準備好一旦出現反對派奪取立法會過半議席的結果也照樣「硬啃」，便要打上一個大問號，而特區政府屆時也恐怕寸步難行。真走到這一步，離「攬炒」便不遠了，所有不願「被攬炒」的市民怎麼辦？此時此刻，所有人都要冷靜想一想，假如沒有「一國兩制」，香港會怎樣。

2020/03/10

全民抗疫的一點啟示

　　前天和朋友聊天，說不知不覺 2020 年已經過去六分之一，但好像什麼事情也沒有做。另一朋友說整個二月都在家工作，沒有什麼社交活動，感覺日子過得特別慢。這一切都是因為新冠肺炎。進入三月，內地每天新增確診個案大幅減少，大家都在盼望除下口罩的日子快點到來，網上有一個段子，說是接到電話騙子的電話，竟然感到喜大普奔，「他們都上班了，看來疫情快結束了！」而在香港，上周六有大批黑衣人出動，堵路、縱火、施暴，有網民說，「他們又出來搵食，肺疫威脅快解除啦！」真是令人哭笑不得。

　　其實疫情依然嚴峻，北角一個佛堂多人集體染疫、女馬主中招、港人參加印度遊歸來證實確診，這些新個案都令人心驚膽跳，防疫不敢鬆懈，昨天日本宣布暫停港人免簽證入境，韓國、泰國分別對來自中國內地和港澳地區的遊客採取 14 天隔離措施，證明肺疫影響不斷擴大。但另一方面，很多香港人手停口停，不少行業陸續恢復正常開工，特區政府多個部門也開始結束在家工作正常上班，這個星期上班時間在港鐵香港站轉中環站搭港島線，發現人流已大致恢復至平日的一半左右，每個人都戴口罩，小心翼翼，電梯通道很少人使用扶手。

　　無論如何，疫情總會過去，但黑衣人暴力，卻很有可能成為香港的政治風土病，所有香港市民都要有這個心理準備。新冠肺炎傳播渠道仍未完全清楚，抑制肺疫的藥物仍未問世，有專家預測疫情要到四月底才有望緩解，黑衣人已迫不急待全付武裝上街，原因只有一個，就是四年一度的立法會選舉將於九月舉行，正所謂時不我待。去年十一月區議會選舉在黑衣人燃燒彈熊熊火光下舉行投票，結果泛民、本土派和「港獨」勢力大獲全勝。這次立法會選舉，反對派自然是食髓知味，要再用暴力催選票，實際上，上周六太子旺角街頭的火光，就是反對派後台吹響九月選舉的集結號，幾日後，反對派「黨報」開始推出「立會選戰」專版，

將部署多時的選戰名單和鎖定攻擊目標，陸續搬上枱面，正式全面宣戰。

對於這次立法會選舉，前立法會主席曾鈺成日前撰文分析，非建制派在地區直選可能取得 21 個議席，功能組別更是雙方此役的主戰場，在掌握逾八成區議會議席基礎上，非建制派將全力搶奪幾個界別，結果有可能在下屆立法會佔據逾半數議席，換言之立法會可能變天，一旦這種局面成為事實，反對派控制的立法會可以行使法定權力傳召官員出席聆訊，阻止政府提交的

■ 香港立法會

法案和議案在立法會通過。曾鈺成是建制派大佬，對於如果立法會變天建制派怎麼辦，似乎胸有成竹，但特區政府怎麼辦？中央怎麼辦？他在文章中並無提出對策。

在近期少有的一次茶聚上，另一個重量級政治人物則斬釘截鐵表示，九月立法會選舉，反對派肯定能得 36 席以上，沒有任何懸念，建制派切不可像區議會選舉之前那樣抱有不切實際、一廂情願的幻想。他也提出問題：「怎麼辦」？我很想聽聽他的答案，可惜和曾鈺成的文章一樣，他也沒有給出答案。

至於反對派方面，已經有人提出控制立法會之後，如何進一步部署特首選委會選舉，目標是控制選委會，選出一個「黃絲特首」。經歷去年區議會選舉一役，反對派的胃口突然膨脹，但無論建制派還是中央有關部門，對此恐怕不會簡單以一句「天方夜譚」了事。

毫無疑問，這一次選舉關乎特區政府的管治權，關乎《基本法》和

「一國兩制」的命運，關乎香港的未來。我相信曾鈺成和上文提及的另一名建制派重量級人物都非常明白，特區政府行政、立法、司法三權中的立法權被反對派及其後台掌控，是中央無法接受，但他們又承認九月舉行立法會選舉的結果，有可能甚至肯定會出現反對派控制議會的局面。香港除了攬炒，真的無路可走？

說回新冠肺炎襲港，特區政府採取史無前例的抗疫措施，雖然港府的每個決定都受到來自各界的強烈質疑批評，甚至有部分醫護罷工表示不滿，但不爭的事實是，到目前為香港的疫情得到抑制，世衛官員更點名讚揚香港和新加坡抗疫工作有效。我認為，香港抗疫工作最值得肯定的是，成功做到全民抗疫，面對生命受到威脅，所有人都自覺戴上口罩。現在，《基本法》和「一國兩制」正面臨前所未有的威脅，五十年不變正面臨前所未有的威脅，只有讓所有市民都真確感受到這種威脅的存在，才是破除攬炒詛咒的唯一出路。

2020/3/7

非常時期，非常預算案

　　財爺陳茂波周三公布的財政預算案，大刀闊斧推出總額達一千二百億元紓困利民措施，包括退稅、寬減差餉、寬免排污費水費、豁免商業登記及牌照費、公屋免租、下調生果金年齡等，當中以所有十八歲或以上永久性居民每人獲派一萬元抗疫津貼最為令人矚目，我忍不住要讚一句：財爺，好嘢！

　　自去年下半年以來，香港爆發前所未有的政治動盪，社會各界各行業以至每一個市民都受到不同程度影響甚至傷害，緊接著又受到新冠肺炎疫症嚴重衝擊，經濟活動幾乎陷入停頓，所謂屋漏偏遭連夜雨，結業、失業、減薪、放無薪假等各種壞消息接踵而來，「長太息以掩涕兮，哀民生之多艱」，特區政府透過財政預算案推出利民紓困措施，乃是應有之義，但紓困力度多大，是否需要開倉派米，以及如何派發等等，考驗財爺的智慧。

　　預算案公布之後，我的朋友圈有不同意見。J哥是某銀行高層，他第一反應是一千三百九十一億赤字太高，擔心影響香港信貸評級。他的擔心絕非杞人憂天，香港作為國際金融中心，幾十年來經歷大大小小多少次金融風暴金融海嘯，依然屹立不搖，其中一個非常重要因素，就是香港擁有豐厚財政儲備和一直奉行量入為出的理財哲學，今次破天荒一千三百九十一億赤字預算，佔特區政府現有財政儲備逾一成，而且預料未來五年都會有財赤，這樣下去會不會對特區政府財政造成壓力？未來會不會需要加稅去增加庫房收入？J哥的憂慮不無道理，希望財爺以及特區政府相關官員向市民作出解釋。

　　M女士是前傳媒人，她質問財爺「派錢做什麼？是振興經濟？維穩？還是為派而派？」她認為社會不滿不是派錢能解決，反對政府的人拿了錢還是會繼續反政府，而區區一萬元又幫不到民眾長遠生計。M

女士認為，不同政治立場的多個政黨齊聲要求派錢，基於政治壓力，政府不得不派，但她不認同被迫派錢的做法，「政府應該用這筆錢建醫院，改善公共醫療環境，或者將這筆錢投入基建，創造就業推動經濟發展。」她說。

我非常認同 M 女士派錢不能解決民怨的觀點，但認為今次派錢做法正是今年預算案的亮點。九年前曾俊華宣布派六千元，我在電視節目批評他不應該照抄澳門政府的做法，但時移勢易，這次情況不同。事實上陳茂波並不喜歡派錢，去年曾經公開表示派錢的做法不符合政府「理財新哲學」，但一年前的香港已永成記憶，財爺當然有權「擇善固執」，堅持不派錢的理財新哲學原則，但這樣做無異於政治自殺。財爺不僅派錢，而且全無討價還價，社會要求派一萬，好吧，那就派一萬，一分錢不少。M 女士認為這是被迫派錢，我卻讚財爺不再抱殘守缺，以今日之我打倒昨日之我，是否定自己，亦是突破自己。

會計師出身的陳茂波自三年前擔任財政司司長以來，每年的財政預算案都平淡無奇，連「派糖」也細眉細眼，不接地氣。但今年預算案卻大刀闊斧，放下政治正確的包袱，對民意作出正面回應。香港處於非常時期，需要一份非常的財政預算案，今次財爺能夠突破會計師注重計數心態，超越大掌櫃角色，著眼香港當前和未來一個時期的政治經濟大環境，大膽運用財政手段，充分發揮儲備豐厚的優勢，為紓解民困發展經濟作出努力，實屬非常難得。雖然預算案有些內容和細節可能引起爭議，例如非永久居民不能享受派錢，法理人情上似乎說不過去等等，但總體而言，我認為這是陳茂波出任財爺以來最給力的一份預算案，值得給予掌聲。對這樣一份預算案，如果反對派橫生枝節加以阻撓，可能要付出代價。

2020/2/29

國運
你信
不信？

82

仍然堅信有愛必可贏

　　前兩天網上有一段傳聞，新任湖北省委書記應勇主持抗疫會議，為進一步加強疫情防控，要求對全省機動車輛上街實施全面嚴格管控措施，應書記在會上問有關部門主管能否做到，該主管猶豫片刻，應書記立即讓其鄰座的副手回答，副手毫不猶豫保證三天完成任務，書記說：「給你五天時間，你現在是代理廳長」。我問武漢的朋友是否真有這回事，朋友說嚴格管控車輛是真，就地革除某廳長未聞其事。雖是網上「段子」，但反映湖北民眾期望新的省市領導班子能夠以霹靂手段整頓官員隊伍強力領導抗疫，近日湖北和武漢抗疫局勢趨穩定，疫情趨緩和，證明新人事新作風發揮作用。

　　在香港，近日有高官在立法會議事廳「夢遊」出醜，成為不少專欄的題材，有些作者筆下很刻薄，網民的評論更加難聽，但這是劉局長自己申請來的，怪不得別人，正在為抗疫防疫忙得焦頭爛額的林鄭月娥團隊，這一下子又被扣了多少分？香港全民抗疫，形勢空前嚴峻如同打仗，身為高官在打仗時期竟如此心不在焉，團隊中還有沒有這樣的隊友？不知林鄭特首會不會使出霹靂手段，提振市民對政府領導力的信心？

　　抗疫初期，港府反應慢半拍，特別是口罩緊缺全民搶購，港府竟然束手無策，令人失望。抗疫戰進入艱難時刻，反對派醫護工會竟冒天下大不韙，趁機發動罷工向特區政府施壓，令抗疫形勢雪上加霜，面對前所未有的壓力，女局長憂心至當場灑淚，市民暗自叫苦，好在絕大多數醫護人員信守誓言緊守崗位，維護香港引以為傲的專業精神，不少退休醫護人員更挺身而出，自願重返救人前線，這些逆向而行的白衣天使，鼓舞了廣大市民撲滅疫潮的信心。另一方面，商界捐款捐物支持抗疫行動一浪接一浪，各界呼籲共度時艱，共同抗疫。

　　特首林鄭月娥重整隊形，開始發力。近日有兩件事最受矚目，一是

推出 300 億抗疫基金共 24 項措施，當中包括對特定行業界別和基層市民派錢紓困，也有資助建立本地口罩生產線的長遠措施。今次疫情對本港各行各業以至所有市民的衝擊和影響前所未有，300 億抗疫基金可能只是杯水車薪，而相關措施是否有效、資源投放是否精準，需要進一步觀察。除此之外，港府應未雨綢繆，當疫情緩解之後，在救市推動經濟復甦方面有何進一步措施？財爺的預算案是否值得期待？

二是派專機接鑽石公主號郵輪上的港人回家。除了確診新冠肺炎需要留在日本醫治，滯留日本多日的鑽石公主號港人分批搭乘港府安排的國泰專機，陸續平安回到香港，雖然抵港後仍要接受 14 天隔離，終歸是在自己的地方，可以放心。在整個事件中，港府、市民、傳媒、政黨等各方共同努力，終令受影響的港人及其親友感到安心，事件告一段落，但願那些留在日本醫治的港人，能早日康復回家。這件事讓我們明白一點，雖然香港社會撕裂嚴重，但此際大家同一命運，政治分歧不應成為阻撓我們同舟同濟的藉口。

走筆至此，電視台又播放一眾歌星合唱的粵語版《堅信愛會贏》：

心手牽 一起面對
無畏險懼與挑戰
獻身生死阻擊戰
能共你 不離不捨
最不捨 那份心牽
在你身邊 我要淡定
歷遍多少冷雨夜
來阻擋生命逝去
仍然堅信 有愛必可贏

2020/02/22

特別的春節，特別的假期

這個春節特別悶。大年初一至初五，我只走出門口兩次，一次是年初二傍晚到樓下買口罩順便散步，粵海城商場出乎意外人流不少，酒樓雖未開年，幾家快餐店和超市都有營業而且顧客不少，幾乎人人戴口罩，但我到處買不到口罩，後來聽聞有一些無良商家囤貨炒賣，發災難財。第二次外出是年初三晚上到尖沙咀和一位國際級音樂家吃飯，我在八十年代已經聽聞他的鼎鼎大名，這次音樂家伉儷來港公幹，朋友做東邀我作陪，機會難得，我戴上僅存的一個口罩欣然赴宴。從奧海城搭小巴，車上只有我一名乘客，平時車水馬龍的廣東道此刻行人稀疏，下車時一股寒風鑽進衣領袖口，不禁打了一個冷顫。上樓終於見到偶像的風采，沒有半點大人物的架子，講故事很風趣，席間眾人笑聲不斷。晚宴結束時有人提議拍一張全體戴口罩的大合照，這張大合照絕對有紀念意義。

其餘時間我就呆在家裡看電視、看手機、泡功夫茶。書架上有好幾本書買了多時一直沒有讀或沒有讀完，特別是戴建業教授去年送我的《澄明之境——陶淵明新論》等書未有時間拜讀，這幾天正是讀書的好機會，但翻了幾頁就讀不下去，不是書不好，而是沒有讀書的心情。陶淵明「結廬在人境，而無車馬喧，問君何能爾？心遠地自偏」，我卻是城中靜如夜，心有車馬喧，手機上關於新型冠狀病毒肺炎疫情的信息排山倒海，心裡總是放不下來靜不下來。

每天懷疑、確診和死亡人數不斷變化，疫情嚴峻，公眾假期最後一天的年初四（28日）下午，特首林鄭月娥率多名主要官員召開記者會，宣布多項新措施，包括暫停自由行簽證、暫停港九直通車和西九龍高鐵站運作、暫停跨境客輪，以及暫時關閉文錦渡、沙頭角兩個口岸等，林鄭月娥形容上述措施是「半封關」，現場多名記者反復追問為何不全面封關，以確保不會再有受感染的內地人來港？特首堅持認為沒有必要。我不知道林鄭這樣「冒險」是否值得，實際上很難確保在她決定不全面

封關之後，不會發現與來港內地人有關的感染個案。此文落筆時，香港確診個案維持 12 宗。

令人痛心的是，有些人竟在這場人命攸關的抗疫戰關鍵時刻，借題發揮去達政治目的，十七年前全港市民上下一心抗沙士的情景，已經隨風飄逝？資深傳媒人大 F 說香港專業精神正急速消逝，另一位資深同行 C 老漢更指香港專業精神已泡沫化，筆者雖不願接受卻很難反駁。

網上有關內地城鄉民眾防疫抗疫的視頻五花八門，有的勵志也有的無奈。我看到一些村民自行封村封路、敲鑼打鼓挨家挨戶通知的視頻，感覺不是太好。近年國家在改善基層公共衛生保健條件、提升農村基層管理方面投入不少資源，但這些視頻完全看不到這方面的進步。對這場疫潮所暴露內地公共衛生風險管理等體制問題，網上討論熱烈，學者鄭永年寫了一篇文章《何時能見到一個科學生活的中國》，批評內地政治啓蒙過度，科學啓蒙不足，可謂一士諤諤，引人深思。

最暖心的是，很多內地企業、演藝界明星紛紛捐款捐物資支持抗疫，在香港，恒基集團李家傑和李家誠捐出一千萬元人民幣設立專項基金，新世界集團鄭志剛，以及世茂集團、太古集團等分別捐款一千萬至三千萬元支持抗疫。香港湖北社團總會和武漢大學、華中科技大學、華中師範大學等武漢高校的香港校友會，以及香港中國高校聯等團體發起捐款。筆者朋友 Y 兄人在日本，自掏十幾萬日元購買口罩等物品寄給國內給有需要的友人，「好像在國內的海關遇到一點麻煩，希望再等幾天朋友能收到」，Y 兄在微信上顯得有點著急。

陪伴我度過這個春節特別假期的，還有網上熱傳的一首韓磊、潘倩倩合唱的《在此刻》：

不曾想過
未來的某個美麗日落
輕輕的你會想起我

86

你身邊正春風經歷花香的誘惑
歲月長河
東去的浪漫還是悲歌
誰指引柔情去相伴烈火
我相信心中的陽光永不會陷落
永恒的心在時空穿梭
生死決擇已經無路可躲
但是愛不能奪
永恒的心與夢幻交錯
生死抉擇早已由不得我
我挺身在此刻
在此刻

　　這首歌是幾年前內地一部很受歡迎的電視劇《少帥》的主題曲，寫少帥張學良一生的浪漫悲歌，在此刻聽《在此刻》，別有一種感覺，我戴上耳機，聽了一遍又一遍。

2020/01/31

待到山花爛漫時，她在叢中笑

明天是大年初一，借《大公報》一角向各位讀者和貴報編輯部各位朋友拜年，祝大家鼠年大吉大利、鴻運當頭、健康平安！

中國人傳統，一年中的節日，以正月初一過春節最重要最喜慶，「爆竹聲中一歲除，春風送暖入屠蘇。千門萬戶曈曈日，總把新桃換舊符」。春節除了拜年派利市(壓歲錢)的傳統，古代還有「守歲」的習俗，大年三十除夕，全家吃過團年夜飯之後，點起蠟燭或油燈，圍坐爐旁閒聊，通宵守夜，象徵把一切邪瘟病疫趕跑驅走。蘇東坡有一首《守歲》：

欲知垂盡歲，有似赴壑蛇。

修鱗半已沒，去意誰能遮。

況欲系其尾，雖勤知奈何。

兒童強不睡，相守夜歡嘩。

晨雞且勿唱，更鼓畏添撾。

坐久燈爐落，起看北斗斜。

明年豈無年，心事恐蹉跎。

努力盡今夕，少年猶可誇。

不知道「守歲」的習俗從什麼時候已經消失，但在我的家鄉潮汕地區，大除夕一家人吃年夜飯叫做「圍爐」，聽起來是不是古意盎然呢。中國各地過年習俗不同，十年前我到瀋陽出差才知道北方有「過小年」的傳統，北方人也很少聽過香港人有「年廿八洗邋遢」的習慣，但無論城鄉、不分南北，大年除夕一家人吃年飯，是中國人特別是長輩們最大的快樂，正如曾經唱遍大江南北的《常回家看看》一句歌詞：「一輩子不容易就圖個團團圓圓」。

　　西方也有重視家庭團聚的傳統，歐美國家過聖誕節最隆重，平安夜一家人團聚，與中國人吃年夜飯的意義頗多相似。當年麥克阿瑟對入侵朝鮮的美軍第八集團軍官兵保證，兩週內打敗朝鮮軍隊和中國志願軍，結束戰爭放他們回家過聖誕節，官兵們興高采烈，可是這位立下「飲馬鴨綠江，回家過聖誕」豪言不可一世的五星上將，不僅未能兌現諾言，更斷送數以萬計美軍的性命，連第八集團軍司令沃克中將也在中國志願軍的攻勢中命喪異國。

　　說回中國人過春節。不久之前讀一本書《變局——七千人大會始末》，當中提到新中國成立之後一個很特別的春節，一九六二年著名的「七千人大會」在北京召開，因為涉及總結教訓、糾正錯誤、調整經濟等重大議題，會議一再延期，從一月十一日一直開到二月七日，期間遇上春節，中共中央毛澤東主席決定讓出席會議的來自全國各地七千名縣委書記以上幹部全部留在北京過春節，除夕之夜和大年初一，七千人和毛澤東、劉少奇、周恩來等中央領導人一起出席兩場大型歡聯晚會，年初二上午繼續在人民大會堂開會。

　　時代不同，春節不變。「鼓角梅花添一部，五更歡笑拜新年」。但今年香港春節的喜慶氣氛大打折扣，黑衣暴力陰霾下，有 38 年歷史的大年初二賀歲煙花匯演被迫取消，廣大市民應該享有的歡樂就這樣被奪。筆者週日出席一個主題為「止暴制亂、恢復秩序、重回正軌」的論壇，與會者對黑衣暴行深表憤慨，對春節平安深表憂慮，有人說本來不打算外出旅行，但實在不想留港過年，因不想看到黑衣暴徒惡行的新聞，影響過年心情。話聲未落，黑衣暴行再起，四名男女警員喋血街頭。

　　回首歷史，展望未來，從來邪不能壓正，道路曲折前途光明。暴力只能製造痛苦和悲劇，平安祥和是人類永恒的祈禱。值此迎新棄舊之際，讓我們一起為香港這個家敲希望的鐘，讓歡樂代替哀愁，讓世界找不到黑暗，幸福像花開放。待到山花爛漫時，她在叢中笑。

2020/01/24

為明天獻出虔誠的祈禱

最近十年的除夕，我和家人多數在住所附近，靠近西九龍的海輝道海濱公園倒數，遙望一柱擎天的 ICC 大樓外牆字幕，和成千上百街坊以及專程開車前來的市民一起大聲喊「9、8、7、6、5、4、3、2、1 Happy New Year！」，每年我總是把倒數現場照片拍下發到朋友圈，與各地的親友們共享辭舊迎新的歡樂，並第一時間送上美好的新年祝福。但是今年，實在沒有好心情在香港迎接新年，剛好資深佛教界人士高居士前兩天邀請除夕到深圳弘法寺敲鐘，正合我意。

除夕下午高居士親自駕車過深圳，晚飯後我們一行五人到達梧桐山弘法寺，先到鳳凰茶館品茗。十一時許，正殿前的敲鐘祈福儀式現場已經坐滿站滿信眾和來賓，今年活動主題是「盛世鳴鐘，祈福五洲」，由深圳衛視做現場直播。儀式開始前，有小朋友團體舞蹈表演和作家朗誦表演，充滿濃濃的傳統文化氣息和節日喜慶氣氛，緊接著是深圳市委統戰部長林潔和弘法寺方丈印順大和尚先後致辭，還有社團及愛心人士為貧困地區家庭善款捐贈儀式，敲鐘祈福和扶貧布施合二為一，更有意義。

這時候，坐在第一排的來賓已經走到主席台右側的大鐘旁作好準備，兩位主持人帶領全場出席者倒數「10、9、8、7、6、5、4、3、2、1 新年快樂」！咚 - 咚 - 咚！輪到我們上場，在工作人員指導下，我兩隻手分別抓緊懸掛鐘鎚的紅綢，與眾人合力敲鐘：「咚！咚！咚！」我在心裡默默祈福，祈禱國泰民安、祈禱香港平安、祈禱所有家人和親友去煩惱、長智慧、健健康康！

弘法寺子夜敲鐘祈福已舉辦多年，成為深圳市除夕之夜一項盛事，一票難求，除了本地，也有來自香港和大灣區，甚至還有外省的信眾專程前來參加。雖是宗教活動，官方也一直非常支持，今年就有市、區十

多名官員出席，當中除了統戰部和宗教局，也有其他部門的官員。夜空下寒風習習，佛殿前梵音飄飄，「金繩開覺路，寶筏渡迷津」。一眾官員和廣大信眾一起虔誠敲鐘祈福，此時此刻，誰是官員誰是信眾，也許連他們自己也未必分得清楚，或許根本就沒有必要分清楚。

禪院鐘聲，是信徒的天籟之音，我當然沒有資格自稱佛教徒，但對姑蘇城外寒山寺的夜半鐘聲，神往久矣。三十多年前第一次遊蘇州，第一個目的地直奔寒山寺，那是一個蕭瑟秋天的下午，當我看見黃牆綠字「寒山寺」三個字，見到那口在夢中敲響過多次的古鐘，仿佛時光倒流。那時寒山寺遊客不多，可以讓人漫步楓橋邊，發懷古之悠情。不知從哪一年開始，寒山寺除夕子夜敲 108 響鐘聲，辭舊迎新、祈禱平安，成了吸引中外遊客的一項著名活動。

敲鐘108響是有講究的，有一說是每年12個月、24節氣、72候（五天為一候），相加正好是 108，敲鐘 108 響，表示一年終結，有除舊迎新之意。另一說是依照佛教傳說，凡人在一年中有一百零八種煩惱，鐘鳴 108 響，便可消除所有煩惱。

這是我第一次參加子夜敲鐘，我沒有留意弘法寺鐘聲是否敲 108 響，但鐘聲悠揚，久久在心中迴響，所有參加者那份虔誠和熱情，那份對明天更美好的期盼和信心，令我內心深受感動。此時此刻，充滿煩惱的香港最需要的正是這樣的新年鐘聲，願此鐘聲超法界，日出喚醒清晨，大地光彩重生，讓和風拂出的音響，譜成生命的樂章。讓我們所有人為明天獻出虔誠的祈禱。

2020/1/3

讓更多港青參加國際事務

外交部駐港特派員公署日前公布，五名香港特區政府年輕公務員獲國家推薦到聯合國擔任初級專業人員 (JPO)，他們分別來自行政署、天文台、機電工程署和廉政公署，在政府任職 5-8 年，五人將於明年一月起赴聯合國紐約總部、日內瓦和維也納辦事處及世界氣象組織任職，為期兩年。深圳衛視記者請我此就此事發表意見，我說：這是一件好事，香港年輕人有機會代表國家到國際組織任職，不僅可以增強國家認同感，更可以切身感受身為中國人的自豪。希望這種做法不是因應目前反修例風波局勢的一次性措施，而是一項制度性安排。

反修例風波引起連串暴力衝突，至今警方拘捕約六千人，青年學生佔逾四成，情況令人痛心，有人表示對這一代年輕人失望放棄。其實，正如謝鋒特派員在發布會上所說，黑衣暴徒只是一小撮，不能代表香港青年。但新一代青年學生對國家認同感嚴重不足，卻是不爭的事實，情況嚴峻，中央和特區政府，以及全社會都必須共同關注，盡快採取對策和措施。

香港回歸二十二年，年輕人國家認同感不足，特區政府教育當局責無旁貸，幾年前一場國民教育風波，令國民教育、愛國教育被污名化，政府教育當局迄今苦無對策。不過，只要精神不滑坡，辦法總比困難多。提升年輕人國家認同的途徑，除了學校教育，還有其他辦法，例如舉辦各種形式的內地考察交流，曾經有提議接受香港年輕人入伍，當兵保家衛國，當然是最好的國民教育，但不知何故，此議一直未有下文。這次公布國家推薦香港年輕公務員到聯合國機構任職，無疑是可行的辦法之一，雖然獲推薦人數不多，但在社會上特別是年輕人中引發的漣漪效應，受到正面影響和鼓勵的絕對不是區區幾個人。

早在 2006 年，前衛生署長陳馮富珍獲國家推薦，成功當選世界衛

生組織 (WHO) 總幹事,成為首名中國人主政聯合國組織,可惜當年未能由個案引申為一種吸納香港人才參與國家派駐國際機構工作的制度性安排。今次五名香港年輕公僕獲國家推薦到聯合國機構任職,是一種全新安排,正如謝特派員所言,是體現中央對香港青年的重視和信任。我認為,如果能把這種做法制度化,每一兩年推薦一批優秀香港年輕人,讓他們和內地菁英一起作為中國官方成員進入聯合國機構或其他國際機構任職,甚至還可以考慮將私人企業和 NGO 的菁英納入推薦範疇,不僅擔任一般工作人員,也可以考慮委派他們擔任外交官,如此年復一年,對提升香港年輕人國家觀念,增強國家認同感,相信會大有俾益。

當然,這種做法不應該被狹隘地理解為中央對香港年輕人的某種特別優待,實際上,香港教育制度與西方國家接軌,無論語言上或政治文化上,香港年輕人到聯合國以及國際機構任職,與其他國家特別是歐美先進國家工作人員共事和溝通,基本上不存在什麼障礙,而他們的能力和表現,都代表中國,與此同時,他們也能分享作為聯合國五常之一、世界第二大經濟體的中國,在國際舞台上的耀眼榮光。

相比之下,台灣的年輕人似乎沒有這樣的機會。幾個月前我在一本台灣本土雜誌上看到一篇文章,題為《你知道聯合國等國際組織,正在快速的「中國化」嗎?——兼論台灣外交人才培育的困境》,作者感慨聯合國和各個國際機構中有愈來愈多來自中國大陸的人才,雖然台灣從不缺人才,然而,台灣人才不管學經歷再優秀,卻往往很難進入國際組織擔任高度專業性工作發揮所長。當中最重要的原因是什麼,相信大家心知肚明,毋須贅言。

2019/12/27

香港還會好嗎？

　　三聯書店上月出版《香港故事》一書，據說本來準備搞一個首發式，因時局動盪，首發式告吹，我是直接從主編閔捷女士手上拿到這本書，扉頁上有她的親筆簽名，一手清麗俊逸的硬筆行書，不愧是北師大中文系才女。據介紹，書中的五十個故事，是從新華社香港分社去年創辦的「香港故事」欄目中精選出來的。閔捷在該書「後記」中寫道：「如果你想深入瞭解香港，如果你想避開『水泥森林』找個特別的角度進入，本書從某種意義上來說，是讀懂香港的五十個獨特註腳，讓你看到一個『不一樣的香港』。」顯然，這本書主要是寫給外界、包括內地讀者看的。但我覺得，對於香港人，特別是土生土長的年輕一代，這本書也值得一讀。

　　每一座城市都有屬於她自己的故事，香港開埠迄今一百七十多年，歷史不算久，故事卻很長，內容獨特舉世無雙。中聯辦副主任盧新寧女士給《香港故事》寫的「序言·香江故事憑誰訴」中第一句話「香港是本難懂的書」，她寫道，六月以來的「修例風波」，暴力的升級、持續的騷亂、起伏的人心，讓讀懂香港「難上加難」。我對此深有同感。其實，我認識不少在香港新聞界打滾二三十年的資深同行，不少土生土長的老香港，面對今日黑衣之亂，同樣感到困惑迷茫，「兩間餘一卒，荷戟獨徬徨」，慨歎連自己也不懂香港，正如盧女士所寫「很多人在憂心中發問：香港還會好嗎」？

　　又是一個令人煩躁不想打開電視看新聞的周末，我展讀這本《香港故事》，看到一個個熟悉的地方、熟悉的場景、熟悉的人物，細味一個個近在身旁耳熟能詳的故事，當中所蘊涵那些似乎已經遠去變得模糊的信念，那些令香港成為香港的力量，令我感動。

　　《香港故事》內容分為五個部分，包括風物地理、歷史天空、人物

志、眾生相和生活百態，沒有全景式的宏觀場面，只有不同領域不同背景的市民娓娓訴說。讀《香港溫情記憶：轉角遇到報攤》，想起曾經凌晨到灣仔和旺角巡視報攤，查看第一輪出廠報紙銷情的日子。報攤在香港報紙行業具有獨特地位，一個小小報攤既是報販一家幾代人賴以維生的天地，也是香港各大報紙發行的兵家必爭之地。讀《張愛玲與香港的半生緣》，記得當年張愛玲去世消息傳來，各大報章紛紛推出專題介紹這位上海才女的傳奇一生和寫作成就，特別是她與香港的緣分，印象最深的是某報編輯將張愛玲兩部重要作品融入新聞標題：《秧歌絕唱 半生緣盡 張愛玲去世》，後來獲得報業公會年度好標題獎。在《眼科醫生周伯展：讓光明照進心田》一文中，周伯展醫生介紹他二十多年來到內地參與視覺第一、亮睛工程等慈善公益活動，一個播種希望、奉獻光明的仁醫形象躍然紙上。其實周醫生還是一位筆鋒犀利的時事評論員，中英文評論文章經常見諸報章，兩年前出版評論集《眼醫看香港》，不知道有沒有贈書閱女士？還有《一位女大學生的「詠春情結」》，我很想知道，那個自小跟隨祖父學詠春，去年在中文大學修讀法律博士課程的女大學生，開拳館傳承詠春的夢想是否已經實現？除了以上幾篇，我比較喜歡的還有《深水埗的記憶鏈》、《慈善家田家炳：詩禮傳家、大愛濟世》、《一位香港菜農的朋友圈》、《香港美食中的武俠情：探訪射鵰英雄宴》等等。

　　《香港故事》作者之一殷曉媛在她的「手記」中說：「其實香港從來都不缺故事，少的是願意靜下心來聽故事的人。」的確，香港人總是太忙，有人忙於學業，有人忙於生計，有人忙於事業，忙得沒有時間轉身看一眼遠方的風景，沒有時間回頭看一看自己走過的路。在這充滿焦慮的日子，如果有人願意靜下來聽，我相信，這五十個「香港故事」總有一個能讓你感動，也許還會讓你覺得，香港不至於變得太差吧。

2019/11/22

珍惜新聞界形象

六家媒體機構的前線記者日前出席警方記者會時，戴上頭盔一字行排開在頭上展示抗議警方的標語，警方公共關係科人員要求該六名記者除下標語未獲理會，又要求他們離開，以免影響記者會進行，這幾名記者拒絕合作，結果警方被迫宣布取消記者會。當日有報館記者打電話採訪，我明確表示，這幾名記者的做法並不恰當，作為個人，對政府對警隊有不滿是可以理解，但出席記者會是代表媒體機構，將表達個人不滿與記者採訪混為一談，有違客觀中立的原則，也影響到其他媒體同行無法採訪記者會，實際上是損害了公眾知情權。而在上周，一名女記者大聲打斷警方記招，宣讀聲明「譴責警方」，擾攘一番。

一而再有記者將警方記者會變成抗議場所，之前更有人在特首記招口出惡言，作為在新聞界打滾多年的資深行家，實在看不過眼，曾任職多家媒體的 K 兄慨歎，香港新聞界前輩多年努力建立的專業形象，就這樣被年輕一代摧毀。某次飯局上，一班行家談及媒體生態質素令人擔憂，C 哥歸咎於近年社會上將「新聞記者」和「傳媒人」混為一談，「我們新聞界是有專業操守，一條新聞由採訪到出街有規有矩，而傳媒的範疇很廣，拍電影電視劇、拍廣告都可稱為傳媒人，兩者怎可以混為一談」？C 哥愈說愈勞氣。

C 哥的話有道理。老派新聞人，即使不是念新聞系科班出身，一入行都知道新聞界是有專業操守、有規有矩，例如對獨家新聞如何確認、對有爭議的內容如何平衡報道、新聞報道和分析評論如何分開處理、如何保護消息來源等等，都有制度化、規範化的運作流程，前線記者、坐堂編輯、採編主管到老總，各司其職，正是這套新聞守則，奠定新聞界公信力的基礎。新聞媒體是社會公器，投身新聞界，不僅是為一個飯碗，更是認同新聞界為民發聲、客觀中立的理念。香港新聞界多年來在滿足本港社會大眾知情權方面扮演重要角色，新聞人亦以自己作為第四權一分子為傲。

國運 你信不信？

但隨著近年網絡技術發展一日千里，網絡媒體社交媒體成為年輕人獲取資訊的主要來源，傳統新聞媒體電視台、報紙、電台等的影響力逐漸走下坡，而新聞界的傳統精神、理念和原則也受到嚴重衝擊，其中一個重要原因，是網媒特別是自媒體可以直接發布信息，可以與朋友、粉絲互動，在 FB 上發一張圖片、一段視頻、錄幾句話、寫幾個字，基本上是零門檻。雖然 FB 的注　名字可能是假的，但任何人發布的信息卻可能被當作「新聞」廣為轉發流傳。重點是，粉絲不同於普通讀者或受眾，不在乎真假，只要「啱聽」。新聞人視真實為生命，而網紅只關心 LIKE 和流量。擁有五千萬粉絲的特朗普經常在推特上直斥 CNN、紐約時報等主流媒體的報道是 FAKE NEWS，他的粉絲寧願相信他也不相信 CNN 和紐約時報。

網媒、社交網體徹底改變全社會的話語權體系、改變媒體行業的生態，也改變社會大眾對媒體和媒體人，包括新聞人的觀感。不幸的是，香港特區政府卻沒有意識到這些改變可能帶來的影響和後果，在兩年前草率地將網媒列為政府認可媒體，除了有合法註冊之外，只要有一名記者和一名編輯、周一至五有更新網上新聞內容，便符合網媒的定義，可出席官方記者會。特區政府為「二人媒網」背書，表面上是對大小媒體、不同媒體一視同仁，實際上是對新聞專業的不尊重。結果是，在近幾個月的修例風波中湧現大量胸口掛「記者」牌的人士，當中不少是網媒記者，甚至是沒有受僱任何媒體的「自由記者」，而這些「記者」的另一個身份可能是議員助理、教師、學生、政黨辦事處職員等等，即使他們當中有的人可能並不具備新聞人的素養，不知社會公器為何物，但同樣頭上有新聞自由的光環，一次次舉起相機站在警隊與暴力示威者之間。

毫無疑問，新聞自由是香港的核心值價，全社會都應當尊重和珍惜，但如此重要和寶貴的新聞自由，從業員卻幾乎沒有門檻，難免會令人覺得記者證「不值錢」，這種情形終究對整個社會弊大於利，至於如何改變這種現象，關鍵還是要靠業界共同努力。

2019/11/08

到東莞發展的年輕人

上周末到東莞出席一項活動，大清早從西九龍搭高鐵四十四分鐘到達虎門，主辦方派車接往萬江新區，車程大約十五分鐘，萬江是東莞市四大城區之一，活動地點在家匯生活廣場，阿東在商場迎接我。

認識阿東有十年左右了，小伙子長得高大英俊，從內地來港升學，取得碩士學位後在香港一家老牌商會秘書處工作，我們用家鄉汕頭話交談，特別親切，所以不叫他全名，就稱他阿東。因為我是商會成員，每次參加商會活動都見到阿東，有時電話聯絡，感覺這小伙子踏實、可靠、肯吃苦，有上進心又不失靈活，總之潮州人的優點他都有。有一次他告訴我，在香港住滿七年，正在猶豫是否繼續留在香港發展，他說很喜歡香港，但樓價實在太貴，打工仔沒有什麼機會，他認識的好幾個來香港升學深造的朋友都放棄香港，到深圳工作或自己創業。過了一段時間，他跳槽到一家總部在深圳的港資企業，搬到深圳去住，有時他的老闆來香港公幹，晚上約我們幾個老友一起吃潮州菜喝威士忌，阿東每次都陪同。又過了一段時間，阿東跳槽到了現在這家知名的港資上市公司，擔任董事長助理，上班地點還是在深圳。

利用午飯前半個小時，阿東陪我在商場裏外逛了一圈，這是一座超大型的城市綜合體，集時尚名牌、家居用品、娛樂休閒、餐飲、購物、酒店等功能，商場頂層還有一個港澳青年之家，配套花園和游泳池，專為港澳青年創業者提供辦公、會議、休閒等一站式服務，據悉已有好幾家香港年輕人的公司入住。連同兩棟公寓，總建築面積達四十一萬平方米，去年底正式開業。

阿東在項目未開業已被公司派駐東莞，他告訴我，雖然離深圳不遠，交通也方便，但工作需要所以住在東莞，目前住公司宿舍，稍後考慮自己置業，已經有心水樓盤。「東莞最大優勢是區位優勢，位於粵港

澳大灣區廣州和深圳兩個一線城市之間，這裏正在興建地鐵一號線，西北連廣州地鐵黃埔客運港站，東南接深圳地鐵六號線，建成之後，東莞既和廣州同城，又與深圳一體，但東莞樓價比廣深兩地便宜很多」，阿東指著前面不遠一個小區說，這個地鐵站上蓋的住宅小區，是萬江區比較高檔的樓盤之一，精裝修商品樓每平方米售價三萬元人民幣，附近一般住宅大約每平方米兩萬元人民幣左右，以香港的算法，每平方呎大約兩千港元。我聽得有點心動，可惜阮囊羞澀，無法付諸行動。

東莞是著名的中國製造業之都，有世界工廠之稱，也曾一度背負「黃都」污名，近年東莞銳意改革，一方面犁庭掃穴強力打擊色情行業重塑城市形象，改善城市環境，另一方面積極扶持高科技企業，打造高科技城市。去年華為研發部門落戶山清水秀的東莞松山湖，在當地建起一座歐式小鎮，成為東莞新地標，也是東莞實施產業轉型升級的重要標誌。「近年愈來愈多的白領階層到東莞工作，對當地的寫字樓、商品樓以及生活、消費、娛樂等方面設施的需求愈來愈大、要求愈來愈高，我們集團投資二十億做這個項目，就是看好東莞的發展前景和消費潛力，我認為，中央關於建設粵港澳大灣區規劃的最大得益者是東莞。」阿東的言語有點像給東莞做廣告。

一年多沒見，阿東似乎胖了一點黑了一點，比起上次見面在九龍城喝酒時，說話舉止都顯得穩重成熟了許多，我跟他要一張新名片，才知道他現在是董事長助理兼這個項目公司的總經理，公司旗下有三百多名員工。從他滔滔不絕的介紹和分析，可以感受到他對工作非常投入，對未來充滿憧憬。記得曾經讀過一句：使一個人變得成熟的不是歲月，而是經歷。這話我很認同，眼前的阿東，真是士別三日當刮目相看。如果他當初選擇繼續留在香港，會有這樣的機會嗎？我覺得可能性不太。當然無可否認，在香港幾年的工作經驗，建立了人脈，拓展了視野，為他今天的進步打下重要基礎。談了這麼多，第一次提到香港，阿東說，近期除非工作需要，否則不會去香港，「在這裏不用看那些事，也不用去聽那些話，心不會煩。」

2019/9/20

饒公的安忍

　　上周末離港兩天，到廣州增城仙村出席中山大學饒宗頤研究院第三期饒學研修班開學典禮。幾個月前來參加另一項活動時，附近村路正在展開拓寬工程，到處在施工，現在一座富有嶺南特色的荔枝小鎮已初具規模，一條寬敞大道經過皇朝御苑酒店門口、荔枝博物館，大道兩旁部分廢舊廠房正在展開活化工程，從酒店步行到古色古香的饒學研究院，僅需大約 6-8 分鐘。昨晚一場大雨，日間暑氣不再逼人，饒研院周圍綠草成茵，綠葉婆娑，剛剛逃離充斥政治噪音的香港，此際彷若置身世外桃源。

■ 古色古香的饒學研究院

　　此行不完全是度假，饒研院執行院長陳偉武教授交代任務，因為有一位教授臨時有事不能來上課，讓我「頂班」講一課，題目由我自己定。所謂救場如救火，我沒有多想就一口答應。

　　中山大學饒學研究院於四年前成立，由中山大學、廣州增城區政府和廣州饒宗頤學術藝術館聯合主辦，著名歷史學家、中山大學黨委書記陳春聲教授兼任院長，饒研院設有專項研究基金，鼓勵青年學者開展饒學和國學相關課題研究，自 2017 年開始在每年暑假舉辦饒學研修班，本期研修班的主題是「饒宗頤學術名著導讀」，近 30 名學員分別來自清華、北大、復旦、南開、浙大、北師大、中國社科院、中山大學、武漢大學、吉林大學、廈門大學、山東大學等國內著名高校古典文獻學、古文字學等專業的博士生和碩士生，還有幾位是高校的青年教師，主講

導師陣容包括：中山大學陳春聲教授、曾憲通教授、陳偉武教授、香港大學前副校長李焯芬教授、香港大學饒頤學術館鄧偉雄博士，還有林倫倫教授、黃挺教授、彭玉平教授，都是鼎鼎大名的學者。老實說，我連給這些教授當研究生的資格都沒有，也沒有認真研讀過幾本饒公的學術著作，好在偉武兄說可以講講香港社會文化，畢竟饒公的學術成就與香港分不開，我只好「頂硬上」，斗膽以我對饒公做學問所知的一鱗半爪，談談饒公的安忍和香港的文化，聲明不是講座而是與學員交流。

饒宗頤教授於 1997 年 11 月 29 日在香港中國語文學會舉辦的講座上作《關於漢字起源的新問題》的學術演講 (演講內容後來由《國學視野》雜誌的作者整理出版)，當時他的《符號、初文與字母——漢字樹》一書已經付梓 (翌年由商務印書館出版)，這本書「結合考古學和民族學一些最新資料，從世界觀點出發……探索原始時代漢字的結構和各自演進的歷程以及它何以能延續數千年，維持圖形不變的緣由」。饒公在演講中透露大約於 1968-1969 年開始動筆，歷時近三十年成書。饒公說：「我做學問有一個詞想跟大家講的，就是要忍。佛教六個波羅蜜多，其中一個就是『安忍』，做學問也要忍，我能忍」。這令我想起收錄於《饒宗頤二十世紀學術文集》第十四　的《郭之奇年譜》，據了解，這是 1942 年日寇佔領潮州時，饒公逃至揭陽避難期間的研究成果，揭陽是南明重臣郭之奇的家鄉。資料顯示《郭之奇年譜》公開發表於 1991 年的中文大學新亞年報，由研究到出版相隔近半個世紀，這是饒公做學問能忍的另一個例子。

無論一本書，還是一篇論文，從開始寫作到發表長達三十年甚至半個世紀，這種「忍」功的確非同一般。依我粗淺的理解，饒公能忍，是因為他一生治學始終堅持「求是、求真、求正」，從不急功近利，正如李焯芬教授所說，饒公一生不受金錢和權力的誘惑，但這只是他個人主觀方面的因素。

饒公做學問能忍，也離不開他身處的客觀環境和條件的配合。從五十年代到八十年代，饒公在香港大學、中文大學、新加坡大學等任教，

工作穩定薪津不錯，在這期間，饒公兩耳不聞窗外事，一心只讀聖賢書，埋首學問之餘，亦寄情書畫藝術，他還經常到海外交流考察研究，包括美、英、法和日本、印度等地，他對甲骨文和敦煌學研究的很多重要成果，都得力於外國的珍貴資料，曾經因為某項研究需要，向校方申請延長留在國外三個月，立即獲得批准。八十年代初，饒公更有機會到內地各大學、博物館以及甘肅敦煌、長沙馬王堆等地考察交流長達三個月，本期研修班的導師之一曾憲通教授，當年全程陪同饒公。

饒公是真正做到讀萬卷書、行萬里路。毋庸否認，他比不少同輩的內地學者更加幸運。饒公的學問生涯孕育於內地，始於家鄉潮州，而香港的人文環境，成全了他的忍，成就了一代國學大師和碩學通儒饒宗頤。

2019/8/30

記者盤查記者

本周二下午警方記者會，焦點是近兩個月前一名六旬漢疑在病房被虐打，警方拘捕涉案兩名警員和一名前警員，但記者會結束時突然發生另一件事，一名內地女記者因拍攝記者會上其他同行，引發「臥底」疑雲，在一眾香港記者要求下，內地女記者出示一張卡片，顯示其姓名為陳曉前，身份為「廣東廣播電視台香港辦事處（記者站）站長」，視頻所見，現場有多名男女大聲要求該女記者「行前啲畀我哋影到張卡片」，又質疑卡片上沒有她本人照片，要求其出示記者證，多把男女聲音連番質問該女記者拍攝現場香港記者的照片要在哪裏發布？為何要將照片發上 WeChat（微信）？究竟這些照片有什麼新聞價值？最後該女記者在警方協助下離開。廣東廣播電視台隨後發表聲明，確認陳曉前是該台駐香港記者站站長，對陳在正常採訪時遭到部分香港記者圍堵的不禮貌對待表示強烈譴責，「呼籲香港有關方面採取切實措施保護新聞記者應有的權益，營造一個公平、安全和穩定的新聞採訪氛圍。」

當天晚上大公報記者打電話問我對這事有何評論，我強調沒有看警方記者會的現場直播，僅憑現場視頻瞭解相關情況，感覺非常不舒服，一群香港記者公然盤查一名內地女記者的身份，質問其採訪動機和目的，做法很不正常。我認識的好幾個廣東新聞界同行，包括陳曉前任職的廣東廣播電視台的朋友，一直到深夜還在給我發微信，對事件感到非常不滿，甚至憤怒：

「香港記者有什麼權力盤查同行？太不知所謂了！」

「不是新聞自由嗎？怎麼輪到他們來審核身份？香港怎麼會變成這樣？」

「港媒對內地記者的敵意，不難揣度他們的傾向性，其報道的可信度自然大打折扣了」。

還有一些更激烈的言論，我完全能夠理解廣東同行的心情。將心比心，香港不少媒體機構也有派駐內地的記者，如果香港記者遭到內地同行類似不禮貌對待，相信香港業界也會「敵愾同仇」。到了周三，全國記協發表聲明，強烈譴責少數香港媒體記者粗暴侵犯記者正當採訪權益行為，顯然，事件已驚動北京。

事情因陳曉前在記者會拍攝其他記者引起，「是不是兩地記者採訪文化不同引起誤會？」有記者問我，的確內地和香港媒體採訪文化有所不同，但關鍵不在這裏。香港記者採訪官方新聞，主要有兩種形式，一種是閉門的簡報會（Briefing），通常是特首或主要官員主持，邀請傳媒機構老總級或主管級人士出席，新聞處官員在簡報會開始前先提醒各人必須遵守約定俗成的「規矩」：不拍照不錄音錄影，不引述提出問題的人士，報道內容以「政府消息人士」代替特首或其他官員。

另一種是記者會，所有政府認可的傳媒機構均可派記者出席，電子媒體通常會做現場直播，主持人和提問題記者都攝入鏡頭，從來沒有問題，週二下午的警方記者會屬於這種形式。實際上，自六月份修例風波之後，在特首或警方的記者會上都有現場提問的記者被攝入鏡頭，有一次某台女記者當面大叫特首「講人話」的人像和畫面就直播出街。那麼，陳曉前在記者會上拍其他記者，一些本地記者憑什麼對她盤查質問？

其實，根本原因可能是有人心虛。多場記者會所見，一些記者擺明車馬充當示威者代言人，將記者會變成示威抗議場合，正所謂自己知自己事，因此對被拍照十分敏感。上次一名香港中通社女記者就遭示威者圍堵，加上現場一名香港電台記者「助紂為虐」，被迫當眾銷毀所拍照片，這次有些人見到拍照的陳曉前並非熟口熟面，便疑神疑鬼，再演恃眾欺凌。這種恣意侵犯同業的採訪自由、粗暴無禮的做法，實在令香港新聞界蒙羞。

陳曉前在事發時表現不俗，當時現場氣氛充滿敵意，基本上無法拒絕對方的無理要求，她明顯感受到壓力但尚算淡定，從手袋中掏出一張

名片，在旁的警務人員拿過去給眾人「驗證」，多名記者一擁而上用相機和手機爭相拍攝陳曉前的名片。我很不理解，為何在場警方人員對這種明顯無理要求無動於衷，甚至提供協助？香港記者當著警方的面盤查內地記者的身份，這種做法合適嗎？

眾所周知，大部分香港傳媒早已歸邊，客觀公正的報道實屬稀罕，這是香港新聞界的不幸，今時今日修例風波已經演變成一場空前的政治風暴，前線記者打工不易，各為其主亦見怪不怪，但既然身為記者，在新聞界打工，應該有起碼的職業操守，包括對同行的相互尊重，退一步說，你打份工，人家也是打一份工啊。事情既已發生，如果有些人願意承認行為過火傷害了內地同行，對當事人道一聲歉，那不失為亡羊補牢，古人說知錯能改，善莫大焉。

2019/8/23

巴士站人龍，那些不願被罷工的上班族

週一中午 12 點 25 分，終於到了辦公室，距離上午出門上班，足足將近四個小時，而平時路程只需 40 分鐘。路程還是原來的路程，但變得荊棘滿途，有人發起罷工，還要阻止別人上班。

我是早上八點半出門，下樓走到奧運站，等候進地鐵站的人龍從 A 出口一直排到中銀中心入口附近，排了十幾分鐘只往前挪動幾步，這時候聽見車站廣播「停止服務」，但人龍並沒有散去，過了一會兒，一名車站工作人員過來大聲宣布「本站停止服務，請大家改搭其他交通工具」，排隊人龍才解散，但很多人滯留在大堂，可能是在等待列車恢復服務吧。我步行十分鐘到奧海城二期前面的巴士站，打算改搭過海隧巴，在 904 和 905 號過海隧巴站頭，排隊的人龍打蛇餅，烈日當空，無遮無掩，站了十幾分鐘就汗流夾背，回頭一看，人龍一下子長了很多，目測至少有過百人，小巴站和的士站也大排長龍，大部分看上去是上班族，也有個別長者，一名洋婦帶一對年幼子女也在排隊，但不久就離開了。人龍移動很緩慢，因為車很少，有的車經過因為滿載不停站。大家默默排隊，低頭看手機，接近中午的太陽暴曬如火烤，很多人和我一樣滿頭大汗，但沒有聽到一句怨言。大約排了兩個小時，我的腰疾舊患開始痛得有點站不住，忍不住給朋友打電話，朋友勸我不如請假回家休息，我告訴他，腰痛得無法走十幾分鐘回家，更重要的是，我今天一定要上班。過了一會兒來了一輛 904 號過海巴，很多人從中門擠上車，一位排在我前面的阿婆好不容易擠上去站在靠近車門位置，看見我沒能上車，對我說：「你先上吧，我不急」，然後下車把位置讓給我，我說一聲「謝謝」就擠上車。

「阿婆一定是聽到你和朋友的電話交談，所以同情你」，中午吃飯時，C 小姐聽了我的上班故事，十分感慨，加了一句：「其實香港人好 respect 自己份工」，我聞此言立即對她作出一個點讚的手勢！那些在

烈日下排隊兩三個小時等搭巴士上班的人，很明顯是尊重自己份工。敬業、尊重自己的工作，是香港人的傳統，對於五、六、七十年代出生的香港人，有什麼事情重要過份工？緊要過返工？在座的 D 先生和 J 小姐，周一為了避開罷工影響，提早一個鐘頭出門，提前到達公司上班。大集團主管級的 C 小姐不揸車改搭渡輪過海，同樣避開地鐵列車和巴士交通被示威者堵塞的影響。T 小姐和我一樣受地鐵停止服務影響，她選擇先回家稍作休息，避過人潮高峰期後改搭巴士上班，雖遲到兩個多小時，但獲公司諒解。這幾個朋友對政府頗多不滿，有的同情年輕人，但他們都 respect 自己份工。

可是現在香港人連尊重自己份工的自由都受到威脅，甚至被剝奪。黑衣人示威者發起本週一「三罷不合作」運動，地鐵作為最重要的公共交通工具，首當其衝成為狙擊目標，共八條地鐵線受阻癱瘓，黑衣人以各種手段阻止列車行駛，有人按動紅色緊急掣，有人阻擋車門，有人將單車、手推車、鐵枝拋落路軌，這些人為達目的，完全罔顧乘客和市民安全。不少市民為了維護上班權利，為了趕開工搵食，與黑衣人爆發激烈爭吵甚至肢體衝突，有市民大聲斥問搞事者：「你哋要罷工冇人會阻止你哋，但我哋要返工搵食，點解你哋要阻止我哋？你哋後生仔唔憂柴唔憂米可以罷工，我要搵錢交租要食飯，點解唔畀我開工」？這市民所言極是，道理其實很簡單，香港是自由社會，你有罷工的自由，我也有返工的自由啊！民主的常識，就是伏爾泰所說的「我不同意你的觀點，但我誓死捍衛你表達觀點的權利」，但是今日的香港，卻是我要罷工，你也不准上班。示威者所謂的不合作運動，實際上是強迫別人合作，少數人罷工，大多數人就要被罷工。可是這些人卻口口聲聲要求民主，更認為自己是在為別人為下一代爭取民主。

筆者近日收到不少海外和內地朋友問詢平安，不少本地的朋友也開始對香港失去信心，我雖憂心，但不失信心，香港更壞的情況也經歷過，這次也不會倒下。那些尊重自己份工的打工仔上班族，是香港社會繁榮穩定的堅實基礎。

2019/8/9

心的呼喚 愛的奉獻

「十年，古人說十年樹木、十年磨一劍，而有一位慈善家十年如一日，把自己的關愛獻給先天性心臟病的孤貧兒童，十年拯救兩萬五千人，平均每天有七個小朋友的生命被改變」，這是上周三 (17 日) 我在亞博館主持「李家傑珍惜生命基金 2019 年夏令營香港分享會」的一段開場白，台下有來自甘肅、陝西、河北、河南、湖北、湖南、遼寧、貴州、雲南、廣西等省區共一千兩百多名小朋友及其家長，他們當天上午分別乘坐約三十部大巴從珠海經港珠澳大橋，相聚東方之珠香港。見面會開始之前，我在會場驚喜地見到兩個熟人：八歲的盧泉霆小妹妹和她的叔叔，去年初冬我和一班香港義工曾經到西北黃土高坡的甘肅通渭縣，翻山越嶺到盧家探訪，身患殘疾的盧家叔叔激動地說，真不敢相信能夠來到香港，更沒有想到會在這裡遇見熟人。

這是李家傑珍惜生命基金第五年舉辦夏令營、第一次在香港舉辦分享會，前四次夏令營見面分享會地點分別在北京 (清華大學)、成都 (四川大學)、珠海 (北師大) 和深圳 (深圳大學)。雖然只有短短幾天，但能來到大城市，還能見到大愛廣施的李叔叔，對這些曾經得到基金會救助過的山村孩子和陪同前來的父母，可能是畢生難忘的經歷。今年是李家傑捐資救助內地先天性心臟病孤貧兒童的第十年，迄今共有兩萬五千多名孩子受惠，涉及善款數以億元人民幣，因此今年分享會的主題是「十年」。

下午兩點多，基金會創辦人李家傑先生及家人一行來到會場，和往年一樣，李家傑上台與孩子們對話，參加對話的五位小朋友最小八歲，最大的十九歲，當中有兩名大學生，她們是十年前首批受助的孩子。五位小朋友都有和李家傑通信並且互加微信聯絡，此刻他們遠道而來，要向李叔叔訴說夢想、表達感恩。來自河南鄧州的 12 歲小女孩王可新，三歲時父親因病去世，母親離家出走，她和當時未滿一歲的弟弟跟爺爺奶奶一起在農村生活，不久可新被診斷出患先天性心臟病，幸得李家傑

先生透過基金會資助，經過手術和治療後完全康復，現在上小學五年級。從小失去父愛和母愛的可新在與李家傑先生的通信和微信聯絡中，一直稱呼李家傑為「李爸爸」，去年李爸爸派人專程到可新家裡為她舉辦了人生第一個生日派對。在見面會上，當她輕輕喊一聲「李爸爸」，和李爸爸緊緊擁抱之後，已經哭成淚人，情緒激動久久不能平復，李家傑一再輕拍她的手和肩膀，給予安慰。見面會結束後我才知道，台下不少家長和來賓被這一幕感動落淚。

李家傑在會上宣布，未來四年，即在他六十歲時，將再救助兩萬五千名患先天性心臟病孤貧兒童，換言之，未來四年每一天將資助 17 名孩子到相關醫院做心臟病手術。此外，李家傑還設立專項獎學金和學習幫扶計劃、農業脫貧扶持計劃，全方位幫助這些完成手術恢復健康之後的孤貧兒童成長、成才。會上啓動基金會與「流利說」的合作計劃，為了讓孩子們能夠上網學習英語，所有出席見面會的孩子都獲李家傑贈送一部紅米手機。

作為一名工作人員，每年夏令營我總是不由自主想起韋唯的成名曲《愛的奉獻》：「這是心的呼喚，這是愛的奉獻，死神也望而卻步⋯」。我有幸見證並且分享這份十年如一日的大愛，化作一批又一批來自內地東南西北的孩子們的健康和歡笑。我相信每一次分享會，都是一次緣份的安排，如果說沒有緣份，如何解釋每年不同的面孔相聚一起，有同樣的感受和同樣的歡樂？我還見證了被分享會感動感召的一批又一批香港愛心人士和機構代表，加入李家傑珍惜生命基金和愛佑慈善基金李家傑名下的救助計劃和幫扶計劃，像理文造紙主席李文俊、世紀城市副主席羅俊圖、順豐創辦人王衛、旭輝主席林中和林峰、流利說創辦人王翌、培力控股主席陳宇齡等，還有很多很多知名和不知名的愛心人士，還有瑞銀慈善基金以及各個合作醫院等等，我相信這也是緣份，一切緣於愛。

亞博館分享會上，一群小朋友上台唱起筷子兄弟的《父親》：「微不足道的關心，收下吧⋯⋯」，這句歌詞，難以忘懷。

2019/7/26

教育之道，唯變不變

　　當今教育的責任和挑戰是什麼？這個問題很大，也很重要。上周四一大早匆匆趕到黃竹坑，出席益利樂生教育基金暨漢鼎書院主辦的「一帶一路大灣區教育高峰論壇」，論壇主題就是「當今教育的責任和挑戰」。出席論壇人數不算多，但講者都是香港和內地的教育界專家，有港大專業進修學院榮休院長、漢鼎書院董事局副主席楊健明教授、港大教育學院趙振洲教授、浙江大學教育學院吳華教授、常熟世界聯合書院副校長李萍老師、深圳職業技術學院經濟學院副院長胡延華教授等，主辦方徐莉女士是華中師大校友，囑我「一定要來捧場啊」，這樣難得的學習機會，我當然不會錯過。

　　教育是百年大計，所謂百年樹人，而即便不是教育專家，純以個人經歷也不難感受到，每個時代教育的責任和挑戰都不同，我們這一代上學的時候，學校環境、教材內容，教育理念和教學方法都與今天有很大不同。作為傳媒人，我認為當今教育的責任和挑戰是什麼，這個問題不僅教育界需要思考和回應，全社會也需要共同面對，尋求因應之道。借出席論壇的機會，我提出兩個困惑，向專家求教。

　　困惑之一是，全球化背景下的學習動力和教育意義還存在嗎？過去二三十年，全球化浪潮席捲全世界各個角落，美國專欄作家佛里曼（Thomas L. Friedman）在二〇〇五年出版的《世界是平的》一書寫到自己給兩個女兒的忠告：「小時候我常聽爸媽說，『兒子啊，乖乖把飯吃完，因為中國和印度的小孩沒有飯吃。』現在我則說，『女兒啊，乖乖把書唸完，因為中國和印度的小孩正等著搶你的飯碗』」。佛里曼指出了全球化對年輕一代的挑戰以及由此轉化而成的學習動力，奧巴馬當選總統後曾經引述佛里曼這段非常勵志的話來激勵美國大學生，告誡美國年輕一代必須不斷提升自己，否則在全球化的競爭環境下會被淘汰。

　　在《世界是平的》出版的四年前，中國加入 WTO，為全球化發展注入前所未有的巨大動力，中國經濟也從此進入高速發展的軌道。今天我們重讀佛里曼這段內容，有一種仿若隔世的感覺，因為特朗普告訴美國人：你們失業或找不到工作，不是因為你們做得不夠好或不努力讀書，而是中國人用不公平的手法搶走了美國人的飯碗。奧巴馬鼓勵美國年輕人與中國和印度的年輕人在全球化舞台上競爭，而特朗普則說我們不要和他們競爭，除非中國和其他國家改變做法，服從「美國優先」的原則。

　　全球化不僅指生產、供應、市場、資金，也包括教育。這次論壇的主禮嘉賓、中聯辦教科部部長蔣建湘致辭時透露，去年中國內地有逾六十萬名莘莘學子負笈海外，而美國每年接收的一百萬多名外國留學生當中，大約三分之一來自中國內地，每年數十萬計的中國留學生，有的學成回國效力，也有的留在海外發展，這是全球化背景下教育的重要成果。但特朗普上台後，美國一夜之間從全球化的推手突然變成反全球化的黑手，華府正在收緊接收來自外國特別是中國留學生的政策，連佛里曼對中國的態度也有所改變，這是否意味他在書中所描述的過去二三十年來，因應地球村競爭而產生的全球化教育和學習，將會或者已經失去意義？

　　與全球化的倒退趨勢相反，AI 時代似乎正加快步伐，我們可以聽到 AI 正在「咚咚咚」敲門。AlphaGo 擊敗了世界圍棋冠軍，人類最後的智慧堡壘被人工智能攻破了。哈拉瑞（Yuval Noah Harari）在去年出版的新著《21 世紀的 21 堂課》中警告：我們正面臨人類系統性大規模失業的危機，他對下一代說：「等你長大了，可能沒有工作」。沒有工作，這可能是 AI 時代教育的最大挑戰，不過哈拉瑞認為，在 AI 時代，要保護人類，而不是保護工作。老師最不需要教給學生的，就是更多資訊，學校別太看重特定的工作技能，例如解微積分程式、用 C++ 寫電腦程式，因為到二〇五〇年，AI 比人類更會寫程式。「改變是唯一不變的事」，哈拉瑞說。相信有不少人和我一樣感到困惑：在 AI 時代，DSE 考什麼？高考狀元的標準是什麼？教育的責任又是什麼？

2019/6/14

港事國事天下事，以史為鏡

近日朋友飯局，話題離不開修訂逃犯條例和中美貿易戰，說起前者，立場涇渭分明，說起後者，一面倒不滿「侵侵」（香港人給特朗普起的花名）欺人太甚，害己害人，炒股的朋友更是一臉愁雲。

關於修訂逃犯條例，茲事體大，建制「泛民」兩派角力乃是意料中事，飯局中人有不同立場各自堅持，不過，無論立場如何，對於修例一役搞到議事廳烏煙瘴氣，開會變成包圍和保護主持人的攻防戰，不只一人送院，多人報警，飯局上各人都搖頭慨歎，擔心香港立法會一夜之間變成台灣的「立法院」，或如石禮謙所講，立法會變成「馬戲團」，如此下去，會將不會！

八十年代台灣的「立法院」幾乎天天打鬥，被稱為「暴力院」，其中最為人熟悉的名字叫做朱高正，經常在鏡頭前拳打腳踢，與執政黨「立法委員」大打出手，這位研究康得哲學的德國博士，當年有份創建民進黨，以其勇武強悍作風成為反對派的「戰神」，後來因反對「台獨」，與民進黨分道揚鑣。兩年前某日朋友邀請與來港的朱高正吃飯，在飯局上與朱高正重提舊事，一頭白髮的他答以微笑，似給人一笑風雲過的感覺。近日朱高正在他主持的電視節目，公開支持習近平主席提出的「一國兩制」，支持兩岸和平統一。

香港人過往在電視上看到台灣「立法院」打鬥場面，是當作負面新聞，有點看鬧劇的心態。近年香港反對派與台灣綠營交往甚密，有人學得三招兩式，現在照搬到立法會，未來立法會暴力抗爭有可能常態化，甚至進一步升級，外界對香港立法會，乃至對香港的觀感，必然會受到影響。再過十年二十年，某些人回看今時今日的自己，會不會如朱高正般，覺今是而昨非？

　　至於中美貿易戰，眾人矛頭一致指向特朗普，皆因前一陣子在每一輪中美談判前後，特朗普都放好消息，月初第十輪談判結束，美國代表團返美之後，特朗普繼續發放正面消息，讓人覺得談判取得成果，中美兩國元首即將會面簽署協議，孰料不到兩天，特朗普突然變臉，在新一輪談判前宣布對兩千億美元的中國貨物加稅至百分之二十五，全世界被打個措手不及，美股港股應聲大跌，市場信心跌至近期低點，股民欲哭無淚。緊接著，特朗普宣布準備對餘下三千二百五十億美元的中國貨品徵收百分之二十五關稅，但話剛說完，又稱會在恰當時候與中國達成貿易協定，究竟這個美國佬玩什麼花招？似乎沒有人能找到答案，除了特朗普自己，甚至可能連他自己也未必知道呢。

　　手機每天都收到不少關於中美貿易戰的信息，一些所謂專家認為中美必有一戰，有人更將目前的中美關係與當年抗美援朝相提並論。也有一些比較理性冷靜的言論，認為中國面對態度強橫出拳兇悍的特朗普，當以柔克剛，和對手鬥耐性，我對這種觀點頗為認同。中美大國博弈背景複雜，中國目前處於守勢是不爭的事實，但特朗普想徹底打垮中國，也決無可能做得到，解決中美兩個大國的矛盾，不應該以打敗對方為目標，否則會引起天下大災難，因此必須尋求和解之道。

　　某日收到朋友轉來哈佛大學教授格雷厄姆·艾利森（Graham Allison）在 TED 一次演講的視頻，內容十分精彩。艾利森教授是蜚聲國際的政治與國際關係理論權威、哈佛大學甘乃迪政府學院首任院長，他在二〇一七年出版的《通往戰爭的命運：中美能否避免修昔底德陷阱？》（Destined for War：Can America and China Escape Thucydides's Trap？），是近年研究中美關係最重要的作品之一。在十八分鐘多一點的視頻中，艾利森教授透過形象的對比手法，告訴聽眾，四十年前每十萬人當中百分之九十每天薪酬不足兩美元的中國，四十年後發生了什麼變化，又以劍橋大學窗外一座橋的重修工程與北京三元橋的重修工程做比較，前者花了兩年又兩年還沒有完成，最後工程完工比預算超支三倍，而後者只花了一四十三個小時。艾利森教授稱習近平是當今國際舞台上最有雄心和最有競爭力的領導者。面對今天中國崛起、

美國第一的地位受到挑戰的局面，這位研究修昔底德理論的權威學者提問：「美國人和中國人難道就打算讓歷史的車輪，載著他們駛向對任何人都沒好處的災難戰爭嗎？又或，我們能夠喚起想像力和勇氣，尋找一條共生之路，分享二十一世紀的領導權力……」大師之見高屋建瓴，充滿睿智，可是，特朗普會聽得進去嗎？

2019/5/17

兩岸變局

美國再打「台灣牌」已技窮

　　香港的疫情時好時壞，近日限聚令稍稍放鬆，各種飯局漸多起來。日前一個飯敘中談及台海話題，大家覺得遲早會「有事」，正如《經濟學人》所指：台海是地球上最危險的地方。有商界朋友一口氣提出三個問題：大陸在何種情況下會打台灣？如果大陸打台灣，美國會否出兵介入？如果美國介入，結果會如何？座中有兩岸問題專家和資深傳媒人，大家七嘴八舌，喝完兩支紅酒，找到一個共識：在兩岸問題上美國勢將進一步向「台獨」勢力傾斜，但又不會讓「台獨」成真，而美國打「台灣牌」對北京的影響愈來愈小。

　　蔡英文民進黨當局想要「台獨」，這是和尚頭上的虱子——明擺著，拜登政府上台後繼續打「台灣牌」，令一度因特朗普落敗感到沮喪的蔡英文，再度受到「鼓舞」。就在上月，蔡英文以書面支持一個主題為「台灣國家正常化」的論壇，聲言「國土主權、寸步不讓」，賴清德更在會上宣稱「台灣是主權獨立的國家，與中國互不隸屬」，這番赤裸裸的言論，立即遭到北京國台辦的痛斥，發言人馬曉光指民進黨「謀獨挑釁」是「台海和平穩定的最大亂源，是威脅台灣同胞利益福祉的毒瘤」，筆者印象中，大陸首次用「毒瘤」來形容「台獨」勢力挑釁。眾所周知，如果一個人身上長了毒瘤，唯一辦法就是用外科手術將之切除。

　　不過近日美國官員的言論，似乎想為台海局勢降溫。國務卿布林肯在出發到倫敦出席 G7 外長會議前接受 CBS 專訪，被問及在台海問題上美國是否要與中國走向軍事對抗，布林肯說：「這對中國和美國利益都極度不利，要是走到那一步的話，甚至往那個方向走都不好」。另一名拜登外交重臣白宮印太事務官坎貝爾（Kurt Campbell）在本周二說得更直白，他稱美國不會明確聲明在中國進攻時願意保衛台灣，因為這樣的做法有「重大缺點」。坎貝爾認為「戰略清晰」不如一直奉行的「戰略模糊」有利。過去美國從來沒有明確表態，會在中國攻擊台灣時進行

軍事干預以保護台灣。坎貝爾還說，美中在台灣問題上的任何衝突都不可能被控制在一個小的地理區域。他坦承：「我認為衝突將迅速擴大，從根本上破壞全球經濟，沒有人能夠真正預測」。

坎貝爾上述言論，顯然是回應近期《經濟學人》對於美國是否會由「戰略模糊」轉變成「戰略清晰」的關注，美國不會承諾軍事保護台灣，正是「戰略模糊」的核心內容。坎貝爾被視為所謂親台人士，此番言論肯定不會是台灣當局希望聽到，也許華府真的擔心蔡英文不受控制，所以像當年對阿扁那樣公開敲打一下。

但另一邊廂，華府又一再變相鼓勵「台獨」勢力挑釁大陸。就在幾天前，台灣駐法國代表應邀進入美國駐法大使官邸，雙方高調舉行會晤，此舉打破自一九七九年以來美方不與台灣進行官方往來的慣例。此外，在倫敦 G7 外長會議上，一如所料美國和西方盟友繼續炒作涉港涉疆和涉台問題。華府搞兩面手法，其目的就是想借「維持台海現狀」之名，讓台灣繼續

■ 在倫敦 G7 外長會議上，一如所料美國和西方盟友繼續炒作涉港涉疆和涉台問題。

作為美國與中國角力的一張牌。

但是，對北京來說，美國究竟是「戰略模糊」還是「戰略清晰」，也許已經不重要。筆者曾經在本欄《兩岸關係進入促統新階段》一文指出，促進海峽兩岸統一，實現中華民族偉大復興，已成為中共全黨的一項任務，白紙黑字寫在五中全會報告上，昭告天下，促統是爭取和統也不排除武統。所以，無論美國「戰略模糊」也好，「戰略清晰」也好，恐怕都難以改變或影響北京既定的「抑獨促統」戰略部署。可以說，對中美關係而言，美國打台灣牌已經技窮，不會有太大作用。

　　回到本文開頭提及的問題之一：如果大陸武統台灣，美國軍事介入，結果會如何？其實，全世界都不會懷疑，以大陸今時今日的軍事實力，要武統台灣沒有太大技術難度，但北京明白兩岸和平統一才是中華民族之大幸，可惜蔡英文當局的所作所為，正在令和平統一的機會趨於渺茫。至於如果中美在台海發生衝突又如何？正如坎貝爾所說，一旦衝突將很難受控，而是將「迅速擴大，從根本上破壞全球經濟，沒有人能夠真正預測」。既然無法預測，又沒有承諾，美國軍事介入台海衝突的意願有多大，其實不難評估。

2021/05/07

兩岸關係進入促統新階段

　　春節期間和台灣的朋友電話拜年，彼此都祝願「兩岸和平」，雖然似乎是每年「例行」的祝語，但回望過去一年台海風風雨雨，「兩岸和平」四個字實在彌足珍貴。美國智庫外交關係協會（CFR）發表的二〇二一年報告《預防優先次序調查》，首次將台海危機列為「全球潛在衝突中最高級別」。慕尼黑安全會議主席伊辛格（Wolfgang Ischinger）日前表示，當今全球政治軍事衝突風險最高的地方在台灣。在這些歐美學者心目中，目前台海和平的局面，就像一個弱不禁風的病人，隨時會倒下。不過，今年的台海已不是去年的台海，局勢正在悄然發生變化，我有一種感覺，為了兩岸長久和平，該來的終歸要來。

　　過去一年多，是近四十年來兩岸關係最惡劣、兩岸局勢最令人擔心的一個時期，台灣方面，蔡英文為拯救自己的選情，公開、高調插手香港「修例風波」，不遺餘力將「一國兩制」妖魔化，更公開為香港黑暴逃犯提供庇護，徹底和大陸撕破臉。另一方面，美國特朗普當局為抑制打壓中國，三管齊下狂打「台灣牌」，一是瘋狂賣武器給台灣，不到兩年內九次對台售武；二是推出並通過《台灣旅行法》、《台北法案》等法例，突破中美三個公報的原則；三是派高官到訪台灣，為民進黨當局打氣。此外，美國軍艦更多次到南海、台海進行耀武航行，在去年美國大選前夕，美國和國際輿論不少人擔心不擇手段的特朗普為挽救選情會不惜鋌而走險，在台海或南海製造「十月驚奇」，幸好最終只是虛驚一場。台灣有人認為，過去一年是「台獨」的難得機遇，大陸則有人認為，去年是武統的最佳時機。但無論如何這一頁已經翻篇，台海依然在那裏。

　　踏入二〇二一年，世界局勢已是另一番光景，最重要的變化是，拜登上台後，美國對華政策回歸理性，中美關係出現緩和跡象，白宮發言人和美國國務院都公開表明繼續支持一個中國的立場。拜登表明他的治國重點，首務是抗疫、振興經濟和修補社會撕裂推動團結，他將中國視

為高度競爭對手,但中美不衝突,強調在氣候等問題上會與中國合作。拜登等於宣布,中美在台海發生擦槍走火的警報已經解除。兩岸朝野也都明白,至少今年內,美國應該不會在台海搞事。

對於台北當局某些熱切盼望中美衝突升級、以趁機實現「台獨」夢想的政治人物來說,既對特朗普的鷹派政府下台感到無奈和失落,亦對拜登的對華政策深感失望。蔡英文在春節前少有地向對岸人民拜年:「祝福對岸人民新春安康,也希望促成兩岸和平穩定」,而在幾個月前,面對四十年來首名訪台的華府高官克拉奇,蔡英文躊躇滿志說,台灣已經準備好,「有決心踏出關鍵一步」,就差沒有把話挑明。蔡英文語調的前後變化,不僅因為過節,更因為時勢,畢竟她比賴清德、蘇貞昌之輩更加清醒。

但是,台海和平的陰霾仍在。特朗普在任時簽署的《台灣旅行法》等法例依然有效,無論是共和黨執政或是民主黨上台,華府打「台灣牌」的國策不會改變,只是手法有所不同,美國國會一些反華政客更不會放過任何玩「台灣牌」的機會,而台北當局也會繼續推動「去中國化」教育,深耕「台獨」土壤之餘,亦埋下台海衝突的火種。要確保台海長久和平,唯有實現兩岸統一。去年十月中共五中全會公報提出「推進兩岸關係和平發展和祖國統一」,意思非常明確,就是指推進兩岸和平發展和祖國統一,已經成為中共全黨的一項任務。當然這不可能是今年之內可以完成,所謂任重道遠,但也不會是遙遙無期。不少觀察家留意到,五中全會提「祖國統一」而非「祖國和平統一」,是留一手。

如果說過去一兩年是特朗普和蔡英文頻頻出招,我的預感是今年開始可能要換大陸露兩手。所謂風水輪流轉,今年是牛年,牛轉乾坤,北京如何「推進」兩岸和平發展和祖國統一,台北當局方面如何接招,是堅持不變應萬變,還是面對現實知所進退?而自稱繼承國父孫中山道統的在野黨中國國民黨恐怕也無法迴避,是放棄初心徹底本土化,還是重拾黨魂浴火重生?這些應該是今年兩岸關係的重要觀察點。

2021/02/19

新冠污名化能撐多久？

　　入主白宮一個多星期的拜登總統簽署一項備忘錄，譴責在新冠肺炎疫情期間針對亞太族裔的歧視排外行為，並下令聯邦政府及機構停止使用種族歧視語言描述新冠病毒，意味美國當局將拋棄特朗普政府經常使用的「中國病毒」、「武漢病毒」、「功夫流感」等。拜登在備忘錄指，將新冠病毒與地域掛鈎的言論，對推動仇外情緒造成影響，這些言論煽動針對亞太族裔的恐懼和污名化。筆者在兩個月前美國大選結束後於本欄撰文《至少拜登不會說「中國病毒」》，拙文成功「猜中」純屬撞彩，但拜登糾正特朗普對新冠病毒的稱呼，並非一件小事，而是新一屆華府重拾理性對待中美關係的開始。

　　但是在台灣，民進黨當局一直以「武漢肺炎」稱呼世衛組織定名的「COVID-19」病毒，在獲悉拜登上述禁令之後，當局回應當地媒體查詢時仍堅稱「武漢肺炎」並非歧視或有成見，而是約定俗成的名稱。據悉蔡英文近日在公開場合已改口稱「COVID-19」，但其辦公室的新聞稿、發言人以及副手賴清德仍繼續使用「武漢肺炎」，民進黨前天（二十七日）記者會仍稱「武漢肺炎」。綠營當局拚命想進入世衛，即使能當觀察員也好，還說台灣加入世衛是為了全球抗疫，但為何不願意跟從世衛對新冠病毒的正式命名？甚至在白宮主人也改口之後，民進黨依然嘴硬死撐？原因其實很簡單，就是要煽動仇視大陸的情緒。這種做法不僅非常不智，而且令人擔心。

　　拜登總統的核心幕僚艾利森（Graham Allison）日前接受台灣媒體訪問時表示，未來的中美關係最令他擔心的爆點就是台灣，他稱在台灣可能發生的意外、事件，甚至挑釁，都會引發連鎖效應，最後甚至會把中美都捲入災難性的戰爭中，而台灣和其他各方成為犧牲品。艾利森曾經在列根政府和克林頓政府擔任要職，是研究「修昔底德陷阱」的權威，在特朗普上台之後出版的《中美注定一戰——中美能避免修昔底德

陷阱嗎？》一書中，艾利森論述中美矛盾衝突的必然性，以及兩國領袖應該發揮智慧，避免發生災難性的中美一戰。民進黨當局一意孤行堅持稱呼「武漢肺炎」，暴露出不知進退的魯莽輕率，證明艾利森對台灣局勢的深深憂慮，絕非無的放矢。

美國擔心台灣當局的挑釁令美國捲入與中國的災難性戰爭，其來有自。近日港台三十三頻道轉播內地中央電視台四十集電視劇《跨過鴨綠江》，提及一九五〇年爆發朝鮮戰爭期間，蔣介石向聯合國軍總司令麥克阿瑟主動請纓，提出派軍五十萬到朝鮮半島參戰，但杜魯門擔心會令美國與剛成立的中華人民共和國爆發全面戰爭，影響二戰後美國的全球戰略，因此堅決拒絕台灣摻合朝鮮戰場，並且將桀驁不馴、公開宣稱要與中國開戰的麥克阿瑟革職。二十多年後，華盛頓更拋棄台灣與北京建交。踏入二〇〇〇年，民進黨阿扁上台之後推動法理「台獨」，導致台海緊張局勢升溫，華府不滿中美關係的戰略部署受到干擾，結果阿扁被白宮主人斥為「麻煩製造者」，下台後以入獄收場。現在民進黨當局的所作所為引發大陸強烈反彈，解放軍戰機頻頻飛越台海中線，大陸民間「武統」之聲空前高漲，台灣再次成為美國的憂慮。

艾利森深知台灣問題在北京心目中的重要性，而在美國心目中，台灣不過是經常用來向中國施壓的一張牌，但過去四年特朗普打牌不講章法，民進黨當局受到前所未有的鼓舞越走越遠，一再挑戰北京的容忍度。現在白宮換了主人，拜登視中國為美國「最大競爭者」，白宮發言人強調處理中美關係需要「耐心」，中國駐美大使崔天凱則呼籲美方在耐心之外，再加上理性和誠意。種種跡象顯示，一度令全世界擔心可能失控的中美衝突有望降溫，但此時此刻，台北當局卻連一句「武漢肺炎」也不願意改口，照此下去，蔡英文會不會也像阿扁一樣，被華府視為「麻煩製造者」？不過，可能艾利森最擔心的是，在華府斥止台北當局挑釁之前，北京已經忍無可忍斷然出手，令美國被迫捲入。且看民進黨的「武漢肺炎」還能撐多久？

2021/01/29

123

訪台行程取消的歷史解讀

俗話說：「面是人家給的，架是自己丟的」，台灣的蔡英文當局剛剛在全世界面前丟了架。

話說上周任期只剩下沒幾天的蓬佩奧突然宣布，美國駐聯合國大使克拉夫特（Kelly Craft）即將訪問台灣，隨後美國在台協會（AIT）發出新聞稿，指克拉夫特將於本月十三至十五日訪問台灣，十四日將在「外交部」外交及國際事務學院發表演說。消息傳出，民進黨當局立即表示歡迎，發言人指「象徵台美全球夥伴關係進一步提升」，蔡英文更聲稱克拉夫特訪台之行將成為「重要里程碑」云云。但幾天之後，台北當局接到美方通知，克拉夫特不來了。如此重要的「里程碑」，就這樣尚未出現已經消失。過了一天之後有媒體透露，原來是蓬佩奧訪歐計劃被歐洲拒絕，太沒面子，需要找個理由給自己下台階，就以要確保下周拜登就職禮政權交接順利為理由，宣布取消所有官員外訪活動，包括克拉夫特的訪台之行。蓬佩奧一句話，令台北當局空喜一場，白忙一場，更成為自作多情的「台美全球夥伴關係」的最佳註腳。

隨著中美交惡，特朗普一而再打「台灣牌」挑釁北京，蓬佩奧在下台之前匆匆安排克拉夫特訪台，當然是想利用最後機會為中美關係再打一支毒針，令拜登一上台就要面對更加險惡的兩岸關係，蔡英文當然明白蓬佩奧的目的，而這也是綠營當局求之不得的，雖然美方是單方面宣布克拉夫特訪台之行，然後才知會台北當局，但蔡英文當局毫不介意，甚至喜出望外。幾天之後又是美方單方面宣布取消克拉夫特訪台行程，台北當局也只能無奈表示理解。整件事情由始至終，蔡英文就像一個站在主人身旁陪笑的下人，被呼之即來喝之即去，哪裏有什麼對等、尊嚴、尊重？

但在兩岸問題上，對等、尊嚴和尊重這幾個詞經常被台灣方面掛在嘴邊，視之為「原則」，就在幾個月前的「雙十節」，蔡英文發表演說

國運
你信
不信
？

時表示,「在符合對等尊嚴的原則下,願意共同促成有意義的(兩岸)對話」。顯然,在面對美國人時,所謂對等尊嚴之類,對於蔡英文而言統統不重要。

其實,自從兩岸恢復接觸以來,從談判達成「九二共識」、汪辜會談,到胡連會、習馬會,台灣方面提出的所謂「對等」、尊嚴的要求,都得到大陸方面充分的尊重,說白了就是北京給足台灣面子。蔡英文曾在一九九八年作為辜振甫代表團隨員訪問大陸,對此應該有切身感受。筆者九十年代曾經在北京採訪海協會和海基會關於兩岸事務性會談,北京方面在所有安排,包括雙方人員層級、座位、出場、講話的先後、握手方式等,都盡量照顧對方,力求做到「對等」和互相尊重,在場的海內外記者對此印象深刻。馬英九口述的《八年執政回憶綠》一書披露,在兩岸雙方人員商討「習馬會」具體安排時,台灣方面特別強調要體現雙方互相尊重、「對等」尊嚴,而大陸方面也給予充分尊重,那幅習、馬兩位領導人在大批中外記者鏡頭前共同揮手的照片,就是一個中國海峽兩岸互相尊重的經典之作。

蔡英文上台之初本來有機會得到大陸互相尊重,但卻堅持不承認「九二共識」,更甘當特朗普蓬佩奧敵視中國的一隻棋子,挾美推「獨」,與大陸撕破面子。但事實證明,蔡英文在美國人面前也得不到起碼的尊重。其實,自國民黨退守台灣,美國一直把台灣當作一隻棋子,從來就沒有給過台灣當局所謂尊重,無論兩蔣時代,還是李登輝、阿扁或馬英九當政時期。當年華府要與台北「斷交」與北京建交,國民黨當局只有接到華府知會的份,事前沒有半點商量。據錢復回憶,「台灣一直把美國視為亞太親密友邦與安全保障,是最忠實的反共盟友,美國片面宣布斷交,遭到背叛的心情有之,更多是對未來的不安。」現在蔡英文當局以為配合特朗普、蓬佩奧「反中」有功,以為建立了「台美全球夥伴關係」,可惜不過是一場美麗的誤會。克拉夫特訪台一事從頭到尾,證明台北在華府心目中的地位一直沒有改變,這不是什麼秘密,只是有的人視而不見。

2021/01/15

125

「台獨」清單 開弓沒有回頭箭

　　兩個月多前美國次卿克拉齊 (Keith Krach) 訪問台灣，成為四十年來首名訪台的華府最高級官員，民進黨當局對此十分鼓舞，蔡英文在會見克拉齊時脫口而出：「台灣有決心踏出關鍵一步」，此語一出引起輿論紛紛猜測，「關鍵一步」所指何為？蔡英文是在暗示願意配合美國，隨時採取台獨大動作嗎？其實，不論「關鍵一步」為何，蔡英文已經踏出危險一步。香港媒體報道，大陸正在研擬「台獨頑固分子」清單，未來將依據《反分裂國家法》、《刑法》及《國家安全法》等規範，對「台獨頑固分子」採取嚴厲制裁、繩之以法、並且終身追責。這條消息一出街，對兩岸問題稍有了解的人都知道，大陸開始反擊了，所謂開弓沒有回頭箭，預料相關行動陸續有來。

　　《大公報》11月15日引述「權威管道」消息，指為了反制台灣「台獨勢力活動猖獗、氣焰囂張、頻頻冒險挑釁」，大陸必須痛擊「涉獨言論囂張、謀獨行徑惡劣」的頑固分子，及其金主等主要支持者，因此中國官方正在研擬不同類型的懲戒措施，將以「分裂國家罪」進行處置。如果報道屬實，這份「台獨頑固分子」清單何時出台？哪些人會名列清單？大陸方面又會採取哪些手段依法懲處名單上的「頑固台獨分子」？

　　根據中國《反分裂國家法》第2條規定，「世界上只有一個中國，大陸和台灣同屬一個中國，中國的主權和領土完整不容分割，維護國家主權、領土完整是包括台灣同胞在內的全中國人民的共同義務。」第3條規定，「解決台灣問題，實現祖國統一，是中國的內部事務，不受任何外國勢力的干涉。」

　　另外，《國家安全法》強調，任何個人和組織違反本法和有關法律，不履行維護國家安全義務，或者從事危害國家安全活動，依法追究法律責任。至於「分裂國家罪」的具體懲罰，中國《刑法》第103條有規定，

「組織、策劃、實施分裂國家、破壞國家統一的首要分子」或罪行重大者，處無期徒刑或10年以上有期徒刑；「積極參加者」處3年以上10年以下有期徒刑；「其他參加者」處3年以下有期徒刑、拘役、管制、或剝奪政治權利。煽動「分裂國家、破壞國家統一」首要分子或罪行重大者，處5年以上有期徒刑；其他相關人士則處5年以下有期徒刑、拘役、管制或剝奪政治權利。

其實兩年多前，網上已流傳一份13名「台獨」分子撲克牌名單，明顯是仿照美國追緝九一一恐怖分子的做法，據說是內地某媒體的「創作」，13張「台獨」分子撲克牌的黑桃Q是蔡英文，黑桃K是蔡英文的上司兼師傅、幾個月前去世的李登輝，名單上還有蘇貞昌、賴清德、阿扁等人。這次倘若由官方正式公布清單，除已逝的李登輝之外，相信上述各人都夠「資格」上榜，一旦名單正式公布，相關制裁及全球追緝行動也會即時啟動，以中國今時今日的國際實力，清單上的「台獨」頑固分子恐怕這一輩子也難安寢。

其實兩岸原本可以避免走到這一步。蔡英文第一個任期之初，大陸是期待她對「九二共識」作出正面回應，蔡英文則採取模糊態度強調「維持現狀」，北京也耐心聽其言觀其行。但去年以來，蔡英文當局一反常態，連番挑釁，踩踏兩岸紅線。由於執政無方民望急瀉，蔡英文爭取連任陷入苦戰，面對來勢洶洶的藍營韓流，為了扭轉敗局，竟然肆無忌憚介入香港反修列風波，煽動仇中情緒，嚴重傷害香港社會。在中美關係問題上，特朗普同樣為了大選瘋狂攻擊、污蔑中國，在兩岸問題上無視中美三個聯合公報的「一中」原則，擺明車馬打台灣牌，蔡英文當局錯估形勢，以為「台獨」機會來了，挾洋自重有恃無恐，不顧兩岸和平現狀，在政治上軍事上全面配合華府敵視中國圍堵中國的反華戰略，甚至對訪台的美國官員當面說出「台灣有決心踏出關鍵一步」，企圖測試美方對其採取「台獨」冒險行動的反應。到了這一步，如果北京再不出手，沒有採取反制措施，恐怕很難不會令「台獨」勢力產生大陸束手無策的錯覺。

值得留意的是，北京擬列「頑固台獨分子」清單一事，目前只是《大公報》獨家消息，從某種角度理解，不排除有示警的意思。如果蔡英文真的如其在「雙十」演講所承諾的「不會冒進」，希望促成兩岸和解及和平對話，如果蔡英文真的想釋出善意，此刻對「台獨」踩煞車，採取實際行動為兩岸緊張局勢降溫，也許一切還來得及。

　　首先，蔡英文當局應立即停止操弄政治，允許陳同佳案疑兇入境自首。蒼天在上，作惡者必須接受懲罰，殺人疑兇受到法律制裁，死者在天之靈得以告慰，台灣當局亦可藉此修補因支持反修例暴力而傷害香港所造成的港台之間的裂痕，並且以此打破僵局，為兩岸三地疫後重啟人員正常交往創造條件。

　　其次，蔡英文在美國大選買特朗普連任，顯然已經押錯注。是時候認清美國打台灣牌的目的，只是利用台灣作為抑制中國的一隻棋子，無論特朗普連任還是拜登上台，期望美國為「台獨」護航只能是一廂情願，正如阿扁所說「台獨做不到就是做不到」。中美兩強角力，是本世紀最大的地緣政治，不是一場莊閒對賭，輕率押注，可能有「台灣不可承受的風險」。如果蔡英文當局明白這一點，則台灣幸甚，兩岸和平幸甚。

2020/12/10

深圳無障礙智慧化邁向新階段

　　一年沒有去過深圳了，有些想念。去年五月深圳市殘疾人聯合會在深圳衛視舉辦關於無障礙城市的宣傳活動，落實深圳市委市政府在二〇一八年十一月推出的《深圳市創建無障礙城市行動方案》，來自美國和北京、香港、台灣等地的特邀代表出席活動，我以一名香港媒體人的身份，分享二十多年來見證深圳城市發展變化的感受，特別是深圳近年在經濟高速發展之餘，高度重視關懷弱勢群體等城市文明建設，成績卓著。我參加慈善公益活動多年，藉此機會與內地相關機構和團體人士進行交流，他們當中有視障人士、行動不便人士，有事業成功人士，也有家庭主婦和大學畢業不久投身公益事業的年輕人，他們的共同點是具有強烈的社會責任感，而且很接地氣，讓我大開眼界，這次活動也成了我與深圳慈善公益事業結緣的機會。今年六月，深圳市無障礙城市聯合會正式成立，我非常榮幸獲邀擔任顧問，雖然因為疫情防控措施限制未能前往深圳出席大會，但仍然能感受到深圳有關部門對無障礙城市建設的積極投入。

　　昨天（十二月三日），深圳市殘疾人聯合會舉行慶祝第二十九個國際殘疾人日暨深圳無障礙宣傳促進日活動，我透過視頻連線發表了幾分鐘演講，題目是《智慧合作——推動港深無障礙建設一體化》，內容如下：

　　科技發展一日千里，AI和5G正在改變我們的生活，智慧城市成為本世紀全球城市發展的新趨勢，無障礙城市進入智慧化時代，行動不便、有認知障礙或視障人士獨自出行比以往更加方便。例如，視障人士外出時可以透過手機定位導航系統（GPS）來尋找目的地。不久前有報道，香港一個視障人士團體得到慈善機構支持，開發一種手機程式叫做「逍遙行」，利用場地WiFi或藍牙信號定位技術，透過智能手機以語音提示視障人士，讓身處室內環境的他們知道所處的位置及周圍的狀況，就像一支電子手杖，引領他們安全前往目的地。這項技術可以幫助視障人

士在室內環境下獨自行動，為他們帶來滿足感，據悉目前這款程式已覆蓋不少公共設施，著名的中環「大館」有意安裝相關裝置，提升視障人士的無障礙參觀體驗。也有商場自費在場內安裝定位裝置，幫助視障人士實現自己上街逛商場的願望。

香港發展智慧城市起步比較早，在亞洲名列前茅，但近幾年無論硬件或軟件發展都差強人意，間接影響無障礙智慧化的進展，內地一些城市在智慧化方面進步很快，有後來居上之勢。例如香港至今未能做到WiFi覆蓋全港，特區政府二〇一八年五月才展開 5G 頻譜諮詢，去年三月開放 5G 基站申請，到今年五月底有三千八百個審批獲得通過，而深圳今年七月底已完成四點五萬個基站建設目標。據新華網報道，深圳目前正在實施「AI+5G+8K」產業提升行動，構建無障礙城市規範標準和制度體系，建設智慧無障礙示範區。深圳是全國科技創新經濟的領跑者，擁有研發、生產、應用的完整產業鏈，不僅經濟實力雄厚、人才濟濟，又是一個年輕的大城市，不少方面比香港更具優勢，深圳完全有條件成為中國無障礙城市智慧化的典範。

去年二月中央公布《粵港澳大灣區發展規劃綱要》，將大灣區定位為國際一流灣區和世界級城市群，為實現這一國家戰略目標，大灣區9+2 城市必須充分發揮協同效應。作為一名關注大灣區發展的媒體人，我認為香港和深圳在無障礙城市智慧化方面各有優勢，港深兩地應該加強合作，推動整個大灣區城市無障礙實現更快、更高的發展，共同打造中國新型城市生態的示範區。首先，港深兩地應設立智慧無障礙城市的合作協調機制，在官方和民間不同層面定期進行交流溝通，互相學習借鑒。其次，在無障礙城市智慧化產品的科研、生產和應用等方面進行分工合作，避免重複浪費資源。第三，加強頂層設計，共同推動大灣區無障礙智慧化的規範標準和制度體系的訂立。

行政長官林鄭月娥上周三（十一月二十五日）發表施政報告，宣布香港市民期待已久的「港車北上」很快可以實現，首個適用口岸是港珠澳大橋，很多朋友和我一樣，非常期待疫情消退之後可以享受駕車北上

探親訪友的樂趣，大家知道，在香港和內地駕車有左軚車和右軚車、靠左行車和靠右行車的不同，那是歷史遺留下來的問題。希望未來香港和深圳的視障人士可以在兩地使用同一款智能工具無障礙出行，而不會因為羅湖橋南北規條不同、建設標準不同而出現問題。

2020/12/04

■ 港珠澳大橋

近防綠營冒險，未來兩手準備

從美國國會通過《台北關係法》、一年之內四度批准對台售武，到華府打破不與台灣官方接觸的承諾，不斷提升訪問台北的官員級別，美國打台灣牌、將台海變成與中國對抗的最前線，已是共和民主兩黨的共識，無論美國大選是特朗普連任抑或拜登上台，在台灣問題上恐怕都不會讓北京好過，對於這點中南海肯定不會心存僥倖，而藍綠兩大陣營的取態，亦可能影響台海和平。蔡英文和民進黨當局主動獻身，動作頻頻，積極配合華府打台灣牌，以為實現「台獨」的難得機會已經到來，迫不急待希望美國表態。更值得留意的，在中美關係全面惡化，台海成為中美衝突危險地帶的重要時刻，國民黨卻選擇聯美抗共，形成島上藍綠合流聯手挺美的共識，對於一直主張兩岸和平統一「寄希望於台灣人民」的大陸當局，當下及未來如何與台灣人民打交道是一個新課題。北京因應這一新變化，無可避免在策略上作出相應調整，短期內首要防美國挑釁民進黨誤判，而加大力度拓展國共合作以外的兩岸交流平台，亦是刻不容緩。

蔡英文在備受關注的「雙十」演講中，沒有如外界擔心般在兩岸問題上趁機挑釁，更表示希望北京能「和台灣共同促成兩岸的和解及和平對話，相信一定可以化解區域的緊張局勢」。對於兩岸關係，蔡英文表態稱「不會冒進，也會堅守原則」。外界對這番「溫和」言論感到有點意外，有評論認為這是蔡英文向北京釋出善意，希望北京以善意作出回應云云。不過，就在半個月前，蔡英文在台北會見華府逾四十年來訪台最高級官員國務院次卿克拉齊時，當面表示「台灣已經準備邁出關鍵一步」，此話引起外界紛紛猜測，但無論「關鍵一步」究竟是何所指，蔡英文想試探老美挺台的力度，摸底之意已是顯而易見。筆者估計很可能是蔡英文這次摸底落空，所以不得不面對現實，借「雙十」講話表達「善意」。當日阿扁在位時曾經無奈表示「台獨做不到就是做不到」，蔡英文這方面的教訓似乎還不夠。民進黨當局甘心將台灣當作美國一隻棋

國運
你信
不信?

子，但卻未必真正了解華府的戰略意圖，如果「台獨」勢力太心急而產生誤判，前言不對後語事小，萬一發生擦槍走火事大，這是近期和未來一段日子台海最大的危機之一。

另一方面，國民黨年輕一代領導層在兩岸立場變得更模糊，有可能進一步本土化，在中美對抗選邊挺美，勢必觸動北京的神經，令台海和平更添變數。日前黨主席江啓臣突然在「立法院」提案「台美復交」，以及「請求美國協助抵抗中共」，兩項議案在民進黨護航下無異議通過。江啓臣要爭取民意，希望帶領國民黨重新上台執政，這種想法是非常正路，但不惜附和民進黨的「聯美抗陸」，打出「抗共」這一招，不僅徒惹北京反感，更引發黨內分歧，可謂未見其利先受其害。而國民黨提「台美復交」卻不敢提「中（華民國）美復交」，等於自暴其短，結果惹來民進黨蘇貞昌一句「國民黨良心發現」的訕笑，實在是自取其辱。

其實今日之台灣，先不說聯美根本輪不上在野黨，國民黨要抗共又能夠做甚麼？香港去年「黑暴」肆虐期間，反對派的頭領黎智英曾經公開表示，他在香港所做的事情，是為美國而戰。江啓臣們是否也願意在中美對抗的前線為美國而戰？事到如今，由連戰破冰建立、馬英九接棒、在九二共識基礎上的國共互信，恐怕已所剩無幾。上月海峽論壇開幕前突然發生央視女主持的「王金平求和」風波，應該不會純屬巧合吧。如果國民黨繼續循此路走，中國國民黨這塊百年招牌成為歷史也一點不奇怪，至於國民黨能否重新執政則是另一回事。實際上，不提「九二共識」甚至黨名去掉「中國」二字的國民黨能否重新執政，對北京而言恐怕已經不重要。

面對嚴峻局勢，北京似乎已做好一切準備，全國政協主席汪洋日前警告：「台獨是絕路，挾洋自重鋌而走險，只會給台灣帶來不可承受的風險」。所謂「挾洋自重」除了指蔡英文，是不是也包括國民黨的當權派呢？至於「台灣不可承受的風險」，是不是包括武統？這個問題或者可在剛剛結束的中共中央五中全會發表公報中找到答案，公報只在最後一段提及「推進兩岸和平發展和祖國統一」，短短十三字，但可圈可點。

推進兩岸和平發展，需要與支持九二共識、堅持一中原則的藍營各界加強溝通，亦需要拓展國共合作以外更多的交流平台，只要支持兩岸和平、不認同台獨的政黨、團體和個人，大陸當局都應該視作兩岸和平發展的同路人，給予他們支持和鼓勵，這方面應該有不小的拓展空間。至於推動祖國統一沒有「和平」二字，明顯是大陸不排除以非和平手段達到祖國統一的目的，這是「台灣不可承受的風險」的應有之義吧。

2020/10/30

挾洋自重 鋌而走險

　　美國大選進入最後倒數，台海被視為最有可能成為特朗普製造「十月驚奇」的其中一個危險地帶，能否平安度過很快便揭盅。但即使「十月驚奇」只是一場虛驚，也不代表台海已經平安大吉，實際上，無論十天之後是特朗普還是拜登勝出大選，台灣都會成為美國推進反華戰略的一張牌。前美國國防部印太事務助理部長薛瑞福（Randall Schriver）稱，台灣的生存與安全是美國確保整個自由開放印太的關鍵，是現代亞洲的「富爾達缺口」。這話值得玩味。

　　薛瑞福曾被視為特朗普亞太政策團隊中對華鷹派的三劍客之一，另外兩人是負責東亞和太平洋事務的助理國務卿史達偉（David Stilwell）和白宮副國家安全事務助理博明（Matthew Pottinger）。薛瑞福去年底以家庭理由離任，但繼續活躍政壇，今年二月以「2049 計劃研究所」主席身份訪台，獲蔡英文接見。富達爾缺口是東西方冷戰時期的標誌性地點，位於德國中部東、西德的邊界，是美蘇兩大陣營最有可能爆發衝突的區域，當年美軍派陸軍第五軍駐防，面對蘇軍駐德近衛第八集團軍。薛瑞福上述言論充滿冷戰思維，雖不能代表官方，但可能反映華府鷹派在推動中美脫鈎的背景下，對處在第一島鏈的台灣的最新戰略定位。

　　華府欲將台灣推上中美新冷戰最前線，已是路人皆知，蔡英文當局主動積極予以配合，近期軍方動作頻頻，蔡英文感謝美國「信守承諾」加強台美安全合作，似乎看到「台獨」的難得機會，在上月歡迎美國副國務卿克拉奇的晚宴上，蔡英文表示「台灣有決心踏出關鍵的一步」，此話立即引起外界各種解讀揣測，民進黨當局準備落重注賭「台獨」已是呼之欲出，迫不急待想藉此摸摸華府的底線。不過事隔半個月後，在備受關注的「雙十」演講中，蔡英文不僅沒有如外界擔心般趁機挑釁，更希望北京能「和台灣共同促成兩岸的和解及和平對話，相信一定可以

化解區域的緊張局勢」。對於兩岸關係，蔡英文表態稱「不會冒進，也會堅守原則」。外界對這番「溫和」言論感到有點意外，有評論認為這是蔡英文向北京釋出善意，希望北京以善意作出回應雲雲。筆者橫看豎看都不像，反而覺得可能是上次「關鍵一步」的摸底落空，稱作「面對現實」或更符合蔡英文的本意。

民進黨當局甘心將台灣作為美國對抗中國的一隻棋子，但卻未必真正了解華府的戰略意圖，萬一「台獨」勢力心太急而產生誤判，發生擦槍走火不是不可能，這是目前和未來台海最大的危機之一。

美國打「台灣牌」，蔡英文迫不急待，國民黨則莫名其妙，黨主席江啟臣突然在「立法院」提案「美台復交」，以及「請求美國協助抵抗中共」，在民進黨護航下無異議通過，雖然國民黨內部不同派系未必都認同江啟臣的做法，馬英九一句「可能性不大」，欲說還休，深藍一派更明確表示反對，但這事充分暴露，江啟臣領導下的國民黨為爭取民意竟然藥石亂投，甚至不惜上民進黨「聯美抗陸」這條船，結果換來民進黨蘇貞昌一句「國民黨良心發現」的嘲笑，實在是自取其辱。今日之台灣，聯美根本輪不到國民黨，抗共又能做什麼？江啟臣們進退失據，真的以為附和民進黨的兩岸立場，藍營就有機會重新執政？

國民黨上述兩個提案已觸及北京的神經和底線，由連戰破冰建立、馬英九接棒、在「九二共識」基礎上的國共互信，現在還剩下多少？如果國民黨繼續江啟臣路線，中國國民黨這塊百年招牌恐怕快將成為歷史。在中美關係走到十字路口的歷史關頭，藍營立場的新變化，對台海和平有害無利。面對嚴峻局勢，北京似乎已做好一切準備，全國政協主席汪洋日前警告：「台獨是絕路，挾洋自重鋌而走險，只會給台灣帶來不可承受的風險」。所謂「挾洋自重」除了指蔡英文，是不是也包括江啟臣呢？

國運
你信不信？

潮州和汕頭，一個古一個僑

　　本周一（十二日）下午和傍晚，與潮汕有關的各個群組，突然被一組視頻刷屏：習近平主席視察潮州，站在牌坊街頭向聞訊趕來的大批市民鄉親發表講話。第二天又有視頻傳來，習主席一行參觀汕頭開埠文化陳列館和僑批文物館之後，步行到汕頭老市區地標小公園亭前，與大批市民侃侃而談。透過手機屏幕也能感受到，用「喜大普奔」已不足形容潮汕人民見到習主席親臨視察的興奮激動，汕頭、潮州、潮汕一下子成了網上熱搜名詞，網民「新川故里」說：「哈哈哈哈哈簡直了，汕頭八百年上一次熱搜，居然還能熱搜到現在第二。因為習主席來視察，昨天潮州今天汕頭，潮汕人民真的很喜歡他，我感覺跟過年似的哈哈哈哈哈哈好快樂啊。」再看看這幾條網上圖文的標題：

　　剛剛，潮州人朋友圈沸騰了！原來我們都低估了廣東這座千年古城！

　　剛剛，汕頭人朋友圈也沸騰了！廣東這座超好吃的海濱老城，要藏不住了！

　　潮州，牛！

　　沒有一個胃不想去潮汕！

　　筆者連日受到家鄉親友興奮激動之情感染，借這篇短文談談對習主席視察潮汕的一點觀察和感受。

　　習主席在潮州盛讚兩千多年的潮州文化，是嶺南文化和中華文化重要組成部分，提到潮繡、潮州木雕、潮劇、潮州菜和功夫茶，他說當年在廈門工作時也是喝功夫茶。至於潮州菜，習主席是這樣評價：「在國際上，潮州菜是最好的中華料理」，這個定位，整個潮州菜飲食業界和一眾美食家肯定樂壞了！與潮州菜相比，潮劇的知名度就似乎要低一些，習主席不僅看過潮劇，還記住潮劇名角姚璇秋的名字，可見印象深

刻。筆者剛好去年六月與姚璇秋在香港有一面之緣，她年逾八旬英姿猶在，聽習主席提到這個潮劇「五朵金花」之一的名字，感覺有一種「家己人」的親切。

講潮州話、吃潮州菜、飲功夫茶、看潮劇唱潮曲，是潮汕人身份「認證」的四大要素，前三種可謂人盡皆知，不必贅述，而潮劇和潮曲，至少不如京劇、崑劇、粵劇、黃梅戲那麼出名。實際上，正如潮州話是漢語最古老方言之一，潮劇是中國最古老的地方劇種之一，屬元明南戲一支，牛津大學和日本天理大學分別館藏的明嘉靖四十五年（一五六六年）刊行的《荔鏡記》是用泉、潮二腔演唱，距今四百多年。近代著名傳統潮劇劇目有《陳三五娘》（即是《荔鏡記》）、《井邊會》、《樓台會》、《掃窗會》、《蘇六娘》、《春香傳》等，不知道習主席四十二年前在汕頭觀看的潮劇電影，是不是其中一部？潮州商會的老前輩仍記得，一九六〇年廣東潮劇團訪問香港，在港九掀起潮劇熱，《新晚報》將姚璇秋、范澤華、蕭南英、吳麗君、陳麗華譽為潮劇「五朵金花」。現在香港有好幾個潮劇戲班，去年姚璇秋和另一位大師級名角鄭健英來港，正是為出席潮劇迷芸姐創辦的廣東潮劇院香港傳承中心揭幕儀式。

如果說潮州可用一個「古」來形容，汕頭則可用一個「僑」來概括。習近平主席在汕頭的講話，提到華僑、僑批，讚揚華僑的中國心，肯定華僑的貢獻，相信海外和港澳台的潮籍人士聽到一定很受落。習主席與大批市民見面的小公園，包括附近的南生公司和「四永一昇平」，正是老一代華僑心繫桑梓建設家鄉的歷史見證，也是汕頭開埠創造繁榮的歷史見證。值得慶幸的是，汕頭市政府沒有將這片百年老市區拆毀變成地產項目，而是在幾年前斥巨資進行活化保育，實在是一件善政。

關於僑批，曾經是海外華僑與潮汕親人的一座橋樑，有人稱之為「穿越時空的親情對話」。習主席參觀的僑批文物館，收藏有逾十二萬封僑批，多少年來，究竟有多少潮汕家庭依靠海外的親人寄來僑批維生，恐怕無法說清楚。筆者曾聽家父說，以前潮汕地區有不少山賊土匪

攔路打劫，但凡是見到用一把雨傘勾住一個郵包穿行鄉里的人，一律放行，皆因知道這是送僑批的郵差，一封僑批可能救一家人的命。二一三年「僑批」檔案列入聯合國教科文組織的《世界記憶名錄》。

汕頭因僑立市、因僑繁榮，因僑成為與深圳、珠海和廈門並列全國首批四大經濟特區，還是全國唯一的華僑經濟文化合作試驗區，汕頭是一部近代中國華僑史的縮影，汕頭應該將僑批文物館，建成一座大型華僑博物館，把海外華僑心繫桑梓的傳統文化，以及華僑對家鄉對國家的貢獻，告訴下一代，告訴未來。與此同時，作為四大古鎮之一和歷史文化名城的潮州，完全有條件興建一座潮汕地區有代表性的歷史文化博物館，弘揚潮州文化。

2020/10/16

■ 汕頭老市區地標：小公園亭和南生公司

兩岸關係弱不禁風

台灣的中國國民黨因為「求和」風波，宣布不派代表團出席本周六在廈門舉行的第十二屆海峽論壇，這是自二○○九年大陸舉辦首屆海峽論壇以來，國民黨首次沒有派團出席。這事表面上看似乎有點戲劇性，好像一位美女主持人兩個字就把事兒給攪黃了，不過，筆者倒是覺得這事有意也好無心也罷，恰恰是目前兩岸情勢弱不禁風，隨時發生意想不到情況的一次預警。

李紅人如其名，是央視當紅女主持人，日前她在節目中提及關於國民黨前副主席王金平將率團赴大陸出席海峽論壇時，屏幕打出的標題有「求和」二字，引發一場「茶杯風波」。老友L兄認為兩岸交流無小事，因為兩個字而導致規劃好的一次兩岸政黨交流取消，怎麼可以說是「茶杯風波」？當然，王金平率團來廈門不會是一件壞事，對王金平本人更可能是一件大好事，台媒透露王金平出發前去見蔡英文，令人懷疑他想為某人當「信使」，又有消息說這位為人八面玲瓏的前「立法院長」對擔任海基會董事長一職甚感興趣，如果此次廈門之行成功，隨時成為王金平東山再起的契機。不過，我就反問L兄，如果王金平來了廈門，對緩和目前的兩岸局勢能有多少幫助？套用一句詩：你來與不來，兩岸的情形，都在這裏。L兄稍停半秒，表示認同。

目前兩岸局勢，可說是前所未有的惡劣，其中最大危機，來自特朗普當局違反一個中國承諾，挑戰北京底線。繼日前華府派出衛生部長訪問台北會見蔡英文，本文見報之日，美國副國務卿克拉奇（Keith Krach）正在台灣訪問，華府與台北之間的官方交往已經肆無忌憚。

另有消息指，華府擬對台出售七項主要武器系統，包括水雷、巡航導彈和無人機。面對美國重啟冷戰對華狂打「台灣牌」，蔡英文當局就積極、全面迎合配合華府出招，對大陸擺出一副「有美國撐腰，你奈我

何」的強硬姿態，馬英九形容蔡英文將台海兩岸推到戰爭邊緣，並且引述台灣「國防部」的報告，警告兩岸「首戰即終戰」。

面對這種局勢，國民黨本來可以借助這次廈門之行的難得機會，向台灣民眾釋放兩岸交流的信息，特別是在國民黨新領導層重申「九二共識」之後，可以藉此向台灣民眾展示該黨將繼續在兩岸關係方面發揮作用，如果國民黨高層有足夠的智慧，更可以借這次兩岸政黨交流，重奪部分島內輿論話題。可惜，為了一名大陸電視台主持人兩個字，就放棄這樣一個機會。據悉，除了叫停王金平一行，國民黨高層還

■ 全國政協主席汪洋雖未親自出席第十二屆海峽論壇，仍以錄製視頻致辭。

下令該黨立委不准出席廈門海峽論壇。政治從來都是一看實力二講智慧，所謂「羞辱」之說，視乎各人感受，而是否接受國台辦發言人解釋則是另一回事，歸根究底，是國民黨格局太小。

從這次「求和」茶杯風波，可以得出兩點結論：一是國共兩黨的互信非常脆弱。二〇〇五年連戰北京和平之旅的「胡連會」，是國共兩黨重建互信的歷史高峰，十年之後二〇一五年在新加坡舉行的「習馬會」，是另一次國共互動的高潮，特別之處是會面時習和馬既是國共兩黨領袖，也是兩岸現任領導人。但此後吳敦義在國民黨的兩岸論述上趨於保守，江啟臣接任黨主席之後，更一度避提「九二共識」，令中共對國民黨新生代領導層能否繼續堅持兩黨合作的政治基礎「一中」原則，產生疑慮。而今，國民黨又錯失一個修補國共互信的機會。難以取信大陸，等於失去藍營在兩岸問題的傳統優勢，國民黨還有多少籌碼可以打贏綠營重奪江山？

其次，大陸對國民黨宣布取消派團出席本屆海峽論壇，反應平淡。據報道，新黨主席吳成典、副主席李勝峰、親民黨黨務顧問黎建南、國民黨中委陳耀鑫（以台商身份）等赴廈門出席論壇，換言之，國民黨代表團來不來，大陸這個海峽論壇都照辦不誤。大陸以往所講寄希望於台灣人民，其實主要就是寄希望於堅持「一中」原則的藍營，馬英九執政八年，證明這個寄望是有現實意義。但現在的國民黨，卻很難說大陸還會寄予希望。實際上，如果國民黨繼續這麼走下去，泡沫化是遲早的事。面對華府明目張膽插手台灣事務，在十一月美國大選之前隨時可能製造更重大危機，而蔡英文當局有恃無恐，隨時可能鋌而走險，在野國民黨無力影響大局，大陸一旦被迫要啟動反分裂法，唯一靠得住的，當然是自己。

2020/09/18

美國解密對台「六項保證」用意是什麼？

上周寫完本欄《美國捏緊台灣這張牌》一文，將《李潔明回憶錄》重新放上書架，沒想到翌日美國政府解密兩封列根時代關於對台軍售的文件，包括華府對台北當局的「六項保證」，以及時任美國在台協會(AIT)辦事處處長李潔明在「八一七公報」簽署當天發送的一封關於「六項保證」的電報。其實，2003年在台灣出版的《李潔明回憶錄》對「六項保證」一事披露甚詳，當年七月十四日，即「八一七公報」簽署之前一個多月前，李潔明去見蔣經國，李潔明寫道，「美方的六大保證雖然寫在紙上，卻沒有落款簽名，因此是沒有來源對象」，六項保證的主要內容是「重申美國將信守『台灣關係法』的方針，不會訂出停止軍售台灣的日期，也不會逼迫台灣和北京談判」。事實上，多年來華府一直依此行事，正如美國前亞太助理國務卿拉塞爾(Daniel Russel)所稱，「六項保證」充其量只算是「公開的秘密」。

那麼，華府為何要在此時公開一個「公開的秘密」？美國國務院亞太助卿史達偉（David R. Stilwell）在解密當天更親自在一個關於美台經濟合作的視訊研討會中讀出「六項保證」的全部內容，對此拉塞爾認為，華府公開六項保證和AIT電報，似乎是對特朗普府政府鷹派施壓要求放棄「戰略模糊」(美方長期拒絕明確承諾保衛台灣，另一方面又展示會對台灣抵抗大陸軍事威脅給予足夠支援)的妥協回應。史達偉是空軍準將出身，曾任駐華大使館首席武官，不知道拉塞爾所指的鷹派是否包括史達偉，但他的話不無道理，今時今日特朗普政府親台反中的呼聲高漲，國會更不乏質疑「一中原則」和中美三個公報、要求美國明確表態保衛台灣的鷹派政客。所謂「妥協回應」，我的理解是華府借此重申特朗普會繼續執行列根當年的「六項保證」，不會減少或停止對台售武，更不會放棄台灣這張牌。不過，仔細看「六項保證」的內容，並沒有一條保證保衛台灣。

史達偉在視像會上還透露，美國去年解密了列根在1982年8月針對

「八一七公報」內容簽署的一份備忘錄，內容強調「美國願意減少對台售武是有條件的」，是基於「中華人民共和國繼續致力於和平解決與台灣之間的分歧」，此外，美國提供給台灣武器的質和量，「必須完全以中華人民共和國構成的威脅為條件」。其實，關於列根這份對「八一七公報」作出「擴大解讀」的備忘錄，《李潔明回憶錄》已全文披露，所以這也是「公開的秘密」。既然美國如此關心台灣的安全，執著於北京不能動武，那麼問題就來了，為何當年列根沒有對台灣當局作出第七條保證，即如果大陸對台動武，美國保證保衛台灣？這個問題不難找到答案。所謂美國關心台灣安全，其實只不過是一個美麗借口，對台售武既是可觀經濟收益，又可藉此把台灣這張牌捏在自己手上，成為中美博弈的籌碼，「八一七公報」簽署38年來，美國歷任總統一直都是這個玩法。但是，近期中美關係呈現自由落體式惡化，美國在貿易科技外交等多個領域發動與中國對抗，美國軍機軍艦頻頻在台海南海進行挑釁行動，台灣綠營有人認為，目前是台獨的最佳時機，蔡英文更親自演練戰火逃生一幕，被馬英九狠批其言行「輕率把國家推到戰爭邊緣」，藍營一些人親身經歷過華府拋棄台灣國府的切膚之痛，質疑美國是否願意為台灣與中國大陸一戰。有意思的是，日前有媒體問特朗普，如果中國大陸對台動武，美國會怎麼回應？特朗普沒有正面回答，說了一句「中國知道我會怎麼做」。

李潔明在回憶錄中為列根當局簽署「八一七公報」做了很多辯解，但不爭的事實是，列根將中美關係於置於美台關係之上。列根是何等政治智慧之人，他當年沒有，以後任歷美國總統也都沒有對台灣當局作出保衛台灣的保證，連口不擇言的特朗普也迴避這個問題，歸根究柢，是因為美國雖然非常重視台灣的戰略地位，更不願意放棄「台灣牌」，卻從未想過為了台灣與中國開戰。如果美國做出這樣的保證，即使只是基於台海局勢的策略性考量，實際上也可能令「台獨」勢力受到鼓勵鋌而走險，到時候美國不出兵背信事小，給北京統一台灣師出有名的機會就大件事。歷史是一面鏡子，拉塞爾是過來人，他對於華府此時解密兩份關於「八一七公報」文件的解讀，會不會令期待美國為台灣一戰的綠營當局清醒一點？

2020/09/04

美國捏緊台灣這張牌

近年讀書以網上閱讀為主，但有時候在網上看到一本喜歡的書，卻總想買下來據為己有，我通常會在新書扉頁或其他空白處記下購書當天日期、購於何處，以及當天有何大事，日後重讀，看到買書時記下的文字，自然會喚起某些記憶。這不，前幾天整理書架看到《李潔明回憶錄》，扉頁上寫著 2004 年 3 月 19 日購於台北誠品書店，當天下午發生震驚世界的「兩顆子彈事件」，台灣的歷史被改寫。

李潔明 (James Lilley) 出生在山東青島、大學畢業後加入 CIA、八十年代先後擔任駐台北在台協會處長和駐華大使的美國人，一生經歷富有傳奇性。李潔明以中情局官員和外交官身份穿梭華府和兩岸三十年，更是深得老布殊信任的中國通，參與和掌握很多關於華府與北京和台北之間交往決策的內幕。書中披露不少鮮為人知的內幕，令我印象深刻的有兩件事，其一是披露 1982 年中美簽署「八一七公報」前後華府內部的分歧和台北的反應，以及列根總統口述一份總統指令，取代「八一七公報」成為決定美國對台售武政策的原則，李潔明寫道，列根擬具一份聲明，對「八一七公報」關於逐步降低質和量並最終停止對台售武的內容「做出擴大解釋」，這份聲明由國務卿舒茲 (George Shutz) 和國防部長溫伯格 (Caspar Willard Weinberger) 會簽之後，「擺進國家安全會議的保險箱裡」，此後，每當對台軍售問題冒出來，「這份備忘錄就會由保險廂中取出」。

「八一七公報」是奠定中美關係政治基礎的三個重要公報之一，當中關於美國承諾限制對台售武的內容，對兩國正式建交之後加強互信，進一步推動中美合作意義重大，但李潔明在書中告訴世人，美國政府從一開始就不打算落實。事實上，「八一七公報」簽署 38 年來，包括特朗普在內的歷任美國總統，無論是共和黨人還是民主黨人，都沒有停止或打算停止對台軍售。

書中另一項令人矚目的內幕是「華勒比 (Wallabee) 方案」。李潔明披露，一九七五年九月，他作為中情局的中國事務情報官，與另一名負責蘇聯情報的同僚忽發奇想，擬利用中國西北地區地理之便收集蘇聯在中亞地區核試驗的情報，他草擬報告命名為「華勒比方案」，透過高層提交給國務卿基辛格，成為基辛格當年稍後訪華之行其中一項內容，唯當時沒有任何結果。到了一九七九年中美正式建交幾個月之後，李潔明寫道，「華勒比方案」構思中的中美合作蒐集蘇聯飛彈試射情報，終於得以實現。如果不是李潔明的特殊身份，一般人很難相信，一九七五年文革還沒有結束，中美尚未建交，美國竟主動提出與中國建立情報合作，共同對付蘇聯。

　　讀史使人明智。李潔明作為當事人披露的歷史事件，讓我們明白兩點：一是當美國需要與中國合作時，無論是兩國意識形態的差異，還是台灣小兄弟的利益，都無足輕重。二是無論美國對中國作出甚麼承諾，簽了甚麼協議或公報，美國都一定會把台灣這張牌捏在自己手上。

　　時移勢易，今天特朗普認為美國不再需要與中國合作，甚至視中國的發展為對美國的威脅，他要全面否定中美建交四十年的歷史，蓬佩奧更刻意在尼克遜圖書館發表被視為重啟冷戰的反華宣言，美國將意識形態對抗高唱入雲，台灣牌更是大派用場，特朗普上台以來，從簽署「台灣旅行法」、「台北法」，到日前派衛生部長阿扎爾訪台會晤蔡英文，以至美國軍機在台海的挑釁行為，如此種種，令台海局勢陷入空所未有的危機。

　　中美是否已經陷入修昔底德陷阱？中美是否必有一戰？事關全球安危人類福祉，「絕望之為虛妄，正與希望相同」，中方一再呼籲中美共同探索合作共贏之道，近日雙方確認兩國首階段貿易談判協議的執行取得進展，看來華府並非盡是蓬佩奧之輩。至於台灣方面，蔡英文不去設法為台海局勢降溫，卻忙於演習走難逃生，似乎已打定輸數？

國運
你信不信？

2020/08/28

港區國安法預示大陸對台新思路？

　　一個做了近十年記者的年輕朋友最近改行開一家移民台灣的顧問公司，他在電話中告訴我，有親友在台灣，自己也曾經多次到台灣採訪，有一些人脈資源，最初只是幫幾個想移民台灣的朋友做諮詢溝通工作，純屬義務性質，今年初索性辭職自己開顧問公司，生意還不錯。「客戶有年輕也有中老年，每個申請移民個案的背景不同，但無可否認政治是一個重要因素」他說。所謂政治因素，正是當下和未來港台關係最複雜、最重要的因素。

　　港區國安法於七月一日正式生效，另一邊廂台灣當局成立的「台港服務交流辦公室」同一日正式運作。陸委會重申，「台港服務交流辦公室」旨在為香港人來台就學、就業、投資創業、移民定居，以及有意來台發展的跨國企業、國際法人團體等，提供諮詢與協處服務。同時，在兼顧台灣安全前提下，依據既有法規與公私協力方式，處理港人的人道援助及關懷事宜。其實，成立這個辦公室，是蔡英文當局自去年將香港局勢與大選選情綑綁之後，因應港區國安法實施而做出的一項動作，擺明要將台灣變成香港的政治避風港。蔡英文在港區國安法生效翌日於Facebook表示關注，聲稱「盼望我們對『轉型正義』的努力，能給香港等待自由之光的朋友們些許鼓勵」。表面上言詞不算強硬，但卻是繼去年肆無忌憚插手香港局勢的做法之後，再一次公開為香港的反對派打氣，北京有何感受，可想而知。

　　不過，前《華盛頓郵報》駐北京分社社長潘文(John Pomfret)日前在該報撰文警告蔡英文，指港區國安法「可能被用來作為處理台灣的藍圖」，更指「中國朝著與距離它的海岸90浬外的民主島嶼做好戰爭準備又邁進一步」。撇開戰爭不戰爭另說，筆者認為潘文的警告並非空穴來風。導致香港今時今日這個局面，台灣當局所扮演的角色，潘文不會不知道。港區國安法實施標誌香港開始「二次回歸」，北京當初以香港

「一國兩制」示範台灣的初心和設計，理所當然會作出相應調整。港區國安法第三十八條列明「不具有香港特別行政區永久居民身份的人在香港特別行政區以外針對香港特別行政區實施本法規定的犯罪的，適用本法」，潘文可能正是從這一條，得出該法律與台灣有關的判斷。

回歸以來，港台關係以經貿為主軸，台灣是香港僅次於內地和美國的第三大貿易伙伴，在馬英九主政期間，台灣駐港機構得以正名，港方也在台北設立經貿辦事處，港台兩地都簡化對方民眾的入境手續，推動了兩地經貿往來、文化交流及民間互動。但蔡英文當局試圖改變港台關係的性質，台灣已不僅是香港刑事罪案的逃犯天堂，也將變成港區國安法罪案的逃犯天堂，大陸對此當然不會坐視。毫無疑問，從港區國安法實施之日開始，台灣當局以及寶島各路人馬在香港的政治活動空間，肯定會受到壓縮，「港獨台獨」相互勾結沆瀣一氣的風險大增，實際上這是對港台關係的撥亂反正。當日阿扁上台之後大搞法理「台獨」，意圖改變兩岸現狀衝撞北京底線，北京及時推出反分裂法予以反擊，成功阻止阿扁當局分裂國土的企圖。今日蔡英文當局突破港台關係的底線，一而再介入香港局勢，以一己和一黨私利，凌駕港台關係和兩岸關係之上。古人說「以小事大以智」，蔡英文的做法實屬不智，局勢照此發展，北京推出港區國安法之後，會不會出手懲罰蔡英文當局？有待觀察。

不過，依筆者觀察，即使北京用港區國安法作為處理台灣的「藍圖」，並不等於北京放棄以香港「一國兩制」示範台灣的初心。去年底我在台灣採訪大選，藍綠兩陣營都有人認為「一國兩制」不適合台灣，但民進黨不敢宣布「台獨」，國民黨不敢提統一，藍綠都提不出什麼模式適合台灣。實際上，港區國安法實施啟動香港「二次回歸」，依然是在「一國兩制」和基本法框架下進行，確切地說，制定和實施港區國安法，目的正是為了確保「一國兩制」行穩致遠。因此，從現在開始，如果香港局勢能夠穩定下來，能夠達致國安港安民安長治久安的局面，能夠繼續「馬照跑舞照跳」，能夠繼續保持甚至發揚光大國際金融中心的地位，香港「一國兩制」就依然對台灣有示範作用，這也是兩岸實現和平統一的希望所在。

2020/07/10

蔡英文要與港澳切割？

　　與去年台灣大選期間蔡英文幾乎每次公開露面都提及香港示威、極力美化香港黑色暴力的情況不同，成功連任之後，蔡英文很少再提香港，當選感言沒有提，5.20也沒有提，一些疑似香港示威者在網上抱怨被「用完即棄」。上周因應北京全國人大制訂港區國安法一事，蔡英文終於又提起香港，揚言可能停止適用部分或全部《香港澳門關係條例》（簡稱《港澳條例》），其語氣學足特朗普。在野國民黨炮轟蔡英文此言是贏得大選之後要與港澳「切割」，可能被戳到痛處，蔡立即透過陸委會澄清只是「示警」云云，所謂此地無銀三百兩也。

　　台灣當局在香港回歸前推出《港澳條例》，當中列明香港人申請到台灣居留的條件，比大陸人較為寬鬆，蔡英文當年正是條例的起草人。不過，香港回歸後該條例的實際作用不大，大部分香港人只是將台灣視作說走就走的周末休閒度假好去處，直至最近幾年，申請移民台灣的港人才漸漸多起來，與此同時，台灣政治對香港的影響甚至介入，愈來愈明顯。從佔中前疑似黎智英到台灣向綠營大佬請益討教的錄音帶曝光，到三年前黃之鋒與台灣的「時代力量」林飛帆等人成立「港台連線」，香港一些本土派港獨派人士也被揭頻頻現身台灣政團所搞活動，台灣政治勢力插手香港事務，在去年修例風波一役達到高潮，香港示威者不僅得到蔡英文本人多次高調力挺，而且得到來自台灣方面的實質支援。有權威人士透露，去年修例風波暴力最激烈最瘋狂期間，海關多次在來港的台灣人行李搜出大批防毒面具等物品，更發現有台灣人變身黑衣人「落場」參與香港的街頭暴力。

　　國民黨指蔡英文意圖與香港「切割」，以藍綠兩大陣營知己知彼，相信雖不中亦不遠。一方面蔡英文連任之後已再無選舉壓力，不再需要港獨為她助選，而且借力「港獨黑暴」隔海助選贏來的大位，似乎也不是一件很有面子的事情。另一方面，港區國安法立法實施之後，像去年

反修例風波和台灣大選期間，「港獨台獨」聯手肆無忌憚的為所欲為，肯定再「冇呢隻歌仔唱」。相反，一旦香港落實港區國安法，局勢穩定之後，完全有能力反守為攻，「一國兩制」的香港完全可以成為凝聚統派力量的平台、推進兩岸和平統一的重要助力。蔡英文對此應該是心知肚明。

其實蔡英文一直對香港有很深的戒心，2016 年剛上台的她斷然拒絕批准馬英九來港出席一個新聞頒獎禮活動，其中一個理由指「香港是台灣國安高度敏感地區」。走筆至此，美國國務卿蓬佩奧針對中國訂立港區國安法，揚言將取消香港特殊待遇。唯特朗普馬首是瞻的蔡英文要停止《港澳條例》與香港「切割」，筆者一點都不覺得奇怪。問題是，停止《港澳條例》，究竟誰在乎？

相反國民黨在香港深耕數十年，香港出生的馬英九在任內與大陸合作，促成港台兩地的經濟文化辦事處正名，簡化兩地民眾入境安排，增進港台兩地民眾往來和推動經貿發展，連戰、吳敦義以及不久前去世的郝伯村等黨內大佬都與香港有千絲萬縷的關係。問題是，國民黨有沒有能力阻撓蔡英文與香港切割？其實，蔡英文在 5.20 演說提出「修憲」，外界懷疑民進黨當局是不是想做更大的切割，過去 15 年台北當局沒有通過任何一次修憲案，這一次國民黨能否發揮在野黨制衡作用？如果民進黨當局意圖透過玩「修憲」在法理「台獨」上孤注一擲，國民黨有沒有決心和能力阻止？這才是影響未來港台關係、兩岸關係的一個重大變數。

2020/05/29

民調賭盤之外，蔡韓對決之後

　　本文見報翌日，台灣大選投票，誰是台灣未來四年的話事人，很快揭曉。前兩天看台灣電視政論節目，主持人播放一段視頻，一名南部的中年司機說，不想被蔡英文騙兩次，寧願被韓國瑜騙一次。香港媒體訪問一對年輕夫婦，女的說擔心韓國瑜當選台灣會變成「一國兩制」的香港，所以會投給蔡英文。台灣民主選舉搞了二十年，悲情、撕裂、謊言、恐懼揮之不去。本文執筆之日，聽到韓國瑜陣營擔心對手最後一分鐘出「奧步」，難道真的「橋唔怕舊」？

　　一個多月前我和幾位智庫同仁從台北一路南下，經苗栗、台中到高雄，對兩大陣營選情有一個基本了解。四年前憑借溫和立場精英形象，以壓倒性勝出逾三百萬票，一舉擊敗朱立倫登上權力顛峰的蔡英文，此役卻只能獨沽一味靠打恐中牌打香港牌，保持民調優勢和在賭盤上佔上風。而韓國瑜擅長打另類選戰，營造「庶民總統」形象，果然在投票前兩三周大爆發，一年前的滾滾韓流再現街頭和網絡，國民黨內部各派系有團結抗敵跡象，十五個藍營執政縣市長聯手催票，再加上最後一刻希望兩岸和平的大陸台商空群返台投票，韓國瑜不是沒有機會。

　　連逃到台灣「避難」的香港「勇武派」年輕人，也對台灣選情非常緊張，有香港媒體到台灣採訪，一名不肯面對鏡頭的黑衣人說，如果韓國瑜當選，他們（據說有數十甚至逾百人）準備立即逃離台灣到其他國家尋求避難，但坦言不知道有哪些國家會收留他們，因此感到非常徬徨。經過反修例風波一役，香港人再難以花生友心態看台灣選舉。

　　近日有智庫做調查，其中一個問題是：如果韓國瑜當選，兩岸關係會不會有突破？如果蔡英文連任，兩岸關係會不會破局？我認為，蔡連任或韓當選對兩岸關係影響固然是一個重要因素，但更重要的因素其實是中美關係，可見的未來，中美關係有太多不確定因素，無論誰當選，

要在中美博弈的夾縫中爭取台灣安全和發展的空間，絕不簡單。一個多月前在台北，前陸委會主委張京育憂心忡忡地說：「兩岸關係又走到十字路口」，我也有同感。

　　過去一年，中美關係波譎雲詭，可以說是近三、四十年來最艱難最複雜的一年，特朗普當局除了挑起對華貿易戰，更肆無忌憚插手干預中國內政，恣意打台灣牌打香港牌，國會通過「台灣保證法」，還有「國防授權法案」等等，白宮、國會和五角大樓連串動作，擺明車馬要將台灣當作中美博弈的籌碼。而蔡英文在大選前又是抓匪諜又是搞「反滲透法」，既是為了製造恐怖氣氛催谷自己的選情，也是主動迎合美國抑制中國的全球戰略，自願做「棋子」。如果蔡英文連任，台灣這隻棋子可能被美國擺上圍堵中國的最前線。日前美國擊殺伊朗革命衛隊將領，伊朗炸美軍基地報復，一旦美伊開戰，必然天下大亂，如果蔡英文錯判形勢，心口掛一個勇字，大陸會不會趁機出手教訓「台獨」？

　　另一邊廂，有人說韓國瑜的風格有特朗普的影子，但他似乎不是特朗普那杯茶。有接近韓國瑜陣營人士透露，曾經建議韓國瑜初選勝出之後到美國走一趟，後來經過評估擔心遭到冷待，沒有去成。如果韓國瑜當選，堅持「九二共識」，北京沒有出手打壓的理由，反而會在經濟上鬆手，貨走出去人走進來大概沒有問題，兩岸關係相信會比蔡英文在位這四年緩和。但是北京也很清楚，即使韓國瑜上台國民黨重新執政，美國是不會願意看到兩岸關係取得突破。一個不爭的事實是，國民黨內部主流意識是親美，購買美國軍火更是藍綠共識，中美博弈修昔底德陷阱高唱入雲，進一步加強抑制中國已是美國全球戰略重要內容，一旦中美關係惡化衝突升溫，特朗普會不會強逼台灣選邊站？

2020/01/10

逛圓山，走密道

　　上周本欄提及，上月底到台灣觀察大選，除了會見政經界人士、與當地學者和媒體同行座談交流，短短五日行程也安排參觀和遊覽節目，包括第 N 次遊台北故宮和第一次遊苗栗華陶窯，此行文化上的收獲絕不比新聞資訊少。

　　抵埗當晚到圓山大飯店，趁與連戰、張良任、趙少康、黃紫玉、蕭旭岑等政經和媒體界人士晚宴之前，圓山大飯店陳愷琪副總經理帶我們到位於頂層的總統套房參觀，從這裡走廊俯瞰，台北市區萬家燈火盡收眼底。不知道當年老蔣在此憑欄遠眺，北望神州，是何種心境。總統套房整體設計極富中國宮廷風格，而每一間房、每一個角落都留下舊時主人的痕跡。在主臥室，陳副總指著一對龍鳳靠背椅和梳妝台前一張可轉動的圓凳介紹說：「這些家俱是專為蔣公和蔣夫人設計的，不過他們從沒有在這間房住過」。入住這間套房最多次的外國政要是新加坡前總理李光耀，他在兩蔣當政期間經常來台灣，總共 25 次入住圓山飯店。

　　除了接待過眾多外國政要和風雲人物，長期跑兩岸新聞的資深媒體人王銘義兄特別介紹，有三幅照片記錄了圓山大飯店見證影響兩岸關係的三個重要日子，第一幅是 1978 年美國代表團與國府官員就「中美斷交談判於圓山大飯店舉行」(圖片說明原文)，第二幅是 1986 年「民主進步黨在圓山大飯店宣布組建」，第三幅是 2008 年「首次兩岸會談於圓山大飯店舉行」。三幅照片時間跨越三十年，兩岸人事幾番新，兩岸關係經歷多少風風雨雨？

　　離宴會開始時間尚早，主人家帶我們參觀最近剛剛開放不久的圓山秘道，這條秘道大有來頭。圓山大飯店於 1973 年落成，2006 年當地媒體披露圓山飯店內建有東西兩條神秘的逃生密道。今年九月，圓山密道正式對外開放，每張門票新台幣 100 元，約合 25 港元。據介紹，當年

設計密道主要是為蔣老先生在發生危急情況時逃生之用，在飯店工作人員指導下，我們魚貫進入西側密道，高度可站立，又陡又彎的螺旋式台階，可容兩人並行，感覺比起幾年前參觀過的金門前線地道，空間似乎寬敞一些。密道全長 80 多米，幾分鐘可走完，特別之處是右邊有一條寬度可容一人的水泥鋪成的滑梯，盤旋而下。飯店人員介紹，當年老蔣已年逾八十，行動不便，根本不可能走下這麼陡的台階，因此專門為他設計這條滑梯，逃生時由衛士從後環抱老先生滑下，在滑道的終端另安排一名衛士背朝滑道蹲下，第一時間背起老先生逃到密道出口的公園。「不過，老蔣從來沒有使用過這條密道」，工作人員說。

《倚天屠龍記》裡的明教密道機關重重，張無忌誤闖密道，更因利趁便練成乾坤大挪移。走出圓山密道，才發現這裡不是光明頂，難免一點失望。當年老蔣在台灣普通民眾心目中的形象高高在上神秘莫測，就像沒有開放之前的圓山密道，隨著時移勢易，盧山真面目曝光，其實一點也不神秘。至於一百新台幣門票值不值，就見人見智啦。

其實中外很多重要建築物都設計有密道，奧巴馬時代曾經傳出白宮修建「末日地堡」的消息，不知真假。在香港，一直以來傳聞一百六十多年歷史的舊港督府(現禮賓府)地下有一條秘道，可直達下亞厘畢道的舊政府總部、滙豐銀行總行、以及當時是駐港英軍總部的韋爾斯親王大廈(現為解放軍駐港部隊總部)，出口在皇后碼頭，傳聞指秘密通道是前港督楊慕琦在日戰時興建云云。幾年前有報紙圖文並茂證實舊港督府至下亞厘畢道的地下秘道的確存在，但回歸後禮賓府每年舉辦公眾開放日，地下秘道卻從來沒有開放。其實，這條秘道在今時今日應該已經沒有什麼實際用途，不如學圓山大飯店的做法，開放地下秘道予公眾參觀，一來可以多一個景點，二來門票收入可彌補禮賓府維修費用，減少納稅人負擔，豈不是一舉兩得。

2019/12/13

台灣選情三點觀察

上周筆者在另一份報紙撰文談與智庫朋友到台灣觀選的見聞，文中提及「大選不是拼政績政網，而是靠炒作鄰近地區政局便可以提升民調影響選情，台灣的選舉總是別具一格」，一位讀者說：「選舉只論輸贏，再說，不拼政績政綱也非台灣獨有，剛剛結束的香港區議會選舉，不也是只問藍黃」？這個質疑不無道理，香港區選結果的確與社區服務好壞毫無關係，所以，如果有人想將台式民主搬到香港，恐怕不是什麼好事。

當然，從政治角度，選舉只論輸贏，不論對錯，但民主質素有高低之分，民主的真諦未必全在輸贏。這次我們在苗栗拜訪一位早年因參加反抗國民黨威權統治、爭取民主而身陷囹圄的「獨派」前輩，他對當今的台灣政治也不滿意，「雖然已經有民主選舉，但不能包容不同政見，民主需要包容」，他說這話聲音緩緩表情嚴肅。

再補充對這次台灣大選前觀察的感覺，第一感覺是「清冷」。我們在台灣五天，無論是台北、苗栗、台中還是高雄，天氣都好極了，秋高氣爽，日夜溫差較大，行夜市要加一件厚一點的外套。而所到之處，大選氣氛也很清冷，在各個市中心見到幾位候選人的巨幅競選海報，還有偶爾在街邊見到不同政黨「立委」候選人的海報，幾乎感覺不到大選將臨的熱度。以往到台灣觀選，宣傳車穿梭大街小巷，到處旗海飄飄，近年這種景象漸漸少見，候選人競選文宣工程的重點已由街上轉移到線上。去年韓國瑜競選高雄市長時網上文宣攻勢一浪接一浪目不暇給，印象最深是他的光頭形象被塑造成「月亮」，一句「跟著月亮走」，讓不少年輕一族著魔。不過，韓國瑜競選陣營一名文宣大將透露，去年韓國瑜競選團隊的網軍主力已全部被對手挖走。難怪韓國瑜的網上文宣已不復去年一往無前的凌厲攻勢。

當然，線下的造勢大會仍然非常重要。我們此行只在高雄遇上一場

韓國瑜向支持他的各社團代表授旗的室內造勢大會，會場不大，但現場氣氛非常熾熱，韓粉激情飛揚，「凍蒜」的口號聲震耳欲聾。會場外賣旗子帽子和各種記念品、各種小吃的小販叫賣聲在夜空中此起彼伏，我終於找回台灣選舉的感覺。不過，無論場內場外，所見多是中老年人，甚至不乏輪椅一族，唯年輕人不多，娛樂性不足，這是韓國瑜的短板。此行沒有機會出席蔡英文的造勢活動，無法進行比較，有點遺憾。

第二點感覺是媒體民調變味。台灣媒體喜歡公布選舉民調，但在台灣早已找不到一家沒有立場比較中立的媒體，這些民調數據難免被質疑立場先行，而同一候選人的不同民調結果可以相差很大。隨著大選進入最後一百米衝刺，媒體民調幾乎一面倒對韓國瑜不利，一名當地資深媒體人說，九成媒體親蔡，這些民調數字不能真實反映民心民意。韓國瑜呼籲支持者回應所有民調「唯一支持蔡英文」，是無奈中見機智。不過有消息人士透露，韓營支持者透過其他渠道作民調，結果卻是韓國瑜大贏，但這個結果沒有公布，主持這項民調的人頗有來頭，而且往績甚佳。民調，無論是公開還是不公開，似乎已成為選戰的手段。

第三個感覺是，部分人士對中美關係影響兩岸局勢表示非常擔憂。中美貿易戰以及美國公開打台灣牌，而中國大陸的強大和自信，令曾經在擔任陸委會主委期間經歷台海導彈危機的張京育深感憂慮，他認為兩岸關係「又一次走到十字路口」。蔡英文在競選期間全面迎合美國的中國威脅論，操弄大陸要奪取台灣安全的話題，近日更大肆炒作所謂王立強間諜案、推動「反滲透法」立法，製造兩岸敵意和敵視，借此拉抬自己的選情，如果蔡英文成功連任，她第一次當選時「維持台海現狀」的承諾將難以繼續，台灣勢必進一步捲入中美角力。結論當然是希望韓國瑜當選，兩岸才有可能和平發展。

走筆至此，傳來前新北市長朱立倫出任韓國瑜全台競選主委的消息，與韓的競選副手張善政組成「鑽石三角」，韓國瑜在新北市競選總部成立現場牽起朱張二人的手向支持者展示信心，前「總統」馬英九、黨主席吳敦義、新北市長侯友宜等重量級人物到場打氣，展示黨內團結挺韓。

我曾經問台灣的政界人士和學者,在大選投票前最後關頭,國民黨各個山頭各派系,包括輸掉初選的郭台銘和黨內外人脈深厚的王金平,能否顧全大局全力挺韓?得到的回答是「難」。韓張朱「鑽石三角」能否攻下這個「難」關,是決定韓國瑜成敗的關鍵。

2019/12/12

■ 韓國瑜造勢活動

選舉前台灣走馬觀花

　　台灣的大選進入最後一個多月倒數，這一陣子，隔些日子便見到蔡英文在電視上露面評論香港發生的動亂，蔡賴配正式宣布參選當日，賴清德更揚言要以台灣的民主「引領香港」，不同的媒體都說香港動亂救了蔡英文的選情，前特首董建華更直指美國和台灣是這次香港修例風波的幕後黑手，究竟怎麼回事？剛好接到三策智庫的朋友組團訪台邀請，百聞不如一見，去看看。

　　到台北第一天晚上，在圓山大飯店宴會上見到連戰前主席，八十三歲的老人依然精神奕奕談笑風生，記憶力極佳，我問他還記得十幾年前曾經在香港中文大學講 two nights stand with Hong Kong 的故事嗎？他說記得，反問我「不是 one night stand 嗎」？大家一笑。2005 年的「胡連會」對兩岸關係影響深遠，「您現在和胡總書記還保持聯絡嗎」？席間有人問，連先生眼看窗外沒有反應，全場安靜五秒，然後大家不約而同笑起來，沒有人再追問。二十一年前也是在圓山大飯店，我作為香港新聞界訪問團成員，第一次見

■ 2019 年 12 月，香港三策政庫同仁拜訪高雄市副市長葉匡時，左三為本文作者郭一鳴。

到時任「副總統」的連戰，當時兩岸關係風雨欲來，翌年，李登輝正式拋出「兩國論」。再過一年，國民黨分裂，台灣藍天變綠地。正如一首台灣老歌所唱：時光一去永不回，往事只能回味。

　　晚宴上遇到的另一位熟人是前台灣駐港代表張良任，後來官至陸委會副主委、「國防部副部長」，現在的名片是一家從事環保行業的公司，

他說今年 12 月他的保密禁令就解除了，可以出去外面走走。我的鄰座竟然是「筆友」，現任馬英九基金會執行長蕭旭岑，他是《八年執政回憶錄》一書的執筆人，幾個月前我在本欄寫過一篇《讀馬英九回憶錄的聯想》，沒想到蕭旭岑看過這篇書評，也知道有一些網站轉發此文，「原來是你寫的，謝謝你的大力推薦」！他說本來馬英九想來參加今年香港書展，為這本書作宣傳，可惜遭當局橫加阻撓，加上香港局勢不穩，錯失一個與香港市民交流的機會。蕭旭岑是報人出身，反應敏捷，談及台灣大選形勢，話雖不多但非常清醒見解透徹。

我們一行從台北開始，經苗栗、台中、到高雄，從北到南前後五天，拜訪各界人士，上至政界大佬，下至一個普通里長，既有藍營大將，也有獨派前輩，還有媒體名嘴和學界專家，有舊識也有新交，雖是走馬觀花，但非常接地氣。我們在台中一位藍營「立委」候選人的競選總部參訪，剛好碰到台中市副市長楊瓊瓔前來為候選人打氣，她和在場義工打招呼，帶領全場喊口號「凍蒜」，風風火火匆匆來去。中午我們就在空地臨時搭起的「大食堂」，和義工們一起吃一頓選舉飯，感覺真是棒極了。

此行見到的幾乎每一人都提到香港暴力動亂對台灣大選的影響，台中一位在地方上很有影響力的無黨籍人士直言，香港局勢讓蔡英文「撿到大炮了」，但勝負難料。在高雄一個座談會上，幾位當地學者談到國民黨選情，內部不團結、韓國瑜賣房問題等負面因素，都不及香港局勢的衝擊大。一位大學教授直指，蔡英文本來民望低迷，靠兩件事翻盤，一是打支持同性戀牌爭取年輕人，二是強硬回應兩岸問題包括高調評論香港問題。連綠營人士也對香港局勢感到意外，在苗栗，一位前「立委」、現任「政務院」顧問的「獨派」前輩談起香港遭黑衣人暴力破壞，表示「非常可惜」，他說香港不應該是這個樣子。候選人競選不是靠拼政績拼政綱，而是靠炒作其他地區局勢的話題就能拉高民調影響選情，台灣的選舉總是別具一格。

至於參與暴力的香港年輕人與台灣相關人士關係密切，在台灣政界

是公開的秘密。筆者多年來關注台灣選舉，從沒感受到像今次香港對台灣如此重要，對於香港來說，這究竟意味著什麼？未來香港和台灣的政治勢力會不會形成某種結構性的互動關係？

距離大選投票只有四十天，蔡英文對韓國瑜的民調優勢進一步拉開，但藍營質疑媒體民調的真實性，韓國瑜更要求支持者以「唯一支持蔡英文」回答所有民調，希望打亂對手利用傳媒製造民意效應。究竟民調和民意有沒有落差？我們在高雄一場韓國瑜為社團授旗的造勢晚會現

■ 台灣藍營的選舉文宣

場，看到與民調走低完全不同的一面，台上的韓國瑜與在場揮舞旗幟的支持者的互動充滿激情融為一體，士氣高昂信心十足，當全場一遍又一遍高喊「韓國瑜──凍蒜！」全場大合唱「中華民族，中華民族，經得起考驗，只要黃河長江的水不斷……」，站在舞台下前方的我，看到韓國瑜幾度眼含淚水。對比蔡英文打香港牌反中牌，喊出「台灣安全、人民有錢」的韓國瑜能否再創選舉奇蹟，答案很快就揭曉。

2019/12/06

一座舊總督官邸，半部中國近代史

　　愛佑（香港）基金會義工一行結束三天的山東慈善探訪，離開青島之前，到位於老城區中心的德國總督官邸舊址參觀。話說 1898 年 3 月 6 日，德國迫使清廷在北京簽訂《膠澳租借條約》，租借青島 99 年，將整個膠東半島納入德國勢力範圍。德國人打算長期把青島佔為己有，於是請來德國著名建築師拉查魯維茨設計總督官邸，1905 年動工興建，兩年後落成，這是近代中國第一座最具代表性的德式建築。這座極具歐洲古堡風格和皇家格調的總督官邸，建築面積逾四千平方米，主體四層，共有 66 個房間，內部裝修和家私配置也非常考究，時隔百年之後，臥室、書房、壁爐、花房、酒窖依舊透出昔日光采，令人讚嘆，音樂廳一架 1896 年的博蘭斯勒黑色三角鋼琴，仍擺放在原來的位置，仿佛默默等待下一位演奏者上場。

　　德國人想為未來百年統治這座東方海濱城市的總督建造一座永遠官邸，正如他們後來精心為青島設計的地下排水系統一樣，希望建成德國在亞洲乃至全球殖民地的樣板工程，但歷史給德國人開了一個殘酷的玩笑，隨著 1914 年一戰結束，作為戰敗國的德國在青島的殖民統治短短十七年即告結束，前後只有兩任總督曾經入住這座總督官邸。此後三十五年，這座舊總督官邸見證了青島管治權幾經易手：日本殖民統治、北洋政府、國民政府、日本侵華佔領、再回到國民政府。這裡曾經舉行著名的「汪偽青島會談」，國共內戰期間，蔣經國曾陪同蔣介石來青島巡視，入住此樓。1949 年新中國成立之後，這座歷經滄桑的經典建築接待過多位中外政要，1957 年毛澤東主席居住此樓一個月，期間在此召集中央政治局會議，部署展開反右運動。1999 年，舊總督官邸闢為博物館正式對全社會開放，成為青島最著名的景點之一。可以說，一座舊總督樓，半部中國近代史，前副總理兼外長陳毅元帥五十年代入住此樓時，「沉吟久不睡，海天思綿綿」。

在這座德國人留下來的百年舊樓留連，我聯想起發生在 1898 年的另一件事，這一年德國《法蘭克福日報》記者 Paul Goldmann 到中國採訪，首站香港，然後經廣東到上海、武漢、北京、天津等地，歷時三個月，訪問過李鴻章、張之洞、榮祿等當朝權貴和地方官員，兩年後出版《在中國的一個夏天》(Ein Sommer in China 1898) 一書。我猜測，Paul Goldmann 這次中國之行的採訪安排，應該與同年德國強迫中國簽訂膠澳租借條約有直接關係，因為德國民眾想知道遙遠的中國究竟是一個怎樣的國家，Paul Goldmann 透過這本書向德國讀者全面介紹這個東方古國的最新面貌。可是 Paul Goldmann 沒有料到這本書出版四年後，德國在中國土地上的殖民歷史已告終結。我的德國朋友吳先生請人把這本書翻譯成中文，準備近期出版，較早前他把書中部分中文譯稿發給我，包括關於香港商埠的描寫和中國報業情況的介紹，內容很有意思，對了解當年西方記者如何看中國、如何向西方民眾介紹中國，非常有幫助。

其實，德國人在青島留下的，除了這座被梁思成譽為「融合東西方多種文化理念於一體的建築藝術巨製」的百年舊督樓，還有青島啤酒、青島地下排水系統等「遺產」。在舊總督官邸博物館，有一處專門介紹當年德國人運用最先進的「雨污分流」設計理念在青島建造地下排水系統，還提到一戰後日本從德國手上接管青島，驚訝於這座「亞洲最乾淨城市」的管理，第一時間搜集德國人管治青島期間的所有法律文件，運回日本翻譯研究，從中學習德國人的城市管理理念。

舊總督樓二十元一張門票，絕對是大大超值。回港之後我把青島之行的圖片發到朋友圈，並提出一個問題：德國統治青島短短十七年，百年之後德國文化在這座城市依然無處不在，為何影響如此深遠？回應者多讚賞德國製造和德國文化，欣賞青島尊重歷史和多元文化，也有一位朋友提醒一句：別忘了「五四運動」因青島而起，別忘了殖民統治原罪的一面。

2019/11/1

162

是愛心交流，也是國情學習

「像你家這種情況，有沒有向村裡申請扶貧資助」？

「我們在這裡沒有戶口，不算是村裡的人，沒有⋯⋯」。

上周六，我和愛佑（香港）慈善基金會義工團一行，在青島婦兒醫院的劉護士長邢醫生陪同下來到山東平度辛後村探訪安安小朋友，與安安的奶奶有以上對話。原來，穆奶奶十幾年前舉家從黑龍江搬到這裡定居，向當地村民租了六畝耕地，又蓋了兩間房，生活雖然困難，卻因為沒有當地戶口，未能受惠政府扶貧政策，好在安安的戶口落在當地姥姥家，否則將來長大要入學也可能有麻煩。類似的外來戶個案，我們前年到河北探訪時也遇到過。穆奶奶的老伴去世多年，兒子出去打工，媳婦在家照顧安安，她一個人種地之餘，還養了一群雞和鴨。安安今年四歲，出生一個多月就在青島婦女兒童醫院施行先天性心臟病手術，五萬多元人民幣醫療費除了社保報銷，其餘由愛佑慈善基金會資助。我們的來訪，給穆奶奶一家帶來熱鬧和歡樂，穆奶奶像見到親人一樣擁抱張護士長，激動落淚。

除了安安，我們此次山東之行還探訪了其他三名先天性心臟病術後康復的小朋友，分別是平度市韓家疃的悅悅（四歲）、嶗山區青山村的熙熙（十個月）和日照市馮官村的媛媛（四歲），此外還到青島婦女兒童醫院探視兩名剛做完手術住院的初生嬰兒，並與該院領導和醫護人員座談交流。香港義工團成員大多是商界人士公司高管白領，當中有的是連續兩三年參加探訪活動，駕輕就熟，也有的是首次加入，對所見所聞既新鮮又感動。

此行印象最深的一點，就是內地社保制度不斷完善，山東省各醫院已經實施全省及部分外省網上社保結算，以熙熙的個案為例，手術和住院醫護費用共九萬多元，出院時社保直接報銷七萬多元，餘額由愛佑資助，熙熙的父母無需再像以前先付清所有醫療費用，再憑醫院收據到所

在地社保部門辦理報銷手續。熙熙的爸爸是失聰人士，媽媽也患病，在附近食肆打工的奶奶說，之前開饅頭店失敗欠下很多債，如果要借錢給孩子治病，實在太難了。

另一個印象深刻的是，家家有 WiFi，手機成了工作必需品。媛媛的爸爸每天到鎮上為客戶安裝冷氣機，他向我們示範如何透過手機 APP 接單、簽到、結算，每一項工作流程全部在網上顯示。我問家裡的 WiFi 月費多少錢？他告訴我，手機套餐月費幾十元已包含 WiFi 費用，電訊公司免費上門安裝。此行我們帶來的禮物包中，包括基金會創辦人李家傑先生送給每個家庭的一部小米手機。

知識改變命運，這個道理很多人都懂，但在農村重男輕女的傳統思想根深柢固，小悅悅爸爸韓先生，一個三十多歲的山東漢子，卻傾盡所有，甚至變賣家產籌了兩萬多元把十二歲的大女兒澂澂（悅悅的姐姐）送進縣城的私立中學唸初中，「她愛讀書，學習成績在全年級幾百同學中排三十多名，我們希望她能升高中、考大學」，韓先生說。「今年學費怎麼辦？」我問。韓爸爸告訴我們，今年家裡六畝地種的大蒜、生薑等價錢都很低，包菜只有兩分錢一斤，（我們看到村裡有一堆一堆的包菜爛掉，還有的爛在地裡，原來是價錢太賤，農民索性不要），他們夫婦過些日子就出去打工，把女兒新學年的學費掙回來。我們和韓爸爸在院子裡說話時，澂澂一個人在房間裡靜靜地溫習語文課。

三天的探訪行程既是最接地氣的愛心交流，也是我們全體義工團友一次非常難得的國情學習機會。百聞不如一見，我們由衷為國家扶貧工作的每一個進步感到鼓舞，為每一個康復兒童的笑臉感到欣慰。借此機會，我想對青島婦女兒童醫院的醫護人員說一聲感謝！特別要感謝一路和我們同行，為孩子們做復檢的劉護士長和邢醫生。該院是最早和愛佑合作救治農村貧困家庭先天性心臟病兒童的醫院之一，迄今救助逾千個案，我很想借用該院兒童心臟中心的口號「把愛播種在心裡」，作為我們基金會今年年報的主題。

2019/10/25

一個七○後和一群九○後的故事

　　青春歲月，可以如歌如詩，可以如夢如幻。前幾天聽到一個青春的故事，十幾名九○後，跟隨一名七○後，在黃河中遊山西、河南一帶，小浪底和三門峽附近的山間河畔和懸崖峭壁上，與各種鳥類一起度過五年，為了拍攝一部紀錄片，他們稱之為自然電影。

　　「當時我們在懸崖邊拍攝，突然主攝影就從我面前掉下去，我整個人都矇了，腦子裡一空白，他可是家裡的獨子啊，我們的片子也完了！」孫寧說，「那是 2018 年，當時我們的片子已經拍了差不多八成，如果這時候主攝影出事了，那我們所有的付出就全白費了」，孫寧站在我面前一邊說一邊比劃，「沒想到奇蹟出現，擇一從我腳底下位置爬起來，原來他掉下去時被石頭掛住，只受一點皮外傷」。七○後的孫寧是這部名為《鷺世界》紀錄片的導演，九○後范擇一是主攝影師，正因為這段驚險的經歷，《鷺世界》的主角，一隻歷經磨難的蒼鷺，被取名為「澤一」。

　　我用孫寧的手提電腦看《鷺世界》(全片 87 分鐘)，開頭已有一種震撼的感覺，富有張力的畫面、獨特的寫生視角、充滿詩意的色彩，鏡頭背後處處流露一種年青人的好奇心，也許還有悲天憫人的情懷，我也說不清楚，總之一下子就把我帶進蒼鷺、金眶鴴、大天鵝、黑鸛等十多種鳥類生活的世界：黃河、蒼穹、峻嶺、峭壁，還有潺潺小溪、風中小草、漫天飛雪，影片以主角「澤一」在鷺媽媽「陸平」長達 30 天的孵化後終於破殼出生，開始它坎坷艱難、充滿挑戰的一生為主線，以唯美鏡頭和令人內心顫動的故事和畫面，讚美母愛和生命力，帶出對人類社會發展與鳥類及自然的關係這一非常富有現實意義的思考。我對內地自然電影了解不多，但曾經看過 BBC 的《飛禽傳》（The Life of Birds），這是一部由大衛艾登堡（David Attenborough) 撰稿及主持的自然紀錄片，首播於 1998 年，這是專門介紹不同鳥類的進化及生存環境的作品，

一共十集，每集 50 分鐘，我只看了當中一部分，不知道大衛艾登堡是否也拍攝蒼鷺，但我認為《鷺世界》的藝術水準，絕對可以媲美《飛禽傳》，不同的是，大衛艾登堡生於 1926 年，1952 年加入 BBC，而孫寧生於 1972 年，九十年代大學畢業後曾在大學任教，後來進入河南電視台當導演，再後來在鄭州成立了工作室。

「我們的團隊我年齡最大，其他都是九〇後，他們大學畢業後就跟我一起幹，我們以拍商業廣告賺錢『養』拍攝紀錄片，《鷺世界》是我們共同的夢想，前後拍了五年，總共投入一千多萬元，我到處籌錢，曾經到了發不出薪水、彈盡糧絕的境地，但是這班年輕人沒有怨言沒有後悔，甚至有人主動提出暫時不發工資」。孫寧介紹拍攝過程不無感慨，對他團隊的小伙伴們讚賞有加，「為了拍攝金眶鴴破殼的鏡頭，我們因為算錯時間，在山上連續守了 14 天，烈日如烤，大家的衣服濕透了擰乾，乾了再濕透。其實拍攝期間差點出事的不止主攝影師范擇一，還有一個女孩子從高處摔傷了，但她也沒有退出」。孫寧講完微微一笑，我才發現他的下巴留有一撮小鬍子，有點「一笑風雲過」的輕鬆瀟灑，我對他和這個有理想、有才華又實幹的年輕人團隊，充滿敬意。

《鷺世界》作為中國第一部全景聲自然電影正在排期公映，年底前將在內地各大院線正式上映，雖然這不是一部商業電影，更沒有大名鼎鼎的創作和演出陣容，只有名不見經傳的孫寧和一班九〇後的團隊，但我看好這部自然電影會叫好叫座。近年內地大力推動環保意識，一句「綠水青山就是金山銀山」深入人心，這部影片所帶出的思考非常及時，最難得是這部紀錄片有引人入勝的故事情節，主角「澤一」的出色演技絕對不遜大牌明星呢。孫寧說他沒有來過香港，希望不久的將來，他和他的年輕伙伴們有機會帶著《鷺世界》來香港上映，和香港的年輕人互相交流。

2019/10/11

166

韓國瑜離凱道「總統府」有多遠？

一如所料，韓國瑜民意大幅領先郭台銘和其他三名參與初選的朱立倫、周錫瑋和張亞中，勝出國民黨初選，明年一月台灣大選，將與蔡英文，應該還有現任台北市長柯文哲，爭奪下屆台灣的「總統」大位。

論領導力、國際視野和行政經驗，都不是韓國瑜的強項，反而是郭台銘、朱立倫有優勢，但無可否認韓國瑜人氣最旺，今天網絡時代的民意，似乎不太講因為所以，而是更注重直覺，喜歡就是喜歡，支持一個人並不一定需要講太多理由。美國主流媒體經常「修理」特朗普，但特朗普推特的五千萬粉絲喜歡他，相信他說的每一句話。我上月在高雄看韓國瑜在花蓮的造勢大會直播，逾30度高溫烈日暴曬下，數以萬計支持者近乎狂熱的場面，非常震撼，後來又看國民黨初選五名參選人在電視政見會上的辯論，已估計韓國瑜跑出的機會頗高。

局勢已基本明朗，蔡英文對韓國瑜，再加上隨時宣布參選的柯文哲，蔡有天時，柯佔地利，韓擁人和，這場兩男一女的三角大混戰，可以預料，將是台灣歷來最激烈、最具可觀賞性的一場選戰，香港的花生友和內地瓜眾，都準備好了嗎？以賠率而論，蔡英文爭連任握有行政資源，被看高一線，但如果落注，我依然一注獨贏買韓國瑜，理由？我相信網絡時代的選舉會有奇跡。

蔡英文爭取連任的選戰策略，已回歸綠營基本步：反中，這與她三年多前爭大位時強調維持現狀、維護兩岸穩定和安全的論述，大為不同。憑藉反對北京提出「一國兩制」台灣方案，配合華府對北京敵視情緒升溫，收緊兩岸交流，特別是在香港關於反對修訂逃犯條例風波中，蔡英文當局一再對特區政府擺出強硬姿態，抽水成功，令其民望由去年逾八成不滿的谷底，大幅反彈回升。距離大選只有半年時間，不難發現原來不滿其施政表現的部分綠營人士已經歸隊，加上賴清德輸了初選之後，

他本人和深綠陣營未再炮轟蔡英文，相信也已歸隊。

無可否認，香港修例亂局間接幫了蔡英文一把，但是，蔡英文憑獨沽一味反中，恐怕未必能爭取在統獨問題上立場不太鮮明的中間派選民的支持。蔡英文上任之後，在民生經濟方面表現差勁，在社會福利、勞工權益等多個範疇未能兌現競選承諾，民望一度跌至歷任民選「總統」最低，如果未來幾個月經濟民生依然未有起色，中間選民可能改投韓國瑜或柯文哲，台灣的中間選民究竟有多少？美國之音引述一項民調統計，49.6% 台灣民眾自認中間選民。

柯文哲無黨無派，不需要任何初選，遲遲按兵不動，相信是等國民黨初選局面清晰再做定奪，現在他隨時可能宣布參選，幾乎所有民調都將他當作候選人之一。日前他評價蔡英文和韓國瑜，指如果前者連任「台灣人不會餓死，當然有一些後面可能的併發症」，如果後者當選呢，未來如何卻「完全想不出來」。這是典型的柯 P 式語言，有點無釐頭，點到為止，但不把話說太白太滿，當中頗有政治智慧，就象他不承認也不否認「九二共識」，卻說了一句「兩岸一家親」，同樣得到大陸正面回應。柯文哲成功連任台北市長，政治實力不容低估，但今次如果投入大選，應該不會再單槍匹馬，坊間傳柯文哲可能組建第三勢力白黨，與前「立法院」長王金平拍檔，北柯南王聯手問鼎大位，如果柯王配成為事實，無論對蔡還是韓，都是有力的挑戰。

至於坊間另一傳聞指郭台銘可能脫黨參選，或與柯文哲聯手，這個可能性應該不大，郭台銘參選不是要攪局，更不需要出名，而是想做台灣特朗普，但他已經沒戲了。當然，如果想當造王者，郭台銘絕對有這個能力，就看韓國瑜或柯文哲能否三顧茅蘆懇請郭董為其站台，那怕站一次也好。

現在來談韓國瑜。高雄市長選舉一役，韓國瑜以驚世駭俗姿態爆冷勝出，支持者形成一股席捲大半個台灣的滾滾韓流，在這次國民黨初選中，韓流再現，左右大局，可見大部分韓粉的忠誠度很高，即使韓國瑜

決定參加大選之後面對黨內黨外各種指摘和質疑,而韓粉依然不離不棄,這種韓流現象,至今在台灣無可複製。但是,只靠韓粉顯然不足成事,要將韓國瑜送入凱道的「總統府」,至少需要過三個大關,首先及最重要,可能也是最艱難的是爭取國民黨內各山頭各派系的支持:包括馬英九、連戰、吳伯雄、王金平等大佬,還有蔣萬安等新生代,黨主席吳敦義原本支持郭台銘,有消息指韓國瑜想請連戰出馬幫助擺平各個山頭,是否做得到有待觀察。國民黨這家百年老店歷來山頭林立內鬥內行,韓國瑜這匹野馬突圍而出,如果黨內各路人馬能以大局為重全力支持他爭奪大位,可以說,韓國瑜離「總統府」就只有半步之遙了。

其次,韓國瑜如何說服高雄市民,他當選市長僅僅半年就投入「總統」大選,並不是背棄高雄,並不是追求個人更高權勢,而是想站在更高層面,為包括高雄在內的全台灣經濟和未來打拼,所謂時不我待,捨我其誰。如果韓國瑜能夠說服高雄市民,那麼他要讓台灣其他各地的選民相信他比蔡英文更適合做「總統」,有能力讓台灣變得和平、發展和快樂,就不是太難了。畢竟,他連外交也要變成「發財外交」,台灣人愛聽。

第三關是美國,要美國人點頭,至少不反對,才能入主台北凱道那座日式「總統府」,這是眾所周知的政治現實。美國政客經常指摘外國勢力干預其他國家地區的選舉,其實美國歷來對台灣選舉,豈止是干預。韓國瑜當選高雄市長後曾到訪美國,喊出「國防靠美國、科技靠日本、市場靠大陸、努力靠自己」的口號,這話美國人可能愛聽,但此一時彼一時,韓國瑜會再去美國接受「面試」嗎?

總括而言,台灣這場三角大戰,實質上是政治牌對民生牌之爭,誰勝誰負,花生友和瓜眾耐心再等半年便見分曉。

2019/7/25

高士存千古

七一有三天長假，到揭陽出席郭之奇文化研究會成立大會。小時候在老家揭陽棉湖鎮和爺爺奶奶一起生活過一年，對上一次到揭陽是十七年前隨香港新聞界一行到潮汕三市採訪。說來慚愧，我以前只知潮州有韓文公，不知揭陽有郭之奇。對郭之奇這位先賢有一些了解，是因為國學大師饒宗頤教授一九九一年在中文大學新亞學報出版的《郭之奇年譜》。據郭偉川先生介紹，這份年譜，是饒公一九四二年逃避日寇，從潮州到揭陽居住期間所寫，由研究到公開發表相隔五十年，在饒公心目中，郭之奇的歷史地位如何，可想而知。

郭之奇於崇禎元年（一六二八年）高中進士，從揭陽到北京、福建做官，政績卓著屢獲升遷。清兵入關後，郭之奇作為南明朝廷的重臣，官至大學士兼禮部、兵部尚書，率軍輾轉於閩粵桂滇各地抵抗清軍，歷盡艱辛，其子曾致書勸其回鄉，郭之奇回覆「光復則掃壟有日，陸沉則望鄉無期」，意志堅定擲地有聲。永曆十五年（一六六一年）郭之奇遭誘捕，翌年慷慨就義，年僅五十六歲。郭之奇一生，就是一部南明的悲壯史詩。一百多年後，乾隆評價郭之奇「始終不屈，從容就義，洵為一代之完人也」，特賜諡「忠節」。

郭之奇一生留下《宛在堂詩集》共二千八百四十首和《宛在堂文集》三十八卷等大量著述，是一位文才武略兼備、立德立功立言成就卓著的傑出歷史人物。吾潮雖地處南方一隅，但人傑地靈，英雄輩出，海濱鄒魯之稱，並非浪得虛名，其深厚人文底蘊，不讓中原和江南一帶專美。也許這就是饒宗頤教授當年寫《郭之奇年譜》，事隔五十年後將年譜公開出版的原因吧。

成立大會儀式結束之後，來自北京、香港、廣州、深圳各地的幾十位郭氏後人、教授專家等，前往位於舊城東門的郭之奇故居參觀。郭之

奇故居主體建築為太史
第，坐北朝南，屬官方
府第四馬拖車式格局，
牆基全部墊石條，牆體
用青灰磚砌成，整座建
築均用木柱支架屋頂，
廳堂地面鋪設的紅磚典
雅古樸，後廳左右兩根
石柱上留有郭之奇親筆

■ 郭之奇故居主體建築為太史第

手書的對聯：「尊聞行知自是高明廣大，正道修理何須勝利急功」。太
史第連同附近的金馬玉堂、郭氏祠堂，構成廣東省重點文物保護單位「郭
之奇故居」。可惜故居周圍的蓮花蕊池和麒麟照壁等，已不復存在。我
捻三炷香，敬拜於先賢靈位之前。當地宗親介紹，每年祭祖時，來自潮
汕地區和海內外的郭氏宗親代表數百人齊集太史第，追思先賢，弘揚祖
德，儀式十分隆重。

歷史名人是一座城市的風景，更是靈魂。研究郭之奇，我認為至少
有三個方面的意義，首先，有助於更全面深入認識揭陽這座有兩千多年
歷史的粵東古邑的文化底蘊，有助於進一步了解潮汕族群與中原的歷史
人文淵源。潮汕郭氏的始祖是唐朝汾陽王郭子儀，故有「汾陽世澤」
之說，郭子儀後人入閩，而潮人多從福建遷移而來，近四百年前的郭之
奇家族已是揭陽書香世家，我很好奇，當年郭之奇上京做官，是說潮州
話還是中原官話？歷朝潮州人做大官的不多，是否與潮人不會說官話有
關？其次，郭之奇的民族氣節，忠勇感人，堪比文天祥、陸秀夫，是愛
國主義的生動教材。郭之奇文化研究會的成立，更可以成為凝聚海內外
揭陽及潮汕鄉親的文化平台。

我在會上提出三點建議，首先是對郭之奇故居進行全面修繕保育，
規劃建設「郭之奇廣場」，打造成揭陽這座歷史文化名城的地標，讓揭
陽市民共享先賢郭之奇留下的歷史文化遺產。其次，把郭之奇研究與潮

學研究結合起來，與國內外大學、研究機構合作，定期舉辦相關學術研討活動。第三，鼓勵揭陽籍企業家和有心人出資，將郭之奇文功武備壯懷激烈的一生拍成電影、電視劇，寓文化傳承於大眾娛樂，借助郭之奇歷史人物的故事，提升揭陽的城市知名度。

大文豪沈從文曾經問：誰的生命可以不受時間限制？我想，先賢郭之奇的生命已融入滔滔榕江和練江之水，哺育一代又一代揭陽人民，千古留芳，又怎會受時間限制呢，正如郭之奇詩曰：「但存高士節，尚得古人名」。僅以此短文，祝賀郭之奇文化研究會成立，祝願家鄉繁榮、國泰民安。

2019/7/12

南海明珠再展風采

收到家鄉汕頭市政府新聞辦發來邀請函，邀請七月十日乘搭香港至汕頭第一班直通高鐵列車到汕頭，「體驗汕頭直通之旅，領略汕頭城市之美」。這是我期待已久的旅程啊！但是非常遺憾，當天我有其他工作安排，打工仔人在江湖身不由己，實在很無奈，只好回覆無暇分身，並請應邀赴汕採訪的傳媒朋友到時多拍幾張照片發給我。

去年四月十三日我在本欄發表《想搭第一班高鐵回鄉》，當時「一地兩檢」方案還未上香港立法會，「反對派」揚言阻撓通過。轉眼間，高鐵通車已經九個多月，「反對派」當日極力渲染散布的種種恐懼場面沒有出現。六月二十日，香港新聞聯一行到西九龍高鐵站參觀考察，獲港鐵公司車務營運總管胡瑞華、總客運經理梁光輝、公關經理顧雅娟等接待。據介紹，截至今年六月，西九高鐵總載客量逾一千四百萬人次，今年大年初三當日載客十點四萬人次，創單日載客量最高紀錄，整體運作十分暢順。最令我高興的是，自七月十日開始，西九龍高鐵站由原來直通內地三十八個城市車站，增加至五十二個，當中包括汕頭，初期每日只有一班列車往返，即下午兩點多由西九龍開出，大約三個鐘頭車程抵達汕頭，半個鐘頭後由汕頭返回香港。比起現在香港高鐵只直達潮汕站，需再轉車近半小時到汕頭，明顯方便得多。我當場提出建議，應盡快增加直通汕頭的班次，至少增加每天上午一班往返，五百六十多萬人口的汕頭是粵東地區中心城市，與香港各界聯繫非常密切，毋須擔心客源不足。

為了說明增加高鐵直通汕頭班次的必要性，我舉了一個例子。汕頭外砂機場數十年來一直是大潮汕地區唯一軍民兩用機場，改革開放後開通汕頭至香港的航線，由最初包機到每日固定航班，雖然票價貴得很不合理，卻不愁客源，每到節假日更一票難求。但前些年機場莫名其妙被搬去九十年代才撤縣設立地級市的揭陽，改名潮汕機場，後來我搭飛機去汕頭，每次要勞煩親友駕車往返近兩小時到機場接載，有一次更發生

買了機票之後，到機場之前才臨時被通知航班取消的事情。過了不久，潮汕直飛香港的航線宣布取消。「汕頭直飛香港航線營運多年，為何機場搬到揭陽就停飛？因為往返汕頭不方便」，我對西九高鐵兩位高級職員說。他們回應稱，會就我提出的建議，積極與內地方面進行溝通。

近年流行一個新名詞叫「高鐵經濟」，在國際上，高鐵是中國推動「一帶一路」合作的重要項目，在內地，高鐵對一個城市的產業結構和產業布局，以及出行方式都產生重大影響。去年我到甘肅出差，驚奇地發現西北特困地區的通渭縣城竟然有一個明亮寬敞的高鐵站，可以直達蘭州和西安兩個省會城市，一名當地人士說，自從一年前高鐵通車以來，通渭縣的經濟發展大為改觀。

百年商埠汕頭市一直是粵東首府，改革開放後成為全國四大經濟特區之一，去年更被列為廣東省副中心城市，但無論是動車還是高鐵建設，都遠遠落後於內地同一級數的城市。我每次回鄉探親，經過市區那座灰暗寂寞的火車站，感覺好像是被現代交通文明遺忘的角落。汕頭經濟發展水平在過去十多年嚴重落後於深圳珠海廈門三大經濟特區，其城市鐵路建設的滯後，既是因又是果。

近幾年汕頭經濟發展重拾動力，盼星星盼月亮，終於今年年初開通汕頭至深圳的動車，結束汕頭作為四大經濟特區唯一既無機場又無動車的歷史，如今更有了汕頭至香港直通高鐵，市政府邀請香港媒體朋友搭第一班車到汕頭，共同見證和體驗，實在是一個非常好的主意。汕頭啊，是時候再向世界展現你的浪漫風采！

老舍有詩讚汕頭：「潮汕文化最風流，虹彩霞光映碧秋。品罷功夫茶幾盞，欣看珠玉滿瓊樓」。這次參加體驗之旅的傳媒朋友，L君是第一次去汕頭，我提醒他：別忘了好好欣賞汕頭這顆南海明珠的風光美景、盡情享用地道潮汕美食啊，相信你一定會感到不虛此行。

國運
你信不信？

韓國瑜又有新名詞:「發財外交」

　　周二晚上國民黨首場初選論壇在高雄登場,韓國瑜、郭台銘、朱立倫、周錫瑋和張亞中五位參選人同台亮相,藍軍人氣之王韓國瑜有主場優勢,郭台銘和朱立倫的演出也具水準,周錫瑋和張亞中雖然被視為陪跑分子,同樣十分「入戲」。翌日朋友群組有人斷言「韓國瑜沒戲了」,問為什麼?答案是善面相者指韓國瑜台上表現無「君王之勢」,又無「君王之相」云云。我不懂面相之學,但電視畫面所見,身著淺藍襯衫、個子不高的韓國瑜與其他四位西裝革履的參選人站在台上,確實顯得另類,當大特寫鏡頭推近時,禿頭很亮很大,特別顯眼。去年底競選高雄市長時,禿頭成為韓國瑜各種競選單張的 Logo,誰知道那一句「月亮跟著禿子走」,到底圈了多少韓粉,拉了多少選票。這次參加黨內初選,韓國瑜的禿頭還是那個禿頭,是否能再次為他加分則有待觀察。

　　月初和朋友組團到高雄佛光山拜佛,逗留期間剛好碰上民進黨蔡英文和賴清德進行初選電視辯論,我一早認定,無論從哪一個角度看,蔡英文很有可能勝出黨內初選,看了一會兒蔡賴辯論直播,更加堅定我的判斷。蔡賴二人的辯論都過於公式化,實在太悶。剛剛準備出發,另一個台正在直播韓國瑜在花蓮的造勢大會,嘩!高溫三十多度的炎炎烈日下,人頭湧湧,一片紅海,下午五點過了一會兒,韓國瑜夫婦乘坐白色麵包車進場,在大批韓粉簇擁下,好不容易才登上主席台,和蔡賴辯論的場面相比,簡直是兩個世界!結果我們比原定去參觀舊英國領事館的行程安排,遲了大半個小時才出發,正好,烈日開始西斜,不會太暴曬,同行的兩位商界朋友強哥和胡哥一路上不停地說韓國瑜如何如何,「你們也成了韓粉嗎」?我這一問,全車的人都哈哈大笑起來!

　　說回周二的國民黨初選政見會,事前確定四大議題:「憲政」、兩岸、「外交」和「國安」,韓郭朱三位在兩岸關係問題上的立場大同小異,離不開「九二共識」的大框架,郭台銘有關兩岸關係的言論,其實就是

馬英九的「不統不獨不武」的翻版，當朱立倫質疑郭台銘在島外擁有龐大事業利益，如何平衡時，郭台銘說出當晚全場霸氣的一句回應：「我一輩子不受人威脅，也沒有人可以指使我」，可惜看不到現場觀眾有何反應。

我覺得韓國瑜十二分鐘的演講似乎更有賣點，他強調不當「棋子」，不做炮灰，而要做泡澡浴缸的塞子，他以二戰中的瑞士和泰國得以幸免於戰火為例，強調要善於發揮台灣獨特的作用，「雖然塞子很小，但沒有塞子就沒有辦法泡澡」，這個比喻有點新意而且易懂。此外，韓國瑜提出「發財外交」的新名詞，把「外交」去政治化，強調要台灣的「外交」要經貿掛帥，要把民進黨當局的花錢「外交」，變成「發財外交」。當日韓國瑜憑一句「貨賣出去，人走進來，高雄發大財」打動高雄選民，現在他又想用「發財」打動全台灣的民眾，正所謂「橋唔怕舊，最緊要受」。

政見會後台灣有民調顯示，郭台銘台上的表現搶鏡得分最高，也有的認為韓國瑜已經勝出，對朱立倫的評價也不低。換言之，第一場三雄爭鋒各有精彩之處。下一場論壇明天（二十九日）在台中舉行，第三場七月三日在台北舉行，然後七月中進行全民調，根據民調決定誰代表國民黨參選二〇二〇台灣「大選」。我問強哥和胡哥：「你們看好誰勝出國民黨初選」？誰知兩位異口同聲說：韓國瑜！不過我知道他們都不是台灣選民，得個講字。

2019/6/28

讀馬英九回憶錄的聯想

「回首這一路，有得有失、有悲有喜；雖功成事立，卻也有未竟之業。凡是願意拿起這本書翻一翻的人，我都衷心感謝，正是你讓我有一個再次檢討的機會。—馬英九」。周日逛書店，看到《八年執政回憶錄》一書，馬英九口述、蕭旭岑著，封面設計醒目印刷精美，拿起來看到書的背後馬英九這段話，決定掏錢買下。

我曾經是「馬粉」，馬英九執政期間，老友自創兄每年回台灣過春節，返港後見面總會轉贈一個印有馬英九簽名的利是，最後一次收到是二〇一六年猴年春節，每一個「馬氏利是」我都留作紀念品。馬英九的謙謙君子形象和清廉自律的品德，廣受香港媒體好評，記得他在台北市長任上曾經訪問香港，還到廣華醫院找回他的出世紙，那幾天香港颳起一陣「小馬哥」旋風。

二〇一三年是馬英九第二屆任期的第二年，香港新聞界訪問團到台灣，原本希望馬英九能接受我們採訪，可惜有關方面未能作出安排，吳敦義和我們談了一個小時，基本上只是重複馬英九的兩岸關係論述。其實，當時馬英九已經沒有連任包袱，如果他能在兩岸關係的和平發展方面多走一步，例如同意展開兩岸政治談判，局面可能很不一樣。兩個任期八年，馬英九對涉及統獨問題的處理手法一直顯得過於小心謹慎，例如他在回憶錄中承認，上台後對阿扁時代「去中國化」的高中歷史課綱只作出微調而未有撥亂反正，對此必須「深自檢討」。直到馬卸任前夕，兩岸關係才出現高潮：在新加坡與習近平主席舉行歷史性的「習馬會」。

回憶錄花了整整兩章，佔全書近七分之一篇幅談「習馬會」，當中不乏未曾公開的「內幕」。早在二〇一三年六月，接任國家主席一年多的習近平就以清華校友身份，在北京會見曾任台灣清華大學校長的劉兆玄，而劉兆玄曾在馬英九任內擔任「閣揆」，就是在這次會面，首次確

認兩岸領導人會面的意願。馬英九指示「國安會秘書長」袁健生積極評估可行性。但回憶錄寫道，「馬英九態度審慎，加上內部又有不同聲音」，原規劃當年在新加坡舉行兩岸領導人會面，最終由馬英九拍板，沒有進行。又

■ 馬英九在回憶錄發布會上講話

經過雙方幾個來回，時間到了二〇一五年十月，國台辦和陸委會首長在廣州開會，確認「習馬會」於當年十一月七日在新加坡進行。當天下午三點，兩岸兩位領導人習近平和馬英九在新加坡香格里拉酒店歷史性會面，兩人握手一分二十一秒。

李光耀說，我只做正確的事情，不管是否政治正確。馬英九執政八年，常常被批評患有過於執著政治正確的「潔癖」，上文提及他不敢對「去中國化」的課綱作出撥亂反正，無非是不想被綠營指摘政治干預，這也是他任內負評頗多民望大跌的重要原因。當他終於明白兩面討好只會落得兩面不討好，拋開顧慮做他認為正確的事：舉行「習馬會」，總算給自己八年執政留下精彩一筆，雖然時間上遲了一點，距離他正式卸任只有半年時間。不過，當馬英九想做另一件正確的事情：推出《兩岸服務貿易協議》時，卻引發「前所未有、衝擊兩岸關係與台灣內部政治版圖的巨大政治海嘯」，他所指的就是學生佔領台灣「立法院」二十多天的「太陽花學運」，最終導致兩岸服貿協議破局。馬英九用「那些讓台灣停滯不的罪人啊！」做這一章的標題，可見在事隔多年之後，他依然對事件深感痛心。

馬英九在《序——走這一路》中承認，自己在任內犯了錯，有重大施政失敗，「民眾的責難，我自當承受；唯有謙卑的鞠躬，才能再挺起身來」。此時此刻在香港讀到這段話，真是十分感慨。中國人一旦做了

國運
你信不信
？

官，特別是做了大官，最難的就是自省和認錯，清廉正派、學養深厚如馬英九，也只有在卸任退休之後，在離開權力之後，才會真正反思自省。至於馬英九透過「再次檢討的機會」，對他的「未竟之業」是否有所幫助，我是有所保留，畢竟他已卸任，在台灣社會、在國民黨內的影響力還有多大？

走筆至此，蔡英文在黨內初選擊敗賴清德，成為明年一月台灣大選綠營唯一候選人，而藍營初選出現多人混戰，局面尚未明朗，馬英九基金將於月底舉辦論壇，郭台銘、韓國瑜和朱立倫將同台交鋒，這本《八年執政回憶錄》於此時推出，似乎不是純屬巧合，馬英九會是造王者嗎？

他的「未竟之業」能否有機會重新啟動？我們不妨走著瞧。

2019/6/21

誤送誤炸二十載 河東河西三十年

　　關於華為的新聞每天都不同，新鮮熱辣，宣布停止供貨給華為以及不合作的公司名單陸續增加，而主角任正非也一反低調作風，連日來頻頻接受中外媒體訪問，由最初遭受迫害仍大方為美國和美國企業說好話，到開始作出反擊。最新消息是，華為已就美國政府禁止聯邦機構使用華為產品入稟美國法院，要求法院宣布相關禁令違憲，並禁止執行。華為首席法務官宋柳平發表聲明稱，美國禁令是典型的剝奪公權法案，違反正當程序。宋柳平說，該法案直接判定華為有罪，對華為施加大量限制措施，其目的顯而易見，就是將華為趕出美國市場，稱是以「立法代替審判」的暴政，為美國憲法明確禁止。華為反擊的武器是美國法律，有用嗎？走著瞧吧。任正非前兩天對彭博新聞說，就算特朗普打電話給他，他也未必會接聽，原來任正非話中有話，因為華為在美國的相關訴訟早在三月已經啟動，前兩天向法院提交簡易判決動議，旨在加快司法程序。

　　我更感興趣的是另一條新聞，路透社披露，聯邦快遞（FedEx）將四個分別從日本東京和越南河內寄給華為的包裹，直接「誤送」去到美國。如果不是聯邦快遞發聲明對「失誤轉運」表示抱歉，並且強調「沒有任何外部方面要求聯邦快遞轉運這些貨件」，我還以為是線民惡搞呢。這次聯邦快遞的四個包裹，本應分別送到中國內地和香港、新加坡的華為辦公室，卻被送到美國或轉送往美國，當中兩個於五月十七日從越南河內發出的包裹，二十一日抵達香港和新加坡的聯邦快遞站之後被攔截，面對華為提供的包裹追蹤記錄，聯邦快遞的解釋是「投遞異常」（delivery exception），當傳媒追問究竟發生何種「異常」？是海關延誤，還是節假日無人收貨？聯邦快遞恕不置評。不過，路透社引述華為與聯邦快遞越南客服之間一封電郵，聯邦快遞曾回覆華為查詢，表示是美國總公司要求將包裹扣押並轉運至美國，唯遭貨運代理反對。消息稱，華為已收到來自越南的其中一個包裹，另一個則仍在途中。

　　快遞公司發生「誤送」並非什麼大新聞,但同一時間將從不同地方寄給華為的四個包裹全部「誤送」到美國,加上時機的巧合,就毫無疑問是大新聞。去年以來美國政府指控華為利用通訊技術說明中國政府盜竊外國情報、威脅美國國家安全,又指華為5G是偷竊美國先進技術等等,罪名非常嚇人,華府封殺令出手狠毒,擺明欲一劍封喉絕殺華為,但卻從未提供任何證據。就在華為發起法律訴訟之後,聯邦快遞便將四個寄給華為的包裹「誤送」到距目的地萬里之外的美國,是否有人想從這幾個包裹中找到想要的「證據」?真相已呼之欲出。

　　聯邦快遞包裹「誤送」事件,令我聯想起二十年前北約轟炸南斯拉夫,美軍五顆炸彈炸毀中國駐南斯拉夫大使館,導致中國記者在內多人死傷事件,事後美方的解釋竟然是因為軍方使用「過時地圖」導致「誤炸」。炸館事件觸發中國民眾的反美浪潮席捲多個城市,香港各大媒體都派人採訪,當時情境至今歷歷在目。從「誤炸」到「誤送」,美國在國際上蠻橫霸道肆意欺凌二十年如一日,而中國已然今非昔比,大國崛起勢不可當,中國民眾面對國際政治風雲突變的心理承受能力明顯更趨成熟。二十年前還默默無聞的華為,今天已有能力問鼎5G通訊的天王寶座,被美國視為威脅其高科技領域的無敵地位。俗話說三十年河東,三十年河西,中美大國博弈,二十年來此消彼長,有目共睹,再過十年,還看誰是河東誰是河西。

　　得州法庭將於九月十九日就華為提交的簡易判決動議展開聆訊,結果如何,不妨拭目以待。可以肯定的是,無論法院作出何種判決,美國政府都會繼續打壓華為,而華為也會繼續為生存和發展而戰。

2019/5/31

向站在高點的任正非致敬

任正非，可能是近期全球知名度最高的中國企業家，作為華為的創辦人，同時也是華為的代言人、中國高科技企業的標誌性人物，在這場硝煙瀰漫的中美貿易戰中，任正非更成為不少中國人心目中的英雄。前幾天（五月二十一日）他接受內

■ 華為的創辦人任正非

地媒體採訪的視頻和文字被刷屏，有香港媒體更在頭版作詳盡報道，大標題是「任正非：有備而戰毋須90日寬限」，何等氣概！

早在去年美國制裁中興的時候，不少輿論都提到，美國下一個目標已經鎖定華為，但前幾天在美國宣布將華為列入實體名單（entity list），終止與華為全球合作時，華為海思總裁在深夜發表致員工一封信中透露，早在多年前，華為已經為這一天的可能到來做好準備，一直生產並存放在華為保密櫃的「備胎」芯片，現在終於可以大派用場。任正非的戰略眼光和危機意識，是曾經在內地高科技領域與華為並駕齊驅的中興公司的決策者領導層所不具備的。

任正非過去一直很低調，幾乎不接受媒體採訪，幾年前香港新聞界一個老總團到華為深圳總部參觀訪問，大家很想見見任正非老闆的「廬山真面目」，可惜緣慳一面。如果不是特朗普發動中美貿易戰，如果不是他的女兒孟晚舟在加拿大被扣，也許任正非會一直低調下去，不會成為「網紅」，沒有人知道他的口才這麼好、應對危機的能力如此之高，其視野、胸襟和魄力更是令人讚嘆！

作為媒體人，我最佩服任正非應對危機的水平，無論是公開回應的內容、語氣，還是時間點的把握，都非常到位，也許他身邊有一支很棒的應對危機團隊，但關鍵人物肯定是他本人。從第一次開腔談女兒在加拿大被扣，到日前接受內地媒體採訪，在個人和企業遭遇重大危機的關鍵時刻，任正非每一次公開露面都表現舉重若輕，不是力挽狂瀾，至少也能讓華為十萬計員工和家屬安心、讓關心華為的國人安心甚至鼓舞，這才是人們心目中有擔當有魄力的老闆和有智慧有胸襟的領袖。難怪自美國出手打壓以來，華為公司上下「一個都沒有被嚇倒」，沒有亂了陣腳，而是繼續保持隊型。華為受到美國蠻橫打壓，但贏得用戶、客戶、合作夥伴乃至全世界的敬意。

一切麻煩都因美國而起，連個別官媒也沉不住氣，網上「亮劍」之聲不絕，但任正非一而再強調不反美，反對狹隘的民族情緒和民粹風氣，反對把支持華為上升到愛國的高度。他坦承自己的孩子用蘋果手機，沒有用華為，強調華為產品只是商品，喜歡就用，不喜歡就不用。「最重要的是冷靜、沉著。熱血沸騰、口號滿天飛，最後打仗時不行也沒用，最終要能打贏才是真的」。在美國宣布全面封殺華為之後，華為的回應聲明簡短而冷靜，反而海思總裁在致員工信中，忍不住流露出「果然不出所料」的悲喜和「挽狂瀾於既倒」的熱血，與華為聲明的理性風格形成某種互補。

任正非對華為的高端產品，特別是 5G 技術非常自信，認為別人兩三年內追不上華為，但他談到美國企業和美國，下面這段話遠遠超越一個企業家的高度：「就我們公司和個別的企業比，我們認為已經沒有多少差距了，但就我們國家整體和美國比，差距還很大。這與我們這些年的經濟上的泡沫化有很大關係，P2P（編者註：Peer to Peer，線上互助借貸）、互聯網、金融、房地產、山寨商品等等泡沫，使得人們的學術思想也泡沫化了」。或許有人說看到差距不難，看到造成差距的原因也不算難，關鍵是如何縮小差距？任正非也提出解決之道：「我們國家修橋、修路、修房子……已經習慣了只要砸錢就行。但是芯片砸錢不行，得砸數學家、物理學家、化學家……但是我們有幾個人在認真讀書？博

士論文真知灼見有多少呢？這種狀況下，完全依靠中國自主創新，很難成功。為什麼不跨國創新？可以在很多國家中建立創新基地，哪個地方有能力，就到哪個地方去，我們可以在當地去建一個研究所」。這些話振聾發聵，值得全社會深思，而這一招「跨國創新」，更是連消帶打。實際上，華為在全世界擁有二十六個研發中心，擁有七百多名數學家、八百多位物理學家和一百二十多名化學家。任正非思考的已經不僅是華為如何突破美國的打壓，而是中美博弈新局勢下整個中國企業界創新發展的新思路，難怪有網友笑稱任正非應當進「海」裏當國策顧問。

艱難困苦，玉汝於成。衷心祝願華為在任正非老闆帶領下，頂住美國的打壓，渡過難關，走出困境，最終實現「站在世界高點上」的願望。華為加油！

2019/5/24

見證深圳文明進步

　　深圳的殘障人士團體和慈善機構舉辦「無障礙‧理想城 TALK」，邀請我出席擔任演講嘉賓之一。據瞭解，這項活動是配合去年十一月深圳市委市政府推出《深圳市創建無障礙城市行動方案》，全面啟動該市無障礙城市建設。我覺得活動很有意義，就答應了，以為幾分鐘的演講，連同整個活動，最多不過一個多小時。但答應之後才知道，當天的活動由深圳電視台做直播，因為電視直播，所以主辦方有很多要求，我於是有點後悔，好在主辦團體瞭解情況之後免去一些環節，我也就不好意思打退堂鼓，畢竟這是一項公益活動，而且我真的對這個話題感興趣。

　　我可以算得上是深圳的經濟發展和社會文明進步的見證者。早在一九九三至九四年，我經常到深圳採訪，有一次下大雨，深圳幾乎全城變澤國，羅湖口岸一帶全被水淹，有人靈機一動，用幾塊木板綁起來做成小舢舨，從香格里拉酒店附近載到口岸大堂外面高處，每客盛惠五元人民幣，我因為要趕回報社交稿，於是交錢坐上木板舢舨。有一次，從羅湖口岸走到香格里拉酒店附近，發現小偷正在打開我的背囊，把我嚇一跳。後來，幾乎每次到深圳，都發現新的變化，變得愈來愈現代化、環境愈來愈美、治安愈來愈好。

　　現在，這座內地經濟發達、現代化的大城市，把無障礙通道列入城市建設工作重點，在我看來，這是深圳重視城市文明、體現城市建設人文關懷的一個重要里程碑。

　　無障礙環境的概念，於上世紀五十年代由歐洲和美國提出，並制訂相關法例，對城市公共空間建設作出規定，日本於七十年代開始實施無障礙通道。香港在一九九五年八月通過了《殘疾歧視條例》，其中訂明如建築物未能為殘疾人士提供適當通道進入一些任何公眾人士或部分公眾人士有權或獲許進入或使用的地方，或拒絕提供適當設施予殘疾人

士，便屬歧視，一律予以禁止。屋宇署推出《設計手冊：暢通無阻的通道 1997》，其後修訂為《設計手冊：暢通無阻的通道 2008》，對各種公眾場合的無障礙通道，作出具體規定。特區政府又於二〇一二年八月推出「人人暢道通行」（universally accessible）新政策，擴大在公共行人通道加建無障礙通道設施的計劃，方便市民上落公共行人通道。今時今日，衡量一個城市的文明程度有很多標準，不一定包括有多少高樓大廈，也不一定包括有沒有免費 WiFi，但一定包括無障礙通道。

港深兩地一河之隔，官方和民間的各種交往交流無處不在。不知從什麼時候開始，深圳和香港的 GDP、人口、土地面積、產業結構等等，就經常被用作比較，今年初公布深圳 GDP 總量超越香港，成為大灣區「一哥」的消息，深圳朋友第一時間轉發給我，興奮和自豪之情溢於言表，而香港輿論的反應則充滿危機感。今年二月中央公布《粵港澳大灣區發展規劃綱要》之後，同樣作為大灣區中心城市的香港和深圳，更加被一些學者、研究機構從不同角度進行各種各樣的比較，不過，我發現似乎還沒有人去做港深兩地無障礙通道方面的比較。

《粵港澳大灣區發展規劃綱要》中提到，大灣區的發展目標不僅包括經濟實力和科技實力的增強，也包括「社會文明程度達到新高度，文化軟實力顯著增強」。毫無疑問，城市無障礙通道是社會文明程度的一項重要指標，因此，我借參加這次活動的機會，建議有關部門，或今次宣傳無障礙通道活動的民間主辦機構，就港深兩地無障礙通道問題展開調查，做一個比較，看看哪些地方可以相互學習、借鑒。香港在這方面起步比深圳早，但深圳可以有後發優勢，大灣區一體化，是否可以從無障礙通道做起呢。

在提升城市建設的人文關懷元素方面，香港和深圳加強交流合作，可以為實現大灣區「社會文明程度達到新高度」的目標，作出貢獻。

2019/5/10

186

他們默默耕耘和守護中國文化

　　上周末到廣州增城饒宗頤學術藝術館，為《出土戰國文獻字詞集釋》新書發布會擔任主持。我對古文字一竅不通，因為饒宗頤學術藝術館創辦人謝錦鵬先生邀請，加上與該書主編之一陳偉武教授是老朋友，於是欣然應允。發布會由中山大學古文字研究所、中華書局、中山大學中文系和中山大學饒宗頤研究院聯合主辦，來自內地和香港多所大學，包括北大、清華、復旦、中國社科院、吉林大學、南京大學、武漢大學、浙江大學、山東大學、安徽大學、首都師大、陝西師大以及香港中文大學、教育大學、恒生大學等五十多名專家學者濟濟一堂，當中不乏「大腕」級人馬，可以說這是兩地古文字學界的一次盛會，連當地增城區政府相關官員聞訊也前來表達祝賀。

　　該書第一主編、年逾八旬的著名古文字學家曾憲通教授致辭時介紹，《出土戰國文獻字詞集釋》（簡稱《集釋》）一書，從二〇〇三年申報國家教育部社科基金立項，到全書完成付梓，歷時十五年，三代學人參與編撰。中華書局總編輯顧軍介紹，該書於二〇一〇年完成初稿，其後經過八年的反覆修訂編校，至二〇一九年一月，全書十八冊共六百多萬字才全部完成出版。對於這部巨著的學術成就，中國古文字研究會會長、吉林大學副校長吳振武教授指出，《集釋》是一部既能全面詳盡地展現前人研究成果，且能充分反映當前研究水準、為未來發展打下堅實基礎的大型戰國文字研究工具書，該書將與《甲骨文字詁林》、《金文詁林》等集成性工具書配套成龍，共同構成古文字考釋成果的會典系列，成為出土文獻研究領域最為重要的工具書之一。中山大學黨委書記、歷史學家陳春聲教授指出，《集釋》一書的問世，必將對古文字、古文獻、古代史等相關學科研究起到很好的推動作用。

　　像我這樣的門外漢，自然是不懂欣賞這部巨著的學術價值，但光是聽到十五年、三代學人、六百多萬字，這幾個數字已經感到震撼。所謂

板櫈要坐十年冷、十年寒窗、十年磨一劍，古人覺得十年已經很不容易，曾憲通和陳偉武們卻坐了十五年冷板櫈、度過十五年寒窗、用十五年磨出這樣一套書！環顧當今社會，人心浮躁、急功近利、人慾橫流物慾膨脹，好在還有這樣一批人文學者「結廬在人境，而無車馬喧」，默默耕耘和守護中國文化，這份淡定、自信與堅持，令我肅然起敬。

改革開放以來，中國經濟高速發展，取得舉世矚目的成就，而文化建設一度未受到足夠重視。廣東作為全國改革開放的最前沿地區，多年來 GDP 總量穩居內地各省市區第一位，但也曾被詬病廣東人只會賺錢，深圳作為內地最發達的經濟特區，和一河之隔的國際金融中心香港一樣被稱為「文化沙漠」。但實際情況未必如此，陳春聲教授指出，文化可分為兩種，一種是與生活相關的文化，另一種文化則需要守護，需要專人經過長期的學術研究才能得以傳承，古文字就是典型代表。十五年前中山大學教授的薪金和珠三角港資外資企業一個打工妹的收入可能相差無幾，但曾憲通和陳偉武兩位教授（都來自廣東潮汕）卻著手出土戰國文獻的研究課題。由此看來，當年那些指摘廣東人只會賺錢、一切向錢看的言論，顯然不太公允。不過，現在的情況已大為不同，重視文化建設已成為全社會的共識。順便一提，曾憲通教授在三十多年前曾經陪同饒宗頤教授到內地考察交流，到過敦煌石窟、長沙馬王堆及其他古蹟，時間長達三個多月，多年來一直視饒公亦師亦友。在饒公仙逝一年之後，曾憲通教授主編的古文字學巨著在饒宗頤學術藝術館舉行新書發布會，可見當中緣分非淺。

我把對耕耘中國傳統文化的學者們的敬佩放在心中，而喜愛中國傳統文化、幾年前斥資興建饒宗頤學術藝術館，並將之作為中山大學饒宗頤研究院活動場所的謝錦鵬先生則坐言起行，不僅為本次新書發布會提供資助，還當場購買二十套《集釋》捐給中山大學饒宗頤研究院。

2019/5/3

遊東湖，談兩岸

　　復活節假期，到武漢出席由華中師大和湖北省海峽兩岸交流促進會聯合主辦的第二屆「國家統一與民族復興」研討會，此行一方面希望了解兩岸關係最新形勢，順便見見老朋友，認識新朋友，古人說，有朋自遠方來，不亦樂乎。還有一層原因，本次研討會移師著名的東湖賓館舉行，我想借此機會參觀一下這個曾經是閒人免進的風景區，所以特地提前半天報到。

　　東湖賓館曾經是新中國開國領袖毛澤東主席除北京中南海以外的第二住處，上世紀五六十年代中國的很多重大事件，都或多或少與這裏有關連。毛澤東住所附近稱為梅園，他曾經寫過一首《卜算子·詠梅》：「風雨送春歸，飛雪迎春到。已是懸崖百丈冰，猶有花枝俏。俏也不爭春，只把春來報。待到山花爛漫時，她在叢中笑」，不知道這首詠梅詞是否與東湖梅園有關。毛澤東所住的那棟小樓已經不對外開放，旁邊有毛澤東故居陳列館，當年斯大林贈送給毛澤東的座駕「吉斯110」，車牌號47-01494，擺放在故居旁邊供遊客觀賞。湖邊小徑隨處可見當年毛澤東在這裏的舊照片，有在湖裏游泳、有時任湖北省委第一書記王任重陪同散步，還有和外國友人交談等，我留意到一幅毛澤東與美國左翼作家安娜·路易斯·斯特朗（Anna Louise Strong，一八八五至一九七〇）愉快交談的照片，日期是一九五九年三月十三日。另一幅是毛澤東站在湖邊，雙手交叉放背後凝視前方，圖片說明是「凝眸思未來」，拍照日期為一九六二年三月二十一日。會見斯特朗之後四個多月，廬山會議召開；在東湖邊凝眸思未來的一多月前，七千人大會剛剛在北京結束。

　　東湖賓館近期再次備受矚目，是因為去年四月習近平主席在這裏與印度總理莫迪舉行著名的「習莫會」，兩國領導人在湖邊散步並一同登上遊艇欣賞湖光山色的照片，刊登在中外報紙的頭版，「習莫會」成功化解了因中印軍隊洞朗對峙造成的兩個亞洲大國的緊張關係。我在習莫湖邊散步駐足賞花處拍照發到朋友圈，立即吸引眾多點讚。第二天上午

研討會召開，全國政協副主席蘇輝、海協會副會長孫亞夫和來自兩岸三地一百多名學者出席，本屆研討會主題是「深化融合發展、推動國家統一」，共有四項議題：一是習近平對台工作重要論述探討；二是二〇二〇至二〇三五年兩岸關係前瞻；三是融合發展與兩岸關係發展的政策創新；四是推進國家統一進程的理論和實踐探討。

這次研討會與上一屆最大不同，是習近平主席今年初發表重要講話，提出「和平統一、『一國兩制』是實現國家統一的最佳方式」，並且提出探索「兩制」台灣方案。孫亞夫在致辭時，提出「新時代兩岸關係」的概念，列舉了七十年來兩岸力量對比發生的巨大變化，指出「新時代兩岸關係」，就是在大陸發展處於新的歷史方位的時代背景下，台海形勢基本格局中力量對比發生歷史性巨大變化，兩岸經濟文化社會聯繫密切程度超過以往任何時期，大陸方面對台方針政策更為豐富完善，兩岸關係和平發展的勢頭將更強勁，祖國和平統一進程的勢頭將更強勁。孫亞夫還指出「台獨」分裂勢力負隅頑抗，國民黨不願與大陸方面進行兩岸和平統一談判，以及美國干涉中國完全統一，都是需要解決的問題。

認識孫亞夫是在一九九四年，即「汪辜會談」翌年，我到北京採訪海峽兩岸事務性協商，代表海協會主談的是副秘書長孫亞夫，他的對手是海基會副秘書長許惠佑，當年談判過程，每天晚上雙方各自與兩岸三地的媒體舉行閉門簡報會，孫亞夫說話不多，沉穩務實，給我留下深刻印象。二十四年後，聆聽這位海協會副會長論述「新時代兩岸關係」，感覺多了一份權威性。

台灣學者，包括自稱統派的學者，在會上對推進國家統一提出不同觀點，強調爭取台灣民心的過程對實現和平統一的重要性，與另一邊廂自信滿滿的北京學者擦出一點點火花。不過，台灣學者對香港實施「一國兩制」的了解，似乎過於依賴反對派媒體的報道，以此作為一些人不願接受「一國兩制」下和平統一的理由，未免有失之片面之嫌，可惜時間有限，未能就這個問題深入討論。

2019/4/26

中美纏鬥

印度「疫情海嘯」後果難料

　　一架從印度新德里飛往香港的航班，日前被檢測出班機上多達五十三人確診新冠肺炎，當局還發現第一例檢測出變種病毒的印度男子，傳染到住同一層酒店兩名正在隔離的房客。這架印度班機成為近期香港防疫「外堵」措施的一項壞記錄，特區政府上周宣布禁止從印度、巴基斯坦和菲律賓等地入境的航班，至少有十多個國家和地區宣布對印度禁飛。新德里當局經常自詡為「民主大國」的印度，在這場世紀抗疫戰中，不幸地成為全球最失敗的國家之一。

　　一向甚少關注印度的本港主流媒體，近日罕有地大幅報道印度新冠疫情：單日逾三十六萬宗確診個案，遠超美國創下的相關紀錄，累計確診人數逾一千八百萬例，連續多日錄得單日因新冠肺炎死亡逾二千人，當中包括兩名美國領事館的當地僱員，重災區首都新德里平均每四分鐘就有一人染疫亡，由於病亡數字急增，積壓很多遺體，雖然焚化爐二十四小時運作，但仍要等候十二個小時才能火化，一些逝者家屬迫於無奈當街焚燒親人遺體，在城市空曠處、在恒河邊，到處可見焚燒屍體的火堆和埋屍坑位，仿若人間煉獄，有媒體形容，這是新冠肺炎疫情在全球爆發以來所見到最悽慘的景象之一。世衞指印度的疫情「令人心碎」，《經濟學人》用「海嘯」來形容印度來勢洶洶的新一波疫情。密西根大學流行病學家慕克吉（Bhramar Mukherjee）則質疑當局公布的死亡數字，「從我們所做的所有模型來看，我們相信真實的死亡人數是報告的二至五倍」。他認為，到五月中旬，印度每天可能會新增八十萬至一百萬宗確診病例。印度已取代美國成為全球疫情的「震央」。

　　其實早在去年印度爆發第一波疫情時，當局就被懷疑報細數淡化疫情，今年三月開始疫情急速反撲，衛生官員卻宣稱「印度疫情正在終結」，到四月中旬新一波疫情終大爆發釀成全面失控，當局一方面繼續抑制質疑聲音，Twitter 日前承認應印度官方要求，抽起多宗批評政府疫情發布和

處理的帖子，包括反對派指出國家醫療系統崩潰、病人因缺乏氧氣機而死亡等。另一方面，對於中國政府主動伸出援手表示願意提供醫療氧氣設備等物資協助抗疫，印度當局最初反應冷淡，寧願捨近取遠向美歐及其他國家求助，當地輿論也指接受北京援助等於承認印度抗疫輸給中國云云。

政治凌駕抗疫、決策失誤和公共醫療基礎設施嚴重落後，是印度爆發「疫情海嘯」的主要原因。總理莫迪不顧當地發現變種病毒推高疫情，月初到西孟加拉邦舉辦大規模競選集會，為所在印度人民黨（BJP）拉票，意圖奪取該邦執政地位。當局還允許數百萬朝聖者湧向恒河慶祝傳統節日，新聞圖片所見，密密麻麻的朝聖者，幾乎看不到有一個人戴口罩，以為河水可以洗去污穢包括病毒。還有，印度是疫苗生產大國之一，今年以來已向幾十個國家和地區贈送疫苗，這算得上是一項國際善舉，但反觀印度國內，近十四億人口迄今僅不足一成人接種疫苗，政府疫苗外交優先於國民防疫，現在反倒要接受外國支援疫苗。

印度是一個貧富懸殊非常嚴重人口大國，而政府對醫療系統長期投入不足，這次疫情海嘯，不僅令印度公共醫療設施嚴重落後的殘酷現狀暴露無遺，更對印度的經濟民生造成前所未有的衝擊，後果實難預料。在官方公布單日確診病例連續多日突破三十萬宗之後，莫迪不得不承認「這一波疫情已經動搖了整個國家」。

印度近一二十年經濟有長足發展，名列「金磚五國」之一，而新德里的政治人物喜歡自稱印度是世界上最大的民主國家，以此顯示比同樣歷史悠久的鄰國競爭對手更有道德高地。但對老百姓來說，比起所謂道德高地，可能政府治理國家的能力更關乎切身利益，特別是在應對重大危機的時候。提出「歷史的終結」觀點的學者福山去年分析中國抗疫成功的原因，他認為一國抗疫成功與否的要素在於國家有沒有「強而有力的政府」與「有效的醫療政策」。印度抗疫失敗，從另一個角度印證了福山上述觀點。印度民眾似乎已對當局失去信心，一名印度學者日前作客鳳凰衛視節目時，數度哽咽呼籲國際援助。

2021/04/30

氣候合作，美國沒有道德高地

周三（4月21日）在白宮記者會上，鳳凰衛視記者王又又問發言人普薩基有關今次氣候峰會的安排，然後又問：「拜登總統與日本首相菅義偉在上周五的會晤中，是否談到福島核污水問題？拜登總統對此問題有何看法？」普薩基答：「我相信我們的團隊正在保持聯繫並進行研究，如果我理解正確，我認為這些（污水排海）步驟，幾年或幾個月之後才發生，但我得跟國家安全團隊核實，看看這是不是討論的話題。」這一問一答一攻一守，可堪玩味，這其實是中美在氣候問題上真實處境的縮影。

拜登上台後的中美關係基本上是鬥而不破的格局。在貿易、科技等領域，未見拜登對前任特朗普政府蠻橫打壓中國的各種措施有任何鬆動跡象，華府在涉疆、涉港等問題上更加大做文章，對北京作種種無理指責，特別是推出涉台新準則，允許美方人員與台北當局官方接觸，打破中美建交四十多年在兩岸問題上的共識，令中美關係受到進一步傷害。但在氣候問題上，中美雙方都表示願意合作。幾天前拜登的氣候特使克里訪問上海兩天，與中國氣候變化事務特使解振華會談後發表聯合聲明，強調中美在應對氣候危機問題上，「致力於相互合作」，聲明指出，中美合作「既包括強化各自行動，也包括在聯合國氣候變化框架公約和巴黎協定等多邊進展中開展合作」。這份聯合聲明發表三天後，中方宣布國家主席習近平透過視頻出席本月二十二至二十三日由美國主辦的氣候峰會並發表講話。鳳凰衛視記者就是在氣候峰會開幕前一天的白宮記者會上，提出上述問題，外界看到這一幕，明顯感覺到北京在氣候問題上，比在貿易問題上有更多的主動權話語權，事實上，氣候合作美國更需要中國，中國在這個領域比美國更有道德優勢。

眾所周知，氣候合作是全球化的重要內容，而美國在這個問題上毫不掩飾其唯我獨尊的霸道心態，一而再拒絕與國際社會合作，將一國利益凌駕於全球共同利益之上。第一次是一九九七年十二月各國在日本京

都氣候會議上簽署了《聯合國氣候變化框架公約的京都議定書》，這份俗稱「京都議定書」的主要內容包括，工業化國家必須減少溫室氣體排放，以減低全球氣候變暖和海平面上升的危險，各國之間可以互相購買排放指標，也可以增加森林面積吸收二氧化碳的方式按一定計算方法抵銷。但作為參與國之一的美國，卻遲遲不肯將該協議提交國會批准通過，一拖再拖，二〇〇一年三月小布殊政府最終宣布單方面退出。「京都議定書」簽署八年之後，在一百多個國家的共同努力下，於二〇〇五年二月才正式生效。由於美國的缺席，令議定書的環保控制力大打折扣。另一次就是前年十一月大選揭幕翌日，特朗普正式通知聯合國退出前任美國總統奧巴馬有份簽署、被視為應對氣候危機全球合作重要成果的《巴黎協定》。經歷兩次「退群」，作為全球碳排放量超級大國（佔全球四分之一）的美國，已被國際社會視為全球合作應對氣候危機的破壞者。

拜登上台後重返《巴黎協定》，急急主辦今次氣候峰會，想再次成為全球應對氣候大家庭的主導者，但談何容易。相反，中國作為新興大國，在應對氣候危機問題上一直表現出負責任、實事求是和互相尊重的態度，而且坐言起行，透過治理環境污染、大力發展環保能源等綜合措施，在減少碳排放方面取得有目共睹的卓著成績，中國已然成為全球應對氣候問題的一面旗幟。中、德、法三國領導人上周搶先在這次美國主辦氣候峰會前舉行視頻會議協商氣候合作，或者可以理解為歐洲在這個問題更看重中國的角色。

因此，中國大可在全球氣候合作的國際舞台上，採取更主動姿態，一方面積極宣揚中國主張、展示中國減排成果，另一方面對美國的霸道、自私和雙重標準等做法予以揭露狙擊。總之，在氣候問題上中國既有道德高地，又有大把彈藥，當然還需要一點話語技巧，像上文提及鳳凰衛視記者在記者會的提問，即使白宮發言人的回答大耍太極，但客觀效果已把日本政府決定傾倒核廢水污染海洋的問題成功帶到今次氣候峰會，同時揭露美國支持日本這種自私做法的立場有違全球氣候環保合作的普世價值觀，可謂一箭雙鵰，說不定其他國家或國際組織，例如韓國記者屆時也會跟進類似的問題呢。

2021/04/23

美國的公開承諾和私下擔心

　　近日在網上看到一個視頻，是台灣退役中將帥化民接受名嘴趙少康訪問，講述發生在一九九六年台海危機期間的一段秘聞，當時美國航母駛入台灣海峽，時任作戰室中將的帥化民奉命單獨秘密去見美國國防部副部長，負責接頭的是時任美國國防部中國科科長、後來在奧巴馬政府助理國務卿的庫爾特‧坎貝爾（Kurt Campbell），帥化民說，他原以為台海局勢危急，美國人要他去商討如何協防台灣，誰知美方談的卻是台灣怎樣加強管控不要發生擦槍走火，「就怕我們把他拖下水」，帥化民說，美國擔心要打熱戰，台美關係就是希望台灣這隻棋子不死，要有牽制作用，買我一點軍火就好。但帥化民說，美國賣給台灣的軍火都是又舊又貴，擔心如果把真正先進武器賣給台灣，大陸一旦武統，這些武器就落入中國大陸手中。

　　近日台海不平靜，幾乎每天都有人在數大陸軍機飛越台海中線、進入台灣「防空識別區」多少次等等，這邊廂美國人又開腔了。據報道，四月十一日美國全國廣播公司NBC記者問國務卿布林肯：中共如果對台灣有所行動，美國是否會採取軍事回應？布林肯雖然拒絕就假設性問題作出具體評論，但他表示：「我可以告訴你的是，我們對於台灣有能力自我防衛有嚴肅的承諾，我們對於西太平洋的和平和安全有嚴肅的承諾。我們堅守這些承諾。在這種情況下，任何人試圖用武力改變目前的現狀，都將犯下嚴重錯誤。」在此之前幾天，美國國務院發言人普賴斯（Ned Price）亦強調美國對台承諾堅如磐石云云。華府左一句承諾右一句承諾，無非是想安慰「台獨」勢力：「別害怕大陸武統，有美國人給你們撐腰！」

　　但是，美國真的能阻止大陸武統台灣嗎？帥化民在視頻中指出，美國擔心台灣方面擦槍走火，其實不想在台海與中國大陸打熱戰，一來因為台灣不是中東，沒有石油利益，二來是美國經過沙盤推演，確認無法

在中國近海戰勝大陸解放軍。前事不忘，後事之師。作為一名曾經在危機關頭與美國軍方高層直接打交道的台灣高級將領，帥化民是想提醒台灣當局和民眾，包括綠營支持者，可能也包括公開提出「聯美抗共」的國民黨江啟臣們：美國對台灣的公開承諾和私下行動，根本不是一回事，台灣不能把希望寄託在美國人身上。

台灣的安全，台海的和平，歸根究底取決於台灣自己。自從一九九六年那一次台海危機之後，兩岸和平統一的機會率越來越低，只有在國民黨馬英九執政八年期間，兩岸關係出現前所未有的緩和，兩岸經貿文化交流取得可喜成績，最重要的原因，並非馬英九是外省籍親大陸，而是馬英九和他領導下的國民黨藍營承認「九二共識」、堅持「一中」原則，令大陸對兩岸和平統一的前景抱有希望。但民進黨蔡英文上台後，兩岸關係再次陷入僵局，特別是在二〇一九年之後，蔡英文插手破壞香港「一國兩制」，令台海和平蒙上陰影，大陸關於兩岸關係的表述趨強硬，似乎已對期待兩岸和平統一逐漸失去耐性，外界普遍認為，北京領導人提出實現中華民族偉大復興的中國夢，不能容忍台灣繼續搞分裂小動作，不排除武統的選項。

美國當然不希望失去台灣這隻棋子，近日更推出美台交往新準則，打破中美建交四十二年來的共識，大幅放寬美台官方交往，在新準則實施之前，美國駐帕勞大使倪約翰（John Hennessey-Niland）迫不急待隨帕勞總統一行訪問台灣，成為一九七九年後首位訪台的美國大使（雖然所謂駐帕勞大使的身份「得啖笑」）。其實，無論特朗普還是拜登，華府打「台灣牌」的做法只會令北京進一步堅定必須全力以赴阻止台灣分裂國土、實現兩岸必須統一的決心。一九九六年美國已明白在中國近海打不贏解放軍，二十多年後中美軍力此消彼長有目共睹，這就是北京不排除武統的底氣所在。美台關係走得越近，可能大陸軍機飛離台灣的距離就越近，說不定哪一天台灣上空發現解放軍軍機。如果台海再發生另一次軍事危機，美國人會不會還是像當年對帥化民那樣，私底下要求台方加強管控不要擦槍走火？

2021/04/16

白宮之外的第二權力中心

特朗普卸任後第一次公開露面，果然沒有令支持者失望，在上周舉行的一年一度的保守派政治大會上，「久違」的特朗普形象不變、人氣不減、濤聲依舊，一開腔便狂批拜登上台後令「美國第一」變成「美國包尾」，並且強烈暗示自己將捲土重來再選總統，他大聲問台下的支持者：四年後重返白宮的人是誰？是誰？是誰？把會場氣氛推到高潮，遠隔萬里重洋的香港「特粉」，應該叫「川粉」，見到這個場面相信也一定會熱血沸騰。當然，特朗普四年後是否能再次當選，甚至是否出選，現在都言之尚早，但他的這一次高調亮相，揚言不肯退場，肯定會給未來美國政壇帶來影響。

首當其衝當然是拜登和他的白宮團隊。和過往歷屆卸任總統不批評現任總統的做法不同，特朗普現在還有另一個身份：疑似下屆總統參選人，因此他已經而且還會不斷抨擊拜登的各項施政，在他眼裏，拜登的總統是偷竊得來，他的粉絲也不會認同拜登的國家元首地位。當日會場所見，特朗普沒有戴口罩，很多參會者也沒有戴口罩，這是對拜登日前要求民眾一定要堅持戴口罩的公然蔑視，是對拜登呼籲國民團結的公然挑釁，白宮以外的另一個權力核心已隱隱然建立，有人形容這是美國南北戰爭以來，另一次南北對立，七千萬在去年十一月大選投票給他的選民，相信有不少成為特朗普王國的臣民。當然，拜登不愧是政壇老手，對特朗普這場大騷不作任何回應，對記者的提問，連眼珠也不轉過去。

影響更大的其實是共和黨，是自己人。此前有消息稱特朗普可能脫離共和黨另組新政黨，但特朗普在會上澄清這是「假新聞」，他雖然沒有指是誰放出這樣的假新聞，但已經呼之欲出。在特朗普離開白宮之前的最後日子，包括參議院共和黨領袖麥康奈爾在內的多名黨內重量級議員就已經公開與他割席，在民主黨發起的對特朗普第二次彈劾案審訊過程，參眾兩院共有十七名共和黨議員支持彈劾，特朗普呼籲支持者拋棄

這些被他點名的叛徒，台下聽眾報以熱烈掌聲。特朗普在上月發表一則怒氣沖沖的文告，呼籲共和黨人拋棄麥康奈爾。他指這位共和黨政壇老將「皺著眉頭，表情陰沉，沒有微笑」，特朗普稱，如果像麥康奈爾這樣的政客繼續擔任領袖，共和黨將永遠不會得到尊重，「等待他們的只有失敗」。

至於斷言共和黨已經成為特朗普黨或特朗普的共和黨，現在也似乎言之尚早，有一個重要的觀察點，就是明年十一月舉行的中期選舉。如果特朗普不能如他所言協助共和黨重奪國會控制權，如果被特朗普點名的共和黨議員成功連任，那麼，特朗普就可以趁早，不要做二○二四年再作馮婦的美夢了。而在此之前，一些共和黨政治人物或真心或假意會繼續追隨特朗普，包括被指有意出選下屆總統的反華政客蓬佩奧，但不包括已與特朗普形同陌路的前副總統彭斯。

第三個受影響的是中美關係。拜登上台之後，在雙方努力下，中美關係緊張的氣氛有所緩解，但這成為特朗普攻擊的話題。誠然特朗普已經無權插手中美關係，但他的大嘴巴卻仍會經常拿中國來說事，繼續妖魔化中國。雖然拜登上台後下令禁止官方將新冠肺炎稱為「中國病毒」或「武漢病毒」，但在保守派年會上，特朗普對著幹重提「中國病毒」，這種對中國污名化的惡意做法，其心可誅，無疑會對中美關係的民意基礎造成一定的負面影響。說得白一點，特朗普不能直接影響中美關係，但他會搗亂。

還是那句老話，政治一日也嫌長，特朗普已成為拜登手下敗將，他揚言要第三次擊敗民主黨，未來四年美國政壇一定好戲連場，各位花生友有福了。

2021/03/05

拜登面對政治動盪的美國

　　拜登總統的就職典禮在寒風中舉行，整個過程很沉悶，就連一襲紅裙出場領唱美國國歌的 Lady Gaga，也沒有給電視機前的觀眾帶來半點娛樂性，不止一個朋友說當晚看直播睡著了。當然，政界特別是國際領袖的觀感不同，歐盟委員會主席馮德萊恩的話最直接：「四年的漫長歲月結束了」，她是代表歐盟為特朗普下台而歡呼，對拜登上台充滿期待。但特退拜來是否能讓國際政治「恢復正常」，可能言之尚早，只有一點可以肯定，美國已不再是特朗普之前的美國。

　　美國總統四年一任，白宮每四年就舉辦一次總統就職典禮，這是美國向全世界傳播其政治軟實力的重要戲碼，但拜登就任美國第四十六任總統的典禮，明顯令人覺得有些湊合勉強，甚至有點沉重。逾二千四百萬美國人確診新冠病毒，令這次就職典禮蒙上巨大陰影，在前一天，拜登和賀錦麗在林肯紀念堂前出席儀式，悼念被新冠病毒奪去生命的四十萬美國亡魂。直播現場所見，沒有以往大批民眾載歌載舞歡呼慶祝的場面，只有為數不多的嘉賓在寒風瑟瑟中相互打招呼的笑臉，有奧巴馬和克林頓兩位民主黨的前總統，還有共和黨的前總統小布殊和剛卸任副總統的彭斯，有眾議院議長佩洛西，當然，沒有特朗普。最新消息稱特朗普在白宮橢圓形辦公室給拜登留下一封措詞「寬宏大量」的信，但拜登拒絕透露這封信的內容。

　　其實，拜登就職典禮的特別之處不在於看到什麼，而在沒有看到什麼。卸任總統特朗普打破慣例不出席典禮，令象徵權力和平交接的新舊總統同框的鏡頭不再出現，亦令拜登在演講中呼籲「美國團結」顯得蒼白無力。事實上，本次總統換屆已經很難稱得上和平交接。特朗普到最後離開白宮時也沒有承認自己大選落敗，更無半句祝賀拜登勝選。兩個星期前，成千上萬特朗普支持者響應特朗普呼籲，從全國各地趕到華盛頓，聚集國會大廈前抗議大選不公，之後大批憤怒的示威者衝進國會大

肆破壞搗亂，騷亂過程導致五人死亡。暴力衝擊國會事件，改寫了美國一百多年來總統換屆權力和平交接的歷史。網上充斥各種煽動武力攻擊的暴戾言論，當局大為緊張，軍方高層罕有譴責暴力，十名前防長破天荒聯名警告軍方必須嚴守中立，華盛頓上周已進入緊急狀態，當局調派萬計國民警衛隊全付武裝進入首都戒備，更在典禮開始前解除十多名警衛軍的保安工作，確保典禮順利進行。

就職典禮結束了，拜登進入白宮橢圓形辦公室，四年總統生涯正式開始，但特朗普留給他的不僅是一封信，而且是一個政治動盪的美國。投票給特朗普的七千多萬選民，可能有相當一部分人仍然不承認拜登的合法性，而是認為他「偷竊」了屬於特朗普的大位。與其說拜登最大難題是收拾特朗普留下的爛攤子，倒不如說他要時時面對這顆政治上的計時炸彈，未來四年，拜登政府任何一項決策，都可能引爆這個炸彈。

在國際上，特朗普四年留下一個幾乎沒有朋友只有敵人、被孤立的美國，拜登在就職演講表示要「修復我們的同盟，並再次與世界互動」，作為行動回應，拜登簽署的第一份行政命令就是重返巴黎氣候協定，馮德萊恩舒了一口氣，不是沒有道理。但是，並不是所有的國際關係都能重返四年前，包括美國和歐洲盟友的關係，更包括中美關係。被拜登提名為國務卿的布林肯（Antony Blinken）在出席參院聽證會時，認為中國是美國最大威脅，並認同特朗普對華強硬態度，他表示，比起採取關稅和出口禁令抗衡中國競爭，拜登政府希望將重點在增強國內實力，並重新接觸亞太等地盟友構建統一陣線，包括與印度加深合作，繼續加強印太關係，應對中國影響力提升。可以肯定一點，拜登上台後中美不可能回到特朗普之前，未來四年中美較量仍是主軸，美國會繼續用各種手段對華施壓，但拜登應該不像特朗普毫無底線毫無誠信，至於中美能否借助白宮換主人時機，變成避免中美跌落「修昔底德陷阱」的契機，仍有待觀察。

2021/01/22

202

這是一場美國的噩夢

周四（1月7日）一早起床，刷手機一看：「特朗普支持者闖國會阻確認大選結果，一人中槍亡，華盛頓宵禁」，還有大批示威者爬牆破窗、揮舞旗幟攻佔國會的視頻，趕緊打開電視看新聞台，確認消息是真的，有網民說：「美國發生了自編自導自演的顏色革命。」似曾相識的畫面鏡頭，一年多前發生在香港，當時美國眾議院議長佩洛西還說這是「美麗的風景線」。消息指佩洛西在示威者闖入其辦公室之前已撤離至安全地點，國會確認程序被迫中斷，這真是風水輪流轉啊。

雖然上月美國選舉人團已經確認拜登贏得大選的結果，特朗普依然拒絕認輸，呼籲支持者趁國會進行最後確認程序時，到華盛頓集結示威，特朗普更公開表示，將與示威者一起挺進國會大廈。當地時間一月六日大批示威者攻佔國會，有人大肆搗亂，連國會講台也被拆走，現場傳出槍聲，其後警方證實一名女性中槍不治，網民發布死者的照片和背景，原來是一名來自加州的退役女空軍，並引述其夫說，女死者是一名「特朗普支持者和愛國者」。特朗普沒有與示威者一起攻佔國會，並在推特呼籲示威者保持和平，但不忘加上一句大選結果被偷竊，他的推特一度被封十二小時。走筆至此，最新消息指國會已重新開會，繼續大選結果確認程序。

一直以民主燈塔自詡的美國發生大選引發示威者佔領國會的暴力行為，成為世界笑話，美國政治人物急了，民主黨前總統奧巴馬發表聲明指責特朗普煽動導致國會被暴力佔領，另一名民主黨前總統克林頓更指國會遭遇暴力襲擊是特朗普點火，是四年來「毒藥政治」（poison politics）助長。同為共和黨的前總統小布殊指國會受到衝擊行為是由於民眾的熱誠受到謬誤煽風點火影響，令國家及聲譽帶來巨大損害。最好笑最滑稽是特朗普的親密戰友、副總統彭斯在暴徒離開後施施然重返會議廳主持會議，指向示威者：「你們沒有贏，暴力永遠不會贏。」但人

們不會忘記，彭斯曾經表示和香港黑衣暴徒「站在同一陣線」。

一年多前香港暴徒破門佔領立法會，大肆搗毀破壞，美國國會議員說他們是「行使合法權利」，現在美國參議院少數黨領袖舒默（Chuck Schumer）卻形容示威者佔領國會「是我們國家一個難以抹走的污點」，指闖進國會的人不是示威者，而是應該被起訴的叛亂者。彭斯和舒默完美示範了什麼是美國政客的嘴臉。

示威者已撤離國會山莊，華盛頓宣布實行宵禁，但事情遠沒有結束，中槍死者的家人必定追究責任，示威者的怒火不易熄滅，特朗普更不會認輸認錯。所有矛頭都指向特朗普一個人，連彭斯也裝作很無辜，好像沒有特朗普，美國就天下太平，CNN 透露有內閣人士考慮動用憲法第二十五修正案，踢走特朗普。其實這根本不是特朗普個人的問題，而是把特朗普推上總統寶座的美國政治文化和政治土壤出了問題。網上有一段據說是黎巴嫩駐聯合國代表對美國發生暴力佔領國會事件的評論，非常抵死：「如果美國看到美國正在對美國做的事情，美國肯定會入侵美國，從而從美國暴政中解放美國。」（If the United States saw what the United States is doing in the United States, the United States would invade the United States to liberate the United States from the tyranny of the United States.）究竟哪個美國才是真正的美國？美國民主人權的雙重標準、選票高於一切的政治文化，以及漏洞百出的選舉制度，才是導致今天美國出現特朗普現象、引發暴民攻佔國會山莊的根源。

筆者兩周前在本欄對拜登呼籲美國民眾將「大選這一頁翻過去」能否做到提出質疑，事實證明，大選這一頁不僅沒有翻過去，而且正在變成一場美國的噩夢。最可憐是美國普通民眾，美國疫情鋪天蓋地，確診人數達兩千一百萬，死亡近三十七萬，但現在無論白宮還是國會，無論共和黨還是民主黨和拜登團隊，最關心的可能不是如何抗疫，而是本月二十日白宮權力交接之前以及當日，特朗普還會出什麼招。

美國大選這一頁能翻過去嗎？

　　我的微信朋友圈有好幾個美國政治發燒友，最新關注焦點是七十八歲的拜登當選之後，身體能夠撐多久。本周一（12月14日）美國選舉人團投票順利結束，沒有出現被指是特朗普陣營期望發生的多名選舉人叛變事件，拜登以三百零六票，超過法定的二百七十票門檻，正式成為候任總統，賀錦麗為候任副總統。全世界都注意到，拜登在選舉人團投票後發表演講，呼籲民眾翻過大選這一頁，十分鐘演講多次咳嗽，事後他承認自己感冒了。感冒是小事，此時此刻感冒後果卻可大可小。他在大選投票之後不久扭傷了一隻腳，需要穿上矯正鞋。這兩件事都巧合地發生在「之後」，假如，扭傷腳和感冒發生早一點，早一個多月，現在的美國和世界也許真就不一樣。特朗普注定只能在白宮玩四年，這是天意嗎？

　　唯恐天下不亂的好友B哥問，如果拜登在明年一月二十日之前有什麼「冬瓜豆腐」，候任副總統賀錦麗可以接替拜登宣誓就任美國第四十六任總統嗎？哈佛妹Alice第一時間回答，根據美國憲法第二十修正案，如果當選總統在正式就職前去世，當選副總統將成為總統。其實，就在拜登選擇賀錦麗作為競選拍檔之後，已經有媒體分析，未來四年期間，賀錦麗有可能成為美國有史以來第一個女總統，而且是非白人的女總統。

　　另一邊廂，特朗普在選舉人團投票結束後立即在推特宣布司法部長巴爾辭職，消息指巴爾因為發表未發現大選舞弊的言論，激怒老闆，巴爾的辭職將於平安夜前一日生效，實際上只是比特朗普早不足一個月離任。但特朗普繼續堅持拒絕承認自己敗選，理論上特朗普的確仍有一絲希望，因為選舉人團的投票結果，必須於下月六日經由國會兩院確認，如果共和黨議員提出異議，國會可能需要討論。但是實際上這個「一絲希望」的機會率接近零，連共和黨參議院領袖麥康奈爾也已公開祝賀拜

登當選總統。

幾個好友雖然在大選賭盤押注不同，但現在一致認為，一月六日國會確認選舉人團投票結果不會生變，而特朗普仍然不會承認這個結果，理由有三。其一是特朗普不想參加拜登的就職典禮。按照傳統，拜登就職當日，特朗普要和他在白宮茶敘，以及共同乘車前往國會，特朗普愛憎分明，更不會樂意做配角，拒絕承認自己敗選，就有大條道理不參加拜登就職典禮。其二，特朗普今次得到逾七千萬票，比當年奧巴馬高票當選的得票還要多，這些支持者很多都認同特朗普關於大選舞弊的指控，如果特朗普承認落敗，就會令支持者失望，反而死不認輸，就算落台，特朗普仍可繼續呼風喚雨，進可四年後捲土重來，退可扮演共和黨造王者角色。

最後也是最重要的一個理由是，特朗普的性格是永遠希望創造奇跡，四年前參加大選在完全不被看好，甚至不被認真看待的情況下，他先後擊敗黨內多名重量級政客，最後神奇般打敗民主黨希拉里，以一介商人入主白宮，並且很快令共和黨幾乎所有資深政客臣服。四年之後的今日，特朗普希望奇跡再現，可謂一點都不令人感到意外，雖然沒有人知道他還有何奇招絕橋、會用什麼手段令自己的白宮生涯起死回生，但可以肯定，未來這一個月白宮不會風平浪靜。政治一日也嫌長，距離一月二十日還有一個月，大家不妨拭目以待。

但是，如此一來，拜登呼籲國民團結，翻過大選這一頁，就會變成一廂情願。試想在拜登入主白宮之後，特朗普繼續在推特指控這場大選舞弊，七千萬投票給他的支持者，即使只有一半認同他的指控，也有三千五百多萬美國選民不承認拜登當選的合法性，只要特朗普發一條推特表示反對，拜登任何決策都可能寸步難行。一場大選暴露美國社會撕裂，可能是南北戰爭之後最嚴重，這一頁真的想翻過去就能翻過去嗎？不過，大選後已經不再聽到特朗普提「中國病毒」，耳根清淨了許多，這倒是真的。

2020/12/18

至少拜登不會説「中國病毒」

拜登聲稱勝出大選，成為「當選總統」，英加德法日等多個美國盟友的元首或首腦已致電祝賀拜登當選，但特朗普不賣賬、不認輸，選戰變成法律戰，但迄今為止特朗普陣營似未有拿出指控拜登陣營舞弊的令人信服的證據，美聯社分析在幾個關鍵州的訴訟案，得出結論：特朗普的法律挑戰沒能證明大選舞弊。在密執安州的提控中，證據竟是有人看見點票員打開投特朗普票的信封時，翻了一下白眼。即便如此，輿論普遍相信，特朗普無論如何都不會認輸。外界開始擔心在總統交接之前的這段空窗期，特朗普除了打官司，會不會再給美國和全世界一個甚麼「驚奇」？

外界擔心不是沒有理由，特朗普在拜登宣布勝選之後，突然透過推特宣布炒掉國防部長埃斯珀（Mark Esper），引發五角大樓一陣地震。特朗普此時怒炒埃斯珀，無非有兩種可能，一是對埃斯珀忤逆總統旨意，感到忍無可忍，即使特朗普可能連任失敗也要先炒掉他。二是特朗普近期有需要國防部執行的命令，擔心埃斯珀會像上次拒絕出動軍隊鎮壓示威者一樣，所以要炒掉他，委任國家反恐中心主任米勒（Christopher Miller）為署理國防部長。第一種可能主要是基於特朗普個人意氣，符合他上任以來的炒人之道，如果是第二種可能，美國以至國際社會的確需要擔心。

中國政府雖然未有正式祝賀拜登當選，但毫無疑問，如果拜登上台，中美關係將會帶來一些改變。普遍認為，拜登不會全面推翻特朗普對華強硬政策，不會改變強力抑制和圍堵中國的全球戰略，包括打台灣牌打人權牌，但特朗普任內中美關係空前惡化全面緊張的局勢，可能出現某種程度的緩和，特別是國際社會此前擔心特朗普會不會在南海或台海製造事端甚至擦槍走火，轉移美國民眾對其領導抗疫無能的不滿，現在至少是熱戰紅色警報已基本解除，換言之，拜登將重返理性外交的正軌，這點無論對中美兩國還是對全世界，都是一件好事。

還有一點值得留意，拜登沒有也不會像特朗普那樣稱新冠病毒為「中國病毒」，也不是那種會隨意對中國口出惡言、煽動民粹的總統。說特朗普是被新冠疫情打敗，此話雖不中亦不遠。原本股市、經濟、就業等方面數據對特朗普爭取連任都很有利，加上他的天才的煽動性，形勢一片大好，但一場新冠疫情殺到，特朗普誤判疫情，連是否戴口罩這個簡單問題，都反反復復多次，為推卸自己抗疫無能的責任，就口出惡言「甩鍋」中國，橫加指摘甚至退出世衛組織，隨著疫情肆虐美國全面失控，終於成為壓垮特朗普選情的最後一根稻草。拜登上台後有望改變特朗普的抗疫政策，除了重新加入世衛組織，不再稱新冠病毒為「中國病毒」，這一點肯定有助緩和中美因疫情引發的民粹對立，更重要的是，這會不會可能成為兩國合作抗疫的起點？

事實上，抗疫是拜登上台後的首要任務。美國確診新冠病毒個案突破一千萬例，佔全球確診人數五分之一，死亡人數逾24萬，無論特朗普是否打贏大選官司，美國民眾恐怕都不指望他能夠扭轉疫情失控局面，而指望特朗普在白官的最後日子仍會全力抗疫，亦可能是不切實際。輝瑞疫苗成功率90%的消息，令美國和全球抗疫看到曙光，但冬天來臨，美國單日確診人數突破二十萬例，歐洲疫情加重形勢嚴峻，多國重啟封國封城措施，在疫苗正式問世之前，人類與病毒正在賽跑。

英國國防參謀長尼克·卡特（General Nick Carter）日前警告，新冠疫情大流行引致的全球經濟危機，有可能引發新的安全威脅，包括戰爭。卡特表示，在過去，經濟危機導致了安全危機，他擔心這種情況可能再次發生，因為全球經濟受到了疫情的打擊。歷史的「節奏」表明，由於新冠疫情造成的不確定性，爆發全球性衝突是有可能的。卡特警告說，英國和國際社會需要從歷史中吸取教訓，以避免重蹈引發 20 世紀世界大戰的覆轍。英軍是美軍的頭號盟友，英國參謀長是不是在透露甚麼？但無論如何，如果人類在這場和新冠病毒的賽跑中失敗，後果的確很難想像，但肯定沒有一個國家可以獨善其身，如果拜登上台之後，中美可以合作抗疫，將是人類之福。

2020/11/13

國運
你信
不信？

隔岸觀特拜大戰的幾點感受

周四（11月5日）一大早打開電視機，看到拜登正在說：「經過漫長的一夜點票，很明顯我們正贏得足夠多的州去獲得勝選所需要的270張選舉人票」。而在昨天下午，即美國時間周三凌晨，特朗普在白宮發表講話，自稱已經勝出大選。最新的數字是拜登264張選舉人票，特朗普有214張選舉人票。劇情大翻轉，特朗普競選團隊聲稱已在兩個關鍵州密歇根和賓夕法尼亞州提起訴訟，指控民主黨舞弊，以及要求最高法院阻止點算在投票日過後才收到的郵寄投票。大選前的預言之一：打官司定勝負，正在成為現實。

這次美國大選賭盤投注勁旺，據法新社報道，在投票日全球押注將超過10億美元，比上屆美國大選高出一倍，法新社引述英國博彩集團高層表示，本屆美國大選很可能成為歷來賭注金額最大的一場博弈，報道指拜登的行情比較被看好。事實上，美國的多家主流媒體和民調機構，一直報道民主黨拜登的民意高於共和黨對手特朗普。我們一幫老友八月份就設賭局(其實就是飯局)，買特買拜人數剛好打個平手，我買拜登贏，我覺得美國人已經受夠一個信口雌黃、天天在白宮表演真人秀、領導抗疫一敗塗地的人當了他們的總統四年。到這一刻為止，我賭贏的機會看高一線，但這場大選如何收場，鹿死誰手還很難說。

和國際賭盤行情不同，在本港看好特朗普行情的人似乎更多一些，原因不一而足，當中不乏將自己某種政治愛憎和期望投射到特朗普身上的因素。即便最終是拜登入主白宮，也不等於所有認為特朗普會贏的分析都是錯的。筆者好友B兄在同一賭局買特朗普贏，並且在投票一周前撰文寫道：「特朗普是一個極為老練的煽動家。成功的煽動肯定要基於某種宗教或者實質性宗教。特朗普就已經把理論上政見的選擇的選舉變成了一場有宗教色彩的狂歡。特朗普把支持他當選偷換成了新教福音派的神聖使命」。雖然特朗普可能連任失敗，但B兄這段對特朗普競

選手法的分析，很有見地。

　　的確，我們在這次美國大選中看到的不是政見的選擇。我的另一位好友，資深傳媒人 Z 小姐一而再說：這次選舉太好玩了！候選人團隊各出奇招怪招，選情峰迴路轉，任何局外人看這場「特拜大戰」都會覺得娛樂性非常高，代表美國民主價值觀的總統大選，似乎變成娛樂全世界的民主真人秀，當然，從觀賞指數，特朗普在台上駕輕就熟十分投入，比起沉悶的拜登何止技高一籌。一方是無論別人說甚麼發生甚麼事，非特朗普不投；另一方是只要不是特朗普，投給誰都可以，至於政見政綱，有誰在乎？

　　除了娛樂性，人們在這場大選還看到憂慮甚至恐懼，看到仇恨和撕裂。投票前，紐約蘇豪區等地一些臨街商家紛紛用木板封住店面，以防投票日前後發生暴力騷亂。幾個月前黑人弗洛伊德被警察壓頸致死，引發席捲全美乃至英國和歐洲的大規模暴力騷亂，令人心有餘悸。據媒體報道，大選前好幾個月，美國每月賣出的槍枝高達 200 萬支，筆者一位在美國生活二十多年的華人朋友，第一次買了一把左輪槍和子彈，說是要以防不測。電視台報道一名華人女性說，她已買好一個星期的食物，打算投票日之後不出街，萬一發生騷亂，可以確保自己一個星期有足夠的食物。民主是個好東西，民主也是需要付出代價的，但如果這個代價是恐懼，是不是有點太大？為何美國大選會出現如此令人擔憂和恐懼的氣氛？

　　再說回大選結果，也許特朗普和拜登真的要打官司來解決勝負，當年小布殊和戈爾的戲碼又要重演，馬克吐溫說：歷史不會重演細節，但過程卻會重複相似。只是，當年小布殊和戈爾是和氣收場，但這一次會不會和氣收場卻很難說。局外人如我輩，隔岸觀選純粹是看熱鬧，對於最終是特朗普連任還是拜登當選，其實都不是太在乎，輸了賭局一起吃餐飯，大家有共識，中美關係緊張局勢不會大變，該來的總是會來。當然，香港也有些人對這場美國大選結局很緊張，被指手下有份參與偽造情報抹黑某人的報業大亨，現在是不是有些擔心呢？

2020/11/06

國運你信不信？反正我信

　　過去一個星期，全世界的新聞頭條屬於特朗普。全球疫情最嚴重的美國，終於連白宮也失守，總統特朗普確診新冠病毒，整件事非常戲劇性、非常震撼，當全人類還在猜測這消息究竟是真的，還是特朗普選舉工程一部分，電視屏幕上卻出現正在住院接受治療的特朗普乘車離開軍方醫院，專程向在附近聚集的支持者揮手致意，而當美國輿論對特朗普這一極不負責任的魯莽行為感到震驚，才事隔一日，特朗普已奇跡般搭直升機回到白宮，並且當眾除下口罩，雖然醫生說他身上的新冠病毒未完全清除，需要繼續吃藥及接受全天候照顧觀察。這位白宮的主人，現在可能是白宮這座高危建築中最高危的人物，事實上「白宮群英」，已變成「白宮群組」，包括總統顧問、白宮發言人在內，至少已有十多名特朗普的密切接觸者檢測結果為陽性。

　　不過，從特朗普確診到出院，官方公布的相關信息明顯不足，如果以本港張竹君醫生每天在記者會上發布信息的標準，特朗普和白宮群組至少有幾點沒有交代清楚：

　　一、特朗普感染的源頭是什麼？抑或是源頭未明？

　　二、特朗普在美國迄今七百五十多萬確診個案中，名列多少號？

　　三、特朗普身上的病毒是否已完全清除？

　　四、特朗普是否仍需要隔離？

　　陰謀論者懷疑，特朗普在大選投票前一個月確診新冠病毒的消息是白宮版的「阿扁兩顆子彈」，連 BBC 記者也質疑，白宮醫療團隊和白宮幕僚長講述「特朗普病情出現不同版本，背後到底是什麼原因」？純粹從效果上來看，確診消息傳出之後，全美國甚至全世界的輿論，無論支持他還是反對他，都聚焦特朗普的病情，拜登除了禮貌性祝福競選對手早日康復，還能說什麼呢？美國一份民調顯示，特朗普最新民望反超

民主黨拜登，在關鍵的六大搖擺州全部領先，如果當下進行投票，特朗普將大獲全勝成功連任。這份民調顯示特朗普染疫的同情分可能左右選情。

我一直堅信，特朗普為了爭取連任，會不惜代價採取任何手段，包括在中美關係上採取冒險動作，但在他突然染疫一事上，我不相信陰謀論。一個非常討厭佩戴口罩、一度反對戴口罩，把選情凌駕疫情、到處演講拉票喜歡擁抱支持者的總統，這個時候確診染疫，其實是一點都不奇怪。如果不是有這樣一個對疫情漫不經心在前，領導抗疫信口雌黃在後的總統，美國會有七百五十多萬確診個案、二十一萬人死亡嗎？

不過，我不相信特朗普染疫幾天就神話般突然康復，感覺有點像特朗普說消毒劑可以治新冠病毒一樣。我也不相信美國的民調，上屆美國大選，我就是太信美國的民調，直至開始點票仍堅信希拉里會贏，害我輸掉了兩餐飯。

朋友問我那你相信什麼？我說，我相信國運。時來天地皆同力，運去英雄不自由，項羽力拔山兮氣蓋世，是何等英雄，可惜時不利兮騅不逝。英雄如此，國家亦然。美國國力獨步全球一個世紀，美帝稱霸世界數十年，可是在這場全人類共同面對的新冠病毒疫情面前，美國抗疫一敗塗地，連白宮也失守，總統敗走麥城，這不是美國的國力不行，而是國運不濟。特朗普扭盡六壬，無非為了做多四年總統，一場快閃式染疫出院，或者令他可以改變選情如願連任，但卻改變不了美國抗疫失敗的事實，又或者點票結果是特朗普無力回天，卻不願意承認落敗交出權力，結果可能更難收場。國運你信不信？反正我信。

2020/10/9

國運
你信
不信？

我自巋然不動

戰略學家諾曼・弗里德曼 (Norman Friedman)《五十年戰爭——冷戰時代的衝突與戰略》一書，將二戰結束之後以蘇聯為首的東方陣營，和美國為首的西方陣營長達近半個世紀的冷戰，視作一場真正的戰爭，以「五十年戰爭」作為書名，很容易令讀者聯想到歷史上著名的「三十年戰爭」，這是十七世紀發生在歐洲的一場大規模血腥戰爭，參戰各方死傷人數共達 800 萬人，引發戰爭的重要插曲「擲窗事件」的地點，現在成為捷克王宮一個著名景點。至於「五十年戰爭」死傷多少人？好像沒有一個權威的統計。雖然美蘇沒有發生正面武裝衝突（古巴危機差一點釀成核大戰），但如果把朝鮮戰爭、越南戰爭以及美蘇代理人之間大大小小的戰爭算起來，死傷人數必定非常驚人。更重要的是，五十年戰爭塑造了我們的世界，在弗里德曼心目中，五十年冷戰實際上是第三次世界大戰。西方贏了這場冷戰，但是，弗里曼寫道，「對西方而言，勝利似乎奇怪地欠缺應有的滋味」，大多數西方民眾「震驚於冷戰之後的世界為何變得如此野蠻和難以控制」。

弗里德曼所看到的西方民眾的「震驚」，很快被證明驚得有道理。《五十年戰爭》出版當年，發生 9.11 事件，美國又投入另一場戰爭：一場文明衝突引發的戰爭，亨廷頓（Huntington）1996 年在《文明的衝突與世界秩序的重建》一書中的預言和忠告被證實。美國揮師入侵阿富汗和伊拉克，絞死薩達姆、擊殺本拉登，剿滅伊斯蘭國武裝，還差一點顛覆敘利亞阿薩德政權。這場持續近二十年、死傷枕藉的戰爭至今仍未結束，而作為冷戰贏家世界唯一霸主的美國，卻因窮兵黷武而債台高築國力下降，驀然回首，驚見那隻睡醒的東方雄獅，正步履矯健迎面走來。這是怎麼回事？美國應該怎麼辦？

在亨廷頓的哈佛大學同事、另一位著名冷戰問題專家格雷厄姆・艾利森 (Graham Allison) 看來，已經崛起迎面走來的中國，對於美國而

言，可能是又一次「修昔底德陷阱」。古希臘歷史學家修昔底德認為，兩千五百年前的古希臘兩個主要城邦發生一場戰爭，是雅典的崛起和斯巴達揮之不去的恐懼，導致戰爭不可避免。據艾利森研究，在過去五百年，涉及崛起中的強權威脅到統治強權的十六起個案，當中十二次以戰爭收場，也有四次避免了戰爭，這四起沒有開戰的個案，「挑戰者和被挑戰者的態度和行為都進行了艱巨而痛苦的調整」。

艾利森非常擔心今天的中美兩個大國，正在重演雅典和斯巴達那場悲劇。他認為，美國和中國同樣可以避免戰爭，但前提是它們能夠將兩個可能難以接受的真理牢記於心，第一，倘若繼續延續目前的發展軌跡，美國和中國在未來十年內爆發戰爭不僅是有可能的，而且可能性比現在的專家學者所認定的更高得多。第二，戰爭並非不可避免。歷史表明，統治強權不是不可能化解與其對手，甚至是蓄意的挑戰者之間的矛盾，避免兵戎相見。艾利森實在是用心良苦，和弗里德曼不同的是，他沒有視美蘇冷戰的性質為第三次世界大戰，反而對這場「二十世紀後期的決定性衝突」，在沒有流血的情況下結束感到慶幸。

從大師高屋建瓴的分析和發自肺腑的忠告中回到現實，我們不難發現艾利森的擔心和預言正在漸漸走向事實。今年以來，特朗普當局從貿易到疫情、從南海、台灣到香港，對中國作出前所未有、毫無底線的誣蔑和挑釁，進行各式各樣的極限施壓。雖然北京官員一再呼籲中美探索和平共存之道，但華府一意孤行。有人認為，為了挽救落後的選情，特朗普什麼事情都做得出來，走筆至此，美國突然宣布關閉中國駐休斯敦總領事館，並且威關閉更多中國駐美領事館，一場外交風波已無可避免。很明顯，特朗普企圖迫中方在兩者中作出選擇：冷戰，還是熱戰？人類的命運面臨另一次修昔底德陷阱，此時此刻，考驗中國的戰略定力，敵軍圍困萬千重，我自巋然不動。

2020/7/24

弗洛伊德之死會改變歷史嗎？

北美洲一隻蝴蝶扇了一下翅膀，大西洋掀起巨浪。英國首相約翰遜矢言不會移除前首相邱吉爾的銅像，這尊銅像日前被倫敦示威者塗上「種族主義者」字句，皆因黑人弗洛伊德被白人警察跪頸後死亡事件，觸發全美反種族歧視的示威風暴，已經蔓延到英國及法國等歐洲多國，《紐約時報》形容是「點燃全球怒火」。約翰遜雖然拒絕移除被主流社會視為二戰民族英雄邱吉爾的銅像，但承諾成立委員會檢視不平等現象。

邱吉爾以鋼鐵般的意志帶領英國人與納粹德國作戰，最終戰勝敵人，被視英國歷來最偉大的首相，他與美國總統羅斯福在浴室「坦誠相見」一幕所展示的英式幽默也為人津津樂道，但他的傲慢與偏見也廣為人知，曾經擔任殖民地大臣的他毫不掩飾其對非洲人、印度人、中國人、阿拉伯人等非白種人的歧視。沒想到在邱吉爾去世幾十年後，這些不光采舊賬被翻了出來，真是拜那個名字叫喬文的美國白人警察所賜。幸好半路殺出一隊彪悍的英國球迷護駕，否則邱吉爾雕像可能被示威者推倒。

在蝴蝶扇翅膀的美國，因為弗洛伊德之死，舊賬被翻到一百五十多年前的南北戰爭，代表支持蓄奴制度的南方軍將領的紀念碑和雕像，成為示威者發洩怒火的對象。從佛羅里達、北卡羅萊納，到波士頓、維吉尼亞，從南方軍總司令李將軍，到南方「美利堅邦聯」總統戴維斯的紀念碑，都被破壞、拆除或塗鴉，連意大利航海家哥倫布，也因殘酷對待美洲原住民的舊賬，他在明尼蘇達州、維吉尼亞州和波士頓的雕像，被拉倒或遭到斬首。以南方將領名字命名的學校、軍事基地，都掀起要求改名的聲浪。還有，以南北戰爭為背景的奧斯卡經典愛情影片《亂世佳人》，也被迫從 HBO 下架。

據統計美國警察每年射殺數百人，當中黑人被殺機率是白人的三倍，為何弗洛伊德之死，會觸發美國如此大規模的示威衝擊，勾起起黑人對

白人的新仇舊恨怒火中燒？美國司法部長和事發的明尼蘇達州州長歸咎於「外國勢力」介入，但沒有提供相關證據。其實地球人都知道，雖然南北戰爭解放了黑奴，但種族歧視是美國社會長期存在的問題，由此產生黑人社區貧困現象。兩年前布魯金斯學會漢密爾頓計劃研究指出，從種族構成方面來看，美國許多最貧困地區也是黑人人口最可能生活的地區。這一次騷亂的導火線，或許因為弗洛伊德喊「I can't breathe」的視頻太震撼，或許因為特朗普上台後白人至上主義抬頭令黑人壓抑更大，終於集體大爆發。

弗洛伊德已經安葬故鄉休斯敦，而要求為他討回公道、抗議種族歧視的示威怒火仍未完全平息，事件影響的廣度和深度實屬罕見，甚至有可能改變歷史。這次被推倒或斬首的支持蓄奴的南方軍領袖雕像，會不會從此消失，還是會被重新修復？《亂世佳人》會不會從此成為美國的禁片？被特朗普稱為「偉大的美國遺產」的多個以南方軍將領命名的軍事基地，會不會因應示威者要求而改名，借此還歷史上遭受蓄奴制踐踏傷害的黑人一個公道？

更重要的改變是選情。原本似乎穩坐釣魚船、爭取11月大選連任大有希望的特朗普，應對今次大規模持續示威騷亂的態度和手法備受爭議，一會兒揚言要放惡犬對付膽敢衝入白宮的示威者，一會兒威脅要派軍隊鎮壓示威騷亂，搞到國防部長和參謀長聯席會議主席立即開腔表示割席，差一點與特朗普反面。民主黨候選人拜登以及國會議長佩洛西之輩趁機表演單膝下跪，爭取民意。民調下滑選情趨跌的特朗普不理新冠肺炎疫情依然非常嚴峻，置參會民眾受病毒威脅於不顧，迫不及待重啟競選工程，本周末將到俄克拉荷馬州出席競選集會。屈指一算，距離大選只有四個多月，無論結果鹿死誰手，弗洛伊德之死已成為左右大局的重要元素和歷史沉重一頁。

特朗普要「落閘放狗」

　　「人嚟！落閘、放狗！」人在白宮的特朗普對付連日示威騷亂的言論，讓我想起這句周星馳電影台詞。黑人弗洛伊德被白人警察跪頸死亡事件，觸發美國東西岸數十城市的大規模示威及暴力浪潮，本港多份報章引述美國媒體報道，上周五晚上白宮附近有示威者衝擊防暴警察防線，特朗普及其家人感到擔憂，一度躲進白宮防恐襲的地堡逗留近一個小時。特朗普在地堡做「鍵盤戰士」，多次在推特發文談及示威，威脅開槍鎮壓和出動「惡犬」對付闖入白宮的人，後來又揚言要出動聯邦軍隊鎮暴。

　　周星馳電影一個鮮明特色是市井風格、人物對白和動作極度誇張，娛樂指數非常高。特朗普當總統之前是電視台真人秀節目著名主持人，其個人形象和主持風格也富有娛樂性。想不到星爺在《九品芝麻官》中一句「落閘放狗」，二十多年後竟變成堂堂美國總統特朗普的「台詞」，只是舞台場境換成白宮，演出效果也沒有半點娛樂性，畢竟人命關天，而且公眾多半相信，如果示威者衝入白宮，特朗普真的會放出惡犬咬人。

　　這次席捲全美持續多日的黑人示威抗議演變成暴力騷亂事件，導火線是明尼蘇達州42歲黑人弗洛伊德被一名白人警察以膝跪頸導致死亡，但深層次的原因是美國社會長期存在、根深蒂固的種族歧視問題，特別是特朗普上台之後，白人至上主義右翼抬頭。去年八月，在不到24小時之內，俄亥俄州和德克薩斯州分別發生兩起駭人槍殺事件，導致至少29人死亡，槍手被揭涉種族主義，特朗普對事件的評論備受輿論抨擊，紐約時報專欄作者戈德柏格 (Michelle Goldberg) 直指特朗普是「一個煽動恐怖主義的白人民族主義者」(a white nationalist who inspires terrorism)。所以，這次大規模騷亂背後的憤怒，矛頭所指，與特朗普本人不無關係，加上距離大選只有幾個月時間，特朗普對局勢大為緊張口不擇言，便不難理解。

這次美國示威騷亂，正值美國處於一場空前的新冠疫情危機之中，所謂禍不單行。這場世紀疫情迄今已導致美國 180 多萬人感染，逾十萬人死亡，無論確診人數還是死亡人數，美國都是全球第一。特朗普政府防疫抗疫的領導能力，簡直慘不忍睹，甚至不及發展中國家如越南泰國。其指摘中國和世衛，明眼人一看便知是低劣的「甩鍋」卸責。特朗普應對這場抗議種族歧視的示威騷亂的表現，更是令世人大跌眼鏡，特別是他對美國示威暴力行為怒不可遏，與其對香港黑衣暴徒的美化之詞，表現出赤裸裸的雙重標準，令很多香港市民大開眼界，連那些喜歡跑到華府告狀、揚言與美國站在同一陣線、為美國而戰的香港親美派人士，也突然集體失聲。這就是天下第一霸權的美國總統的所作所為。

究竟特朗普代表的美國霸權還能霸多久？著名哈佛學者艾利森 (Graham Alison) 說：「你只要看看美國的抗疫應對，就可以見到霸權正在消逝」。艾利森是美國政治學和國際關係學頂尖學者，致力研究修昔底德陷阱和大國博弈，他高度評價中國經濟發展的巨大成就，主張美國應接受中國崛起的事實並與之分享權力，他呼籲中美領袖運用睿智避免發生「注定一戰」的雙輸局面。近日艾利森撰文斷言，美國霸權正在消逝。據媒體報道，艾利森在《外交事務》期刊的最新文章《新勢力範圍》(New Spheres of Influence) 指出，美國不可能再以一己之力壓服各大國劃定的勢力範圍。中俄益見訴諸自身力量，來堅持往往與美國衝突的利益和價值觀。他強調美國要接受現實承認其他大國的勢力範圍，但仍有其他手段可影響其他國家。

古今中外，一國之君與該國的國運國勢有莫大關係，威脅要用「落閘放狗」對付衝擊白宮示威者的特朗普，望之不似人君，用美國國會女強人佩洛西的話，特朗普是「問題的一部分」，這樣的總統，是今日美國霸權正在消逝的標誌。

2020/6/5

那年秋天，在本棲湖畔

　　老友碩鳴兄是我很佩服的一位新聞界同行，交遊廣泛，耳聽八方，多年來在不同媒體機構筆耕不輟，經常有獨家報道獨家專訪引起關注，近日他在網上連載新書《人間佛緣——走近星雲大師》的內容，第一篇談他與星雲大師結緣以及寫這本書的起因，也許與大師交往多了，下筆也有幾分禪意：「一段緣，是改變你生命的新軌跡，更何況佛緣，足以讓理想腳踏實地、讓生命的嚮往不再遙遠」，這種高度，像我這樣的俗人是寫不出來的，但卻讓我想起在十八年前有幸聆聽星雲大師教誨的情景。

　　二〇〇二年十月下旬，世界華文作家協會在日本舉行年會，香港代表團團長是已故前珠海學院新聞系主任俞淵若教授，我和幾位新聞界同行作為特邀代表出席這次年會，我們一行抵達東京之後，乘坐旅遊大巴於晚上到達會議地點，位於富士山下本棲湖畔的本棲寺。本棲湖原為日本國家划艇隊訓練場地，後來搬走，當年佛光山殊勝因緣之下擁有這處道場，此地原名「本棲」，與星雲大師幼年師承的南京棲霞山有一字之緣，其後大師將之定名為「臨濟宗佛光山本棲寺」。中日佛教交流源遠流長，不就是因為緣分嗎？

　　翌日，大家驚喜發現，星雲大師到來和我們一起用早餐，機會難得，我們不顧禮數，紛紛走到長條餐桌旁與大師合影，大師桌上一碗素麵，許久未有吃完。早餐後，出席會議的近百名各國代表來到樓下拍大合照，又一一與大師合影。我獨自到湖邊散步，金秋十月，蔚藍的天穹萬里無雲，富士山倒映在鏡子般的本棲湖面，幾片金黃樹葉飄飄而下落地無聲。此時此地，何處惹塵埃？

　　下午會議結束之後，我和一名團友騎寺院提供的單車繞湖一周，落黃遍地，秋聲蕭瑟，感覺吸進去的每一口空氣都格外沁人心肺。晚上全體代表聆聽星雲大師開示，講佛法，講人間佛教。窗外星河霜落，室內

如沐春暉。曾經以為不懂佛教的人，不會明白「金繩開覺路，寶筏渡迷津」的奧妙，原來大錯。當晚大師講佛陀，如聽長輩閒談，從生活到修行，侃侃而談一個多小時，所有人都靜心聆聽。此時此刻，無論你來自何方，誰有客途秋恨？但求心無罣礙。後來才知道，星雲大師是專程從外地趕來與世界華文作家協會的各國代表見面結緣，第二天一大早，大師就飛往去其他地方。

從那以後，我每次到日本，都情不自禁想起本棲湖的秋夜。日本到處是名勝美景，關東、關西、北海道、四國，各條旅遊線路都有港人最愛的景點，但在我心目中最美是本棲湖，每當有朋友問日本哪裏最值得一遊，我總是首推本棲湖和本棲寺，順便介紹星雲大師為本棲寺題寫的一首禪詩：「春有梅櫻秋楓葉，夏湖月夜映冬雪，若人能到本棲寺，自在解脫增福慧。」

可惜本棲寺之後，未再有機會聆聽星雲大師教誨，多年前我到洛杉磯出席會議，會後眾人專程拜訪西來寺，遺憾的是星雲大師不在寺內。

但我知道，很多朋友都知道，碩鳴兄是西來寺的常客，他講述「走近星雲大師」的故事，最精彩、最重要的內容，肯定離不開西來寺，我急不可待等看他的下文。

2020/5/8

穆爾的散步和約翰遜的鼓掌

英國新冠病毒疫情嚴峻，不知誰發起的，英國人每天晚八點鼓掌兩分鐘，為抗疫前線的醫護人員打氣致意，這主意確實不錯，首相約翰遜被確診前一天，也在唐寧街十號門口加入鼓掌活動。

不過，九十九歲退休陸軍上尉穆爾（Tom Moore）有一個更好的主意，他打算在四月三十日一百歲生日之前，於住所花園繞圈散步一百次，為當地公共醫療系統「國民保健服務」（NHS）籌款一千英鎊（約九千七百港元）。當他開設的籌款網站發布上述消息之後，立即受到英國各地以及國外網民和媒體廣泛關注，NHS醫護人員、體育界名人和政界人士紛紛向他致意，短短幾天便有六十多萬人透過網站捐款，穆爾在本周四（十六日）完成繞圈散步的目標時，善款金額已經超過一千二百萬英鎊（折合一點一六億港元），是他原來籌款目標的一點二萬倍。穆爾感到很興奮，他說，最初只是希望借此向醫護人員致謝，沒想到會籌到這麼多錢。他表示，只要能夠走路，人們繼續捐款，他會繼續以散步籌款，並將籌得的善款捐給NHS。在全球抗疫，負面消息接踵而來，億計人口封城居家度日的今天，這條新聞有如一縷春風拂面，讓人體會到什麼是大愛無疆。

很多香港人也為抗疫出錢出力，當中應該也有不少故事吧，但印象中這方面的報道似乎不多，是媒體不感興趣嗎？不知道，但卻聽到另一則消息，讓人很不舒服。話說特首和問責團隊、行政會議非官守議員早前捐出一個月薪金給公益金，涉款一千萬元，其後特首和三司十三局加上特首辦主任宣布集體減薪一成為期一年，以示抗疫時期與市民共渡時艱。建制派議員和泛民議員也分別表達減薪捐款的意願，但是，公民黨楊岳橋聲稱，只會捐助「黃色經濟」。原來在楊岳橋們的心目中，抗疫共渡時艱要講政治、分黃藍，如果不是「黃絲」，話之你失業捱餓。

這場抗疫是人類與病毒的殊死搏鬥，沒有人知道何時結束，沒有任何國家及地區可以獨善其身，更沒有任何人可以獨善其身。戰勝新冠病毒的唯一途徑，就是全人類團結合作，同舟共濟。香港當然也不例外，此時此刻比任何時候都需要全社會團結一心，共同抗疫，可是，卻有政治人物偏偏在這時候心裏只想到政治，更赤裸裸表明只在乎自己人，自私，竟可以如此冠冕堂皇。

　　平時和傳媒同行或關心政治的朋友飯局吹水聊天，不少人都有同感，香港政治人物水平太低，格局太低，簡單一句，就是太過功利。就拿英國來說，這次應對新冠病毒疫情，英國顯然沒有香港做得好，首相約翰遜一開始搞群體免疫全民不設防，結果惹出大禍，截至十六日，全國感染人數超過十萬例，逾一萬三千人死亡，約翰遜本人也染疫，剛從 ICU 出來。而他站在首相府門口，以及在首相府自我隔離時為醫護人員鼓掌加油的鏡頭，為他贏得多少民意？

　　距離九月立法會選舉只有短短四個月，這場選舉對建制和非建制兩大陣營的重要性超乎任何一屆，各政黨已經密鑼緊鼓展開選舉工程。大疫當前，傳統的企街站、洗樓拉票方式未必可行，排山倒海的政綱文宣效果亦難免都會打折扣。反對派打開天窗發表「非黃不助」的自私宣言，建制派應該有更大的格局、更高的視野，以大愛精神超越「一黨之私」，如果能夠從約翰遜的掌聲中得到啟發，又或者從穆爾的散步籌款中得到靈感，說不定會給這場歷史性的選舉帶來新意和驚喜呢。

2020/4/18

G20 能否就合作抗疫達成共識意義重大

　　網上流傳一段視頻，日本副首相兼財相麻生太郎在一個會議上發言時表情非常不滿，筆者請教日本通老 Y，他說麻生出生顯赫有名校教育背景，但說話風格很接東京街頭地氣。我根據老 Y 的解釋查看新聞，原來是 3 月 24 日日本眾議院財政金融委員會會議，有在野黨議員提出，此次新冠肺炎疫情，日本是否在 G20 框架下支援意大利、西班牙？麻生回應說，二月底在沙特利雅得召開 G20 財長和央行行長會議，他已經說過同樣的話，但當時沒有一點反應，那時候歐洲認為「我們又沒有感染者」。在一周後的 G 七財長電話會議上，意大利代表直言「這（新冠肺炎）與我們無關」。麻生在這段視頻中說「這話是誰說的？不就是你（意大利代表）說的嗎？」在場不少議員都笑了。這段視頻表明麻生認為日本向歐洲國家伸出援手是自作多情，同時也可解釋為何新冠肺炎疫情在中國肆虐兩個月，歐美國家卻沒有做好防疫準備的原因，還有另外一個問題，歐洲疫情是否需要幫助？誰來幫助？誰是這場抗疫戰爭領導者？

　　新冠肺炎大舉攻陷歐洲，意大利、西班牙、法國成為重災區，意大利確診個案超過七萬四千多宗，死亡人數達七千五百多人，成為目前為止全世界因感染新冠肺炎死亡最多的國家，西班牙有四萬七千多人染疫，當中有四千多名醫護人員，死亡人數達三千四百多人。實際上意大利和西班牙的公共衛生系統已經無法承受疫情的衝擊，醫護人員、醫院設施、醫護用品乃至停屍間都嚴重不足，電視畫面所見慘不忍睹。但是歐盟其他國家，包括德、法、荷、瑞士、奧地利等，連同英國，染疫人數分別在五千以上至數萬人，封城封國，人人自危，歐盟公共衛生系統明顯無法應對。

　　美國疫情急劇惡化，特朗普宣布國家進入緊急狀態，全國大約一半人口受居家令影響，確診人數六萬五千多例，紐約州佔接近一半，州長科莫形容該州疫情擴散速度如「子彈列車」，感染人數每三天倍增。紐

約州已實施居家令，關閉所有非必要的商店，科莫稱當地醫院牀位不足，呼吸機短缺嚴重，公開批評聯邦政府支援不足。有專家預計，紐約州疫情還有兩到三周到峰值，屆時需要 14 萬張病牀。曾經表示會資助其他國家抗疫的特朗普，現在卻希望韓國能向美國提供抗疫物資。

如此看來，世界上最先進的西方國家都自顧不暇，遑論擔當全球抗疫領導角色。而世衛組織雖然落力領導抗疫，卻明顯力不從心。這是這場抗疫戰最令人擔憂之處。至於疫情爆發初期承受巨大壓力的中國，在全球抗疫的角色開始發生轉變，隨著疫情全面緩解，全國各地逐漸恢復經濟活動，最嚴重的武漢也開始局部解封，近日更派出多支醫療專家隊伍赴意大利、柬埔寨等國協助當地抗疫。有一個小插曲，日本某縣月前曾經向中國友好城市支援一批抗疫物資，日前當地疫情告急，希望中國友好城市如有未用完物資能夠退還給他們，中國友好城市立即以十倍數量，將物資寄到日本。體現中國人「滴水之恩當湧泉相報」的感恩文化。

這是一場人類與病毒的世界大戰，病毒無處不在攻城掠地，但人類卻沒有統一的指揮部，布不成陣，全球公共衛生系統漏洞百出，到目前為止，只能國自為戰、城自為戰、人自為戰。此刻全球戰疫峰火漫天，戰鬥未有窮期，正在舉行的 G20 視像會議備受矚目，各國領袖能否就合作抗疫、體現大國擔當達成共識，不僅是本次特別峰會成敗的指標，更是 G20 這個平台能否繼續發揮大國引領世界作用的重要指標。

此役對人類代價沉重教訓深刻，與其各國尋求對全球防疫抗疫體系進行修修補補，倒不如我們每一個都進行反思，人類與自然的關係竟究出了什麼問題？究竟應該堅持「人定勝天」的理念，還是要重新理解「天人合一」的涵義？

2020/3/26

全球抗疫的這一刻和下一刻

　　世界變了，很多人都愛上傳媒這一行，去年香港修例風暴中突然冒出很多「記者」，一個六旬教會人士穿起黃背心挎一部相機，便走上暴力抗爭現場當起記者，事實上他的確弄到一張記者證掛在胸前，這種咄咄怪事，令一些新聞界資深人士有點忿忿不平，覺得自己進大學學新聞傳播，原來是多餘。事實上，這年頭根本連記者證都可以省略，同樣可以做傳統意義上記者才能做的工作，沒錯，我指的是自媒體。前兩天老友 Z 約我午飯，我到了他訂好的房間，發現這老兄正在擺弄三角架，手機對準我們吃飯的位置，原來他近日在搞 FB 視頻，「唔搞自媒體唔得，冇人再看報紙啦」，Z 是股評家，他擔心自己在報紙財經版的專欄不再有影響力。

　　我們一邊吃飯一邊開始我的第一次手機錄制節目。主要話題談全球抗疫防疫，我先引述一個朋友說的一句話：人類打生打死，不如大自然動一個小指頭。難道不是嗎？中美貿易戰，幾個月前還是全世界媒體的必然頭版，還有歐洲難民、中東戰火，這些最受關注的新聞，現在通通讓出版面給一個小小的新冠肺炎病毒。到目前為止，疫情影響可說是史無前例：繼武漢封城、湖北封省之後，美國全國進入緊急狀態，禁止歐洲和英倫所有航班入境，歐洲多國封城、馬來西亞宣布封國。另一方面，美股連續暴瀉觸發多次熔斷，即使聯儲局和白宮連番出重手救市，大幅減息、重啓 QE，甚至全民派錢，但仍無法挽回市場信心，道指累跌三成多，打回特朗普上台時的原形。所有人都清楚，全球經濟衰退時代已經來臨，至於會不會出現大蕭條，取決於疫情變化，特別是各國抗疫的成效。

　　這是一場人類與病毒之間的殘酷戰爭，全世界成為一個戰場，沒有前方和後方，也不知道何時結束。有專家預言，新冠肺炎病毒不會被最終消滅，而是可能長期存在，就像流感一樣，季節一到就會出來肆虐人

類。其實人類能夠在地球上生存，一方面要不斷戰勝病毒，另一方面也要增強免疫力，學會與病毒共存。這次全球抗疫，讓我們有機會對各國各地區的抗疫措施和效果作一個比較，北方人有一句俗語：是騾子是馬，拉出來蹓蹓。我認為，到目前為止，香港特區政府的表現，絕對比英國首相約翰遜和不少歐洲先進國家政府更佳，美國特朗普慢三拍、鬥口水的防疫表現，我也不敢恭維。經常批評特首和特區政府官員的 Z，竟然同意我的看法。

防疫戰在中國內地和港澳已經進入第二階段，中國醫療隊已到意大利支持當地抗疫，日本韓國新加坡的疫情也過了高峰期，但在美國和歐洲還未到最高危點，全世界依然處於高度戒備。這一刻，防控疫情是全球全人類的共同使命，但下一刻，在後防疫時期，如何恢復生產、振興經濟、安撫人心，令社會重拾正軌，如何重建國際關係秩序，對各國都是非常嚴峻的考驗。我擔心的是，抗疫成本愈高，社會付出的代價愈沉重，大國博弈會愈複雜緊張。

「你說美國軍艦軍機在南海的活動，是不是為後抗疫時期的新一輪中美角力熱身」？Z 這一問提醒我，中美官方在抗疫期間的口水戰不斷升級，特朗普更肆無忌憚將「中國病毒」四字宣之於口，且不顧中方抗議拒絕收回，而中方則對美國無理限制多家北京駐美媒體採訪權益，採取反制措施，連串你來我往的外交動作，加上美軍在南海的軍事動作，的確有來者不善感覺。「如果美國疫情進一步惡化，如果美股仍然不能止瀉，如果特朗普的選情告急，很難估計特朗普下一步會做什麼」，我說完這一句，手機錄影結束。

2020/3/20

總有一隻黑天鵝在附近？

　　年近歲末，2019 年還會有黑天鵝出現嗎？這幾年世人被黑天鵝嚇壞了，特別是特朗普這隻大黑天鵝出現之後，感覺好像總有一隻黑天鵝在附近。美國亞利桑那大學教授吳旭索性全力投入研究黑天鵝，本周一在舊中銀大廈，與香港大學亞洲環球研究所所長陳志武教授共同發布「2020 中國企業海外風險黑天鵝指數」，吸引到著名投資者劉央等數十名金融界和中資企業高層到場。

　　吳旭博士出國前在有「國社」之稱的新華社任職多年，到美國唸完博士之後，在亞利桑那大學教傳播學和危機公關，幾年前曾經到香港城市大學任教，我和他一起在鳳凰衛視「時事辯論會」節目做嘉賓評論員，他對香港生活環境不太適應，後來又回美國。我們在同一個社交平台朋友圈，經常有溝通，有時他路經香港，也會約幾個老友一聚，一邊喝酒吃飯，一邊聽他用京腔縱論美國政治和中美關係，實在是一大樂事。

　　我很喜歡聽吳旭兄評論美國，他對美國政治新聞的高度敏感和獨到解讀，以及對重大政治事件的研判和預測，功力非同一般。他是最早公開預測特朗普會勝出美國大選的時事評論員，當時包括筆者在內很多人都相信《紐約時報》等美國主流媒體的民調，認定希拉里會當選總統。毫無疑問，特朗普當選美國總統是近年最震撼、最大的一隻黑天鵝，被吳旭逮到了。緊接著，特朗普當選後但未正式上任時，吳旭又撰文預測他在任內將會遭到彈劾，又指中美將會爆發貿易戰。迄今為止，這些預測包括後來對中美貿易談判走勢的預測，都被一一證實，這顯然不是基於運氣。我認為，吳旭對中美兩種迥然不同政治文化和價值觀的深入了解，以及記者出身的職業敏感、學者的科學態度，是他能夠對以上重大事件作出準確預判的重要基礎。

　　近幾年中美關係緊張，貿易戰時張時弛，但戰火有蔓延之勢，前景

堪憂，更令人擔憂的是美國已經公開將中國列為頭號對手，從政治、軍事、經濟、金融等方面加強對華遏制，甚至無視北京的激烈反應，公開插手香港和新疆事務，美國朝野在全力遏制中國方面前所未有取得高度共識，中美關係緊張令全球政治經濟蒙上一層厚厚陰影。在這種背景下，研究中美關係的美國華人學者都面臨挑戰和壓力，吳旭遂將他的研究重點轉向財經領域，為投資海外的中國企業度身設計出一套「黑天鵝指數」。他在發布會上派發的單張介紹：「基於世界地緣政治變化的新格局，也根據客觀條件和主觀臆測判斷，列出 2020 年最有可能動全球經濟運行和國際關係的 20 大黑天鵝事件」，其中前五名如下：

1. 中美貿易戰持續惡化，在原有已增加關稅基礎上，雙方加大懲罰對方企業經營實體。同時，兩國消費者也開始大規模抵制對方產品。除高科技企業外，兩國消費品和服務業也被捲入貿易戰。

2. 香港動盪局勢沒有出現實質性緩解，經濟衰退民怨沸騰，大批國際資本撤出香港，港幣港股出現崩盤走勢，引發樓價暴跌，繼而出現蔓延全球的金融危機。

3. 朝鮮宣布中止與美國的談判，重啓核試驗，特朗普政府宣布對朝鮮實施全面制裁，中國多家銀行首當其衝。

4. 中美貿易戰引發全球經濟衰退走勢，負面影響於 2020 年春季明顯出現。美股可能出現類似 1987 年的「閃崩」，全球股市債市暴跌，引發全球金融危機。

國運
你信不信？

228

5. 彈劾特朗普引發美國憲政危機，政府關門停擺，兩黨不斷以中國為箭靶，中美走向全面切割和冷戰。

此外，還有兩個可能發生的「黑天鵝事件」涉及台灣問題：

第13，2020年台灣大選後，民進黨繼續執政，在美國鼓勵和香港動亂影響下，公開放棄「一中共識」走向實質「台獨」，大陸軍事封鎖台海，引發中美軍力在東海集結和對抗。

第18，台灣大選前，美國對台大規模出售進攻性武器，華府高官為民進黨站台，中方啓動「反分裂法」。

最大膽的預測當屬第16項：「2020美國大選，特朗普以微弱劣勢輸給民主黨對手，但特朗普拒絕承認選舉結果，拒絕交出總統大權，美國最高法院裁決期間，爆發大規模騷亂，陷入南北戰爭以來最混亂局面」。

這些內容乍聽似乎有點危言聳聽，但仔細一想，的確黑天鵝陰影若隱若現。古人說：預則立，不預則廢。危機預警機制是現代企業管理和社會管理的重要內容，當中最重要的是決定將哪些元素納入風險預測，並做好防範措施的沙盤推演。再過十二天便踏入2020年，究竟哪一隻黑天鵝會出現呢？

2019/12/21

從族群到國際

　　上月赴新西蘭出席第二十屆國際潮團聯誼年會，回港後在本欄寫了《在基督城沉思》一文，一同出席年會的香港潮屬社團總會首長和團友，讀後覺得意猶未盡，問有沒有下集。新西蘭如此美麗的國度，如此美妙的旅程，實在不是一篇一千五百字短文所能裝得下。好吧，再寫一篇，不過不是寫風景名勝風土人情，而是寫年會。不止一個朋友問我，千里迢迢跑到南半球開什麼重要會議？

　　這個問題問得好。來自幾十個國家和地區的兩千多名代表，大多是從北半球飛到南半球，九月的香港仍是盛夏，經過逾十小時的航程，到達新西蘭卻是冬末初春季節，南阿爾卑斯山脈到處可見皚皚白雪。我們比大會開幕日提前五天飛抵奧克蘭機場，立即轉內陸機到南島基督城旅遊，一路上遇上好幾個各地來的代表團，他們也是先旅遊後開會。其實開會是一個好由頭。香港代表團由團長到普通成員，大部分是日理萬機的老闆，幾個像我一樣的上班族，平日也是從早忙到晚，兩年一度的年會無疑是一個難得的喘息機會。偷得浮生數日閒，一班新知舊雨結伴同行，欣賞名山大川、遊覽古蹟勝景，一路上以家鄉潮州話交談，恍若一個大家庭出遊，這是年會帶給我們最大的快樂。

　　但出席會議依然是我們行程的重點。本屆年會主題是「潮起千帆，篤行致遠」，兩天的會議議程包括開幕式、青年論壇、潮學研討會、經貿論壇、博士論壇等，閉幕式同時也是交接儀式，由本屆大會主席、新西蘭潮汕商會的張乙坤和國際潮團總會執行主席陳幼南，在新西蘭前總理約翰基見證下，將會旗移交給下屆年會主辦方海南潮汕商會理事長洪江游。新西蘭貿易與出口部長派克、民族事務部長薩萊薩、就業部長傑克遜、國會副議長托莉、國家黨主席古德費洛、奧克蘭市長戈夫以及多名國會員，中國駐新西蘭大使吳璽、中國僑聯副主席李卓彬、駐奧克蘭總領事阮平等出席年會相關活動。多名新西蘭政要在致辭中，高度讚賞

包括潮人在內的華人移民對新西蘭經濟發展，特別是推動新西蘭與中國的經貿合作，以及支持當地慈善事業等方面作出的貢獻。這次大會的規模和級數，在新西蘭當地是罕見的盛事。

民間主辦、官方支持、高規格、國際性、影響力，是國際潮團年會的一大特色。我記得二〇〇三年在新加坡出席年會，時任新加坡副總理李顯龍出席大會，他致辭時透露一個數字：新加坡內閣有三分之一成員會說潮州話。二〇〇一年的第十一屆年會盛況空前，來自世界各國各地七十多個代表團逾三千名代表雲集北京，時任中共中央政治局常委、全國政協主席李瑞環出席主禮，馬來西亞總理馬哈蒂爾、新加坡總理吳作棟、澳洲總理霍華德、加拿大總理克雷蒂安、柬埔寨王國參議院主席謝辛等外國領導人向大會發來賀詞，大會榮譽主席李嘉誠致辭。年會期間，饒宗頤教授在故宮和歷史博物館分別舉辦書畫展，北大季羨林先生特地前來捧場，「南饒北季」相見甚歡，成為一時佳話。

俗話說，有潮水的地方就有潮人。一個潮汕「膠己人」的民間社團聯誼會議，自一九八一年在香港舉辦首屆年會，四十年來在世界多個國家以及國內各大城市舉辦了二十次年會，所到之處政商雲集，朝野高度重視，年會舉辦期間，大寫的「潮」字，從當地的機場到會場，到處可見，潮音潮曲隨處可聞。網上有不少「啥是潮汕人」的段子，離不開潮人會做生意愛當老闆，吃潮州菜喝功夫茶，有一個段子叫「天底下最大的騙子是穿背心人字拖的潮汕人」，乍一看以為是罵潮汕人，其實是說潮汕老闆不拘小節愛穿拖鞋著背心揸賓士出街。但我認為這些還不夠，潮汕人天生的組織能力、動員能力和凝聚力，相當一流。每一次國際潮團年會，就是一次象徵全球潮人團結、展示潮人影響力的群英會、是一次弘揚潮汕人精神文化的嘉年華，年會永恆的主題，就是故土之情、不忘初心。這樣一個會議，對全球每一個潮州人來說，你說重不重要？

2019/10/18

在基督城沉思

正準備動筆寫一篇新西蘭紀遊，偶然看到年輕記者 H 小姐在朋友圈發了顧城的一首詩：在醒來時／世界都遠了／我需要／最狂的風／和最靜的海……我很好奇，問她為何會喜歡顧城？她回答「純粹喜歡這首詩的意境」。嗯，有點意思。三十多年前，顧城以及蒙矓詩派，在內地大學校園幾乎無人不知，一首「黑夜給了我黑色的眼睛，我卻用它尋找光明」，成了一代人的共同記憶。後來顧城去了新西蘭，後來發生了……還是不說顧城，說說新西蘭吧。

新西蘭之美，比想像中更美。從香港直飛奧克蘭，搭通宵航班往返逾二十小時，累但值得。上周，香港潮人代表團一行二十多人，在香港潮屬社團總會主席陳幼南、永遠名譽主席蔡衍濤和許學之、香港潮州商會副會長黃書銳等帶領下，前往新西蘭出席第二十屆國際潮團聯誼年會，順便到這個位於南半球的南太平洋島國玩幾天，主要行程在南島：基督城、翠斯（小鎮）、皇后鎮，然後從皇后鎮搭內陸航班回到北島的奧克蘭出席會議。

此行最美是皇后鎮（Queenstown），位於南島西南部，據說皇后鎮是當年專門為英女王而建的，純英式設計風格，可是英女王從來沒有來這裡住過。九月的南半球正是初春時節，天公作美，氣溫在攝氏零度至十幾度之間，一望無垠蔚藍的天空下，連綿不斷的南阿爾卑斯山上白雪皚皚。我們從所住的酒店驅車四小時到米佛峽灣（Miford Sound）國家公園，然後乘搭遊艇遊覽有世界第八奇跡之稱，由冰湖和海水切割而成的米佛海灣的雄奇景觀：群峰懷抱、陡峭岩壁、映日冰川，還有無數懸掛在峭壁上的大小瀑布，最長一條波文瀑布落差達一百六十五米，瀑布的水珠飛濺到遊客的身上，導遊說這會帶來健康和好運，話音未落，突然在瀑布跌落水面處劃出一道數十米長的彩虹！驚喜陸續有來，我們看到岸邊曬太陽的海豹，更有成群的海豚在我們的遊艇前後左右跳躍嬉

水，船上驚叫聲此起彼伏，的確比起在海洋公園看到的海豚表演，精彩何止百倍！連船員也說我們非常幸運，因為他們常常幾個月才能見到一次海豚戲水呢。遊艇在峽灣盡頭進入南太平洋時回程。

而我最想多停留的是基督城（Christchurch）。基督城是新西蘭第三大、也是南島最大城市，有三十多萬人口，二〇一〇、二〇一一年的兩次大地震，幾乎摧毀了基督城，至今重建仍在持續進行中，這座城市最重要的地標、有一百年歷史的大教堂也遭到重創，由於損毀非常嚴重，當局決定不再重建。但對基督城打擊更大的，是發生在半年前、震驚新西蘭全國乃至全世界的槍殺案，二十八歲澳洲籍白人布蘭頓（Brenton Tarrant），連續槍擊兩座清真寺，導致五十死五十人傷，冷血兇手更透過 FB 直播大屠殺過程。媒體報道，這是一起宗教仇恨引發的屠殺慘案。我在基督城停留時，實在無法將這個平和安靜、花園般的美麗城市，和腦海裡那個冷血槍手瘋狂掃射的電視鏡頭聯繫起來。天災破壞的建築可以重建，而仇恨扭曲人性釀成血腥濫殺，慘死的無辜者卻永遠無法重生，家人親友心靈上的創傷，以及社會的撕裂，亦難以在短期內修補復原。這個血淋淋的教訓，無論基督城、新西蘭，還是其他國家和城市的民眾，都應當牢牢記取。慘劇發生之後，新西蘭潮屬社團向基督城槍擊案受害者家人捐款逾二百萬紐元，折合超過一千萬元人民幣，出席國際潮團聯誼年會的多位新西蘭政要在致辭時，一再對華僑捐款善舉表示感恩。

第二天我們離開基督城市區，來到附近的第卡波湖，湖光倒映藍天、白雲和遠山，湖邊山丘上有一座石造的好牧羊人教堂，很小，大概能容三十人左右，據介紹，這裡是早期來到當地的牧羊人家的宗教中心，我走進去，一對韓國情侶坐在後排竊竊私語，從講壇背後的窗口外望，彷彿聽見遠山在呼喚。真是巧合，這座教堂的神父曾經在香港居住過十年，知悉我們來自香港，第一句就問我們：香港還好嗎？為何會發生這些事情？我們的團長陳幼南博士和其他幾位團友，如此這般向他解釋⋯⋯

2019/9/27

233

那年讀《巴黎聖母院》

　　周二早上起床照例第一件事刷手機，赫然見到巴黎聖母院大火的消息，視頻可見聖母院多處陷入火海，高高的尖頂在熊熊大火中被燒至倒塌，這是一個令全世界無數人心碎的畫面！這是真嗎？會不會是惡作劇？我打開電視機看新聞頻道，果然是真的！大火焚燒了 15 小時後才被撲熄，幸好教堂建築結構得以保住，主要收藏品沒有損失，法國總統馬克龍立即發起眾籌，呼籲國人團結，五年內重建巴黎聖母院。

　　大火發生後，關於巴黎聖母院的各種消息、資料圖文並茂，甚至音像視頻，排山倒海鋪天蓋地，從聖母院的舊址古羅馬神殿，到建成後八百多年來種種與聖母院有關的人和事，從拿破崙加冕、聖女貞德平反，到戴高樂、密特朗的追思彌撒，還有教堂歌特式建築風格、正在維修的十二門徒雕像等等，簡直是一次西方宗教歷史文化知識的大普及。

　　歐洲著名教堂多矣。除了巴黎聖母院，還有梵蒂岡的聖彼得大教堂、意大利米蘭大教堂、佛羅倫斯的聖母百花大教堂、德國科隆大教堂、倫敦西敏寺、聖保羅大教堂，以及東正教的莫斯科聖瓦西里大教堂等等，這些著名教堂，集歐洲宗教、歷史、文化、藝術於一身，每一座都是一部傳奇、一處風景。而巴黎聖母院名列世界十大教堂，不僅因為其歷史悠久、建築風格獨特，還有一個重要的因素就是雨果，是雨果的著名小說《巴黎聖母院》，以及後來由小說改編成的電影，讓巴黎聖母院成為全世界知名度最高的教堂之一，成為人類共同的文化瑰寶。

　　八十年代初，內地剛恢復高考不久，大學校園讀書風氣非常濃厚，圖書館裡的中西方文學名著十分搶手，每到放寒暑假之前，真是手快有手慢有。當年修讀西方文學這一門課時，我對法國十九世紀批判現實主義文學和俄羅斯文學情有獨鐘，巴爾扎克的《歐也妮葛蘭台》、《高老頭》、《貝姨》、《邦斯舅舅》，雨果的《悲慘世界》和《巴黎聖母

院》，司湯達的《紅與黑》，還有俄羅斯大文豪老托爾斯泰的《安娜卡列妮娜》、《復活》，妥斯陀也夫斯基的《罪與罰》等等，大部分是在當年的暑假期間讀完，記得讀《巴黎聖母院》之後，曾經和同學討論美與醜的主觀性和客觀性，欣賞雨果對人性美的描寫刻劃，尤其是駝背敲鐘人加西莫多那一句「我知道我長得醜，被扔石頭無所謂，但讓你害怕卻讓我覺得很難受」，對加西莫多和美麗的愛絲梅拉達的結局嘖嘖稱奇。後來又看了小說改編的電影，對這座建於歐洲中古世紀、有八百多年歷史的巴黎聖母院，留下深刻印象。

讀雨果的小說近三十年之後，幾年前我和幾位新聞界朋友結伴到歐洲旅遊兼考察當地華文媒體，首站就是巴黎，終於見到神往已久的浪漫神奇的聖母院高高的尖頂和早已熟悉的拱型大門，心情十分興奮，遺憾的是，我們被告知附近不能停車，或因為每天遊客人數有限制，或因時間關係，在巴黎那幾天我們好幾次經過塞納河邊的聖母院，都未能落車進入參觀，只是在車上拍照。離開巴黎時，心想等下次再來看也不遲。但是，世界上有很多事情錯過了，再來一次已是另一番光景。即使五年後重建聖母院，尖頂已不是原來的尖頂。

歐洲理事會主席圖斯克在 Twitter 發帖，呼籲歐盟成員國協助法國重建教堂，又以自身波蘭家鄉格但斯克為例，稱格但斯克於二戰後九成建築遭摧毀，但仍能成功重建，相信法國最後也能重建聖母院。至於馬克龍盼這災難成為國民團結的機會，這個願望能否實現，困擾法國幾個月的黃背心運動，會不會因為這場巴黎聖母院大火而告一段落，則很快就會有答案。

2019/4/19

後記

　　去年美國新冠疫情殺入白宮，總統特朗普確診新冠肺炎，我寫了一篇短文《國運你信不信？反正我信》，多個網站轉載此文，很多網民留言「我信」、「我也信」，令我大受鼓舞，決定用這個標題作為這本文集的書名。

　　俗話說，一命二運三風水，一個人如果鴻運當頭，就可逢凶化吉、事事順利，倘若運交華蓋，就會頭頭碰著黑，飲水也會哽到喉嚨。人有命運，國有國祚。改革開放四十多年來，遇到不少艱難險阻、經歷各種挫折磨難、面對種種抑制打壓，但我們國家總能化解困厄、化險為夷、柳暗花明、更上層樓。兩年前香港經歷修例風波最黑暗的半年，反華勢力以為奪權在望，但中央一紙港區國安法，立即扭轉乾坤。這一切都證明，中國國運昌隆，勢不可擋。而稱雄世界大半個世紀的美國則疲態畢露，在人類與新冠病毒的世紀大戰一役，美國兵敗如山倒，付出三千多萬宗確診、五十多萬條人命的沉重代價，時任總統特朗普領導抗疫的決策淪為全世界的笑話。我在上述那篇短文中引述唐代詩人羅隱的名句：「時來天地皆同力，運去英雄不自由」。特朗普大叫美國第一，拜登說美國回來了，奈何美利堅運勢不濟，餘勇所剩無多。

　　我相信國運，無論美國如何千方百計抑制、圍堵中國，中華民族實現偉大復興的沛然大勢，誰也無法阻擋，這既是一種信念，也是我觀察國際政治風雲變幻的基本點。

　　這本文集大約一百篇短文，大部分是 2019 年 4 月至 2021 年 5 月發表在《大公報》「維港看雲」專欄，也有部分在《信報》、《鏡

報》等報刊雜誌刊登，灼見名家、三策網、識港網轉載了大部分文章，還有鏡新聞、華人頭條等新媒體也刊登部分文章。重讀這些文字，心情非常複雜。過去兩年，香港風雲激盪、驚心動魄，終於回復安定；台海局勢凶險，分裂和統一的決戰進入倒數；中美惡言相向，陷入新冷戰邊緣。一場新冠病毒疫潮席捲全球改變世界，至今人類仍陷抗疫苦戰。這一百篇短文，記錄了筆者對兩年來發生的一些重大時事新聞的解讀分析，對一些社會事件和問題的觀察思考，除此之外，還有若干散文隨筆，雖多屬急就章，但一些分析、預測和觀點，或引起坊間熱議，或事後得到證明。例如我一直堅信拜登能打敗特朗普，我認為拜登上台後中美關係不會比特朗普當政時更差劣（《至少拜登不會說「中國病毒」》。在修例風波黑暴肆虐最猖狂的時候，我呼籲傳媒要客觀報道事實，不能既做記者又做示威者事（《珍惜新聞界形象》），我抨擊新聞界「零門檻」人人可自稱記者的種種荒謬現象，指出濫用新聞自由只會損害新聞自由（《零門檻的第四權》）。當倫敦約翰遜當局拋出 BNO 移民措施，我找到英國政府在七十年代為防止香港人大量移居英國，悄悄修改國籍法的記載，揭露英國人的偽善（《小心 BNO 這張舊船票》）。作為一名時事評論員，能夠幫助讀者辨識海量信息的真偽、揭示新聞事件背後的來龍去脈，一種發自內心的快意油然而生。

值此文章結集出版的機會，向所有的讀者特別是曾經在網上留言評論的讀者表示感謝，你們的讚和彈都是激勵我繼續寫作的動力。衷心感謝中國工程院院士、前香港大學副校長李焯芬教授百忙之中撥冗為這本小書作序，李教授是我非常敬重的學者，他的指教和鼓勵令我得益良多、備受鼓舞。大文傳媒集團董事長姜在忠先生，我習慣稱他姜社長，他也是香港新聞工作者聯會主席，是我的領導，姜社長在序言中的溢美之詞，將成為我未來寫時評努力的方向。還有老朋友文灼非兄，這本文集中的大部分文章都在他創辦的新媒體「灼見名家」轉載過，聽聞我要結集出書，灼非兄欣然答應作序，

以示支持和鼓勵，這份情誼，當感念在心。

再次感謝大文傳媒集團李大宏老總及《大公報》編緝部各位高層對我的支持，給我在「維港看雲」專欄暢所欲言的機會。再次感謝「大公園」編輯管樂小姐，經常要處理我的非典型副刊文章，包括一些比較敏感的文字內容，難為你了，謝謝小管！

連同這一本，我的三本評論文集都由鏡報出版社出版，感謝徐新英社長一如既往給我大力支持。感謝美編白宜建先生和本書的責任編輯。

郭一鳴

2021 年 6 月 11 日

於大角咀維港灣